ものが語る歴史　24

旧石器社会と日本民俗の基層

田村　隆

同成社

写真1　保田層群珪質頁岩の地層（千葉県南房総市）

写真2　保田層群珪質頁岩（千葉県南房総市）

写真3　矢子層珪質頁岩の地層（山形県米沢市）

写真4　矢子層珪質頁岩礫及び地層（山形県米沢市）

写真5　保田層群産珪質頁岩（千葉県南房総市採集）

写真6　矢子層産珪質頁岩（山形県米沢市採集）

写真7　高原山黒曜石原産地遺跡群俯瞰（朝日新聞社撮影）

写真8　寺島累層珪化泥岩産出状況（栃木県塩谷町）

はじめに

> テキストの意味はテキストの背後にあるのではなくて、その手前にある
> ——ポール・リクール

　本書は、旧石器考古学の研究者のみを対象に書かれた本ではない。むしろ大学で他分野の考古学を学んだ人、学びつつある人、あるいは旧石器時代に関心のある一般読者などにも読まれることを意識して書かれている。といっても、よくある入門書でもないし、一般的な旧石器考古学の解説書でもない。また、必ずしも、わかりやすい本ではないかもしれない。読み物風のところと、やや堅い解説調の部分が渾然となっており、戸惑う読者もいるかと思うが、その点はご寛恕いただきたい。

　私は、考古学とは、自分の生活の舞台である地域を対象にして、その地域に残された遺跡や遺物を念入りに調べる学問だと考えている。広域的な編年や大所高所からの論評などは、大学の先生たちに任せて、読者諸氏は自分の住む町や村の歴史を探訪し、それを自分史の中にしっかりと刻み込むべきである。そのためには、まず、一般的な解説書を学ぶことが必要であるといわれている。私は、自分史以外に歴史の定義を知らない。石器の製作手法を学び、石器の分類原理を身につけることが、郷土理解の第一歩であることも否定しない。しかし、自分の納得のいく解釈をおこなうためには、それだけでは不十分である。苦労してあつめた多くの資料から、生き生きとした歴史を語るための方法を学ばなくてはならない。だが、わが国の既存の解釈装置は、老朽化して使いものにならないのだ。

　本書では、私の住む地域である房総半島をモデルに、総合的な研究過程を示した。それは房総半島の地域的な問題を議論するためではなく、旧石器考古学研究の基本的なモデルを示すことが必要だからである。あわせて、日ごろ参照されることの少ない海外の研究成果や、民族誌などもできるだけ多く盛りこん

である。どのように狭い地域のことでも、つねに世界的な視野で研究をすすめる必要があるからだ。私は本書で、現代旧石器時代研究の一つのスタンダードを示したいと考えた。取りあげられなかった問題も多くあるが、解釈の手引きとして利用していただければと思う。本書には、従来ほとんど触れられることのなかった、多くの論点が含まれているはずである。

　本書で提出した主な論点について、あらかじめ紹介しておくことにしよう。

　まずはじめに、日本の後期旧石器石器群の系統について検討する。後期旧石器石器群は、東アジアの中期旧石器時代石器群と多くの共通点をもっている。系統的にも陸続していた可能性もあるだろう。

　次に、後期旧石器時代石器群がモジュール化という特徴によって理解されることを示そうと思う。モジュール化とは、細石器化と言いかえることもできる。日本の後期旧石器時代の成立は細石器石器群の成立と同義である。この現象は汎世界的なもので、後期旧石器時代とは石刃の時代というよりも、モジュール化の時代といったほうがいいかもしれない。石刃とは規格性の高いモジュールにすぎない。

　さらに、後期旧石器時代後半期の大きな社会変動について、二つの仮説が示されることになる。一つは、最終氷期最寒冷期の地域的な人口移動仮説、もう一つは最終末期のボトルネック効果仮説である。人口の変化と、これに伴う社会の変革は、考古学的にはなかなかアプローチの難しい分野であったが、これらの論点を提示できた背景には、特定地域の石器群に関する、長期にわたるくわしい検討があった。こうした検討を踏まえて、後期旧石器時代の終末、多くの人びとが未曾有の社会的危機にのみこまれていったという歴史的事実の発見があった。同時に、古い型式学的な枠組みをいさぎよくはずし、自由に考えること、そして、石器群を石材の採集地点にまでさかのぼって理解する新しい方法が提示される。

　型式学を学ぶことが、考古学の基本であると説かれているが、あまりにも型式学の枠組みに固執すると、柔軟な理解が阻害され、固定的で狭い視野からしかモノが見えなくなる。スーザン・オーヤマが彼女の方法論の前提としたparity of reasoning（理論の等価性）というアプローチが求められるゆえんであ

る。たとえば、あるシンポジウムの基調報告のように、「この石器はB型式の石器だからx層に帰属しなければならないから、調査者が主張するようにy層から出土したA型式ではない」といった逆立ちした論理がまかりとおることにもなる。考古学とはさまざまなテキストからなるポリフォニーであり、型式学とはそのほんの一部分にすぎない。せめぎあうテキスト相互の磁場で、形式学はその固定的意味を喪失する。くわしくは、本書最終章をごらんいただきたい。テキストの「手前」の意味がおわかりになるはずである。

目　　次

　　はじめに

序　章 ……………………………………………………………1
　1　日本列島の中期旧石器時代　1
　2　モヴィウス・ラインの北　9

第1章　中期旧石器時代から後期旧石器時代へ……………18
　1　草刈遺跡の古さ　18
　2　草刈遺跡の石器群　24
　3　西関東最古の石器群　31
　4　後期旧石器時代の成立　37

第2章　古民俗形成の生態学的背景………………………44
　1　古東京川の形成　44
　2　石材産地への旅（1）　50
　3　石材産地への旅（2）　57
　4　石材産地への旅（3）　61
　5　地域としての回廊領域　66
　6　最古の道を考える　73

第3章　古民俗誌叙述のための基礎固め…………………80
　1　エスノ・アーケオロジー（1）　80
　2　エスノ・アーケオロジー（2）　89
　3　最適捕食という考え方―進化生態学の理論的射程　99

第4章　後期旧石器時代の成立……………………………108
　1　後期旧石器時代の時期区分　108
　2　石器群のモジュール化・細石器化（1）　112
　3　石器群のモジュール化・細石器化（2）　119
　4　石刃石器群の成立　128

5　石刃の刃部再生と小石刃の生産　134
    6　まとめ　140
第5章　最終氷期最寒冷期のころ……………………144
    1　高原山黒曜石原産地遺跡群の発見　144
    2　石器群の再構成　150
    3　地域集団とは何か　156
    4　最終氷期最寒冷期の関東平野　165
第6章　予兆の時代………………………………170
    1　東内野遺跡の発見　170
    2　東内野型尖頭器をとりまく諸問題　176
    3　男女倉遺跡群再考　180
    4　尖頭器石器群の変遷　185
    5　中部高地の両面加工石器　189
    6　広域的婚姻網の形成と解体　192
第7章　地域社会の解体と再構築………………200
    1　後期旧石器時代後半期の人口動態　200
    2　細石刃石器群（1）　205
    3　細石刃石器群（2）　210
    4　大型両面加工石器と片刃石斧を含む石器群　215
    5　メッセージの解読　219
    6　縄文時代の成立　224
第8章　下野―北総回廊の古民俗誌……………229
    1　居住形態の変化―旧石器時代の社会史　229
    2　技術的な変化―旧石器時代の技術史　234
    3　収　　束　240
引用・参考文献　249

旧石器社会と日本民俗の基層

序　章

1　日本列島の中期旧石器時代

　2009年に島根県出雲市砂原遺跡で、今から11万年以上前の地層から石器が発見された。砂原遺跡の発見は大きなニュースになった。それまで、日本でもっとも古いと考えられていたのは、長崎県平戸市入口遺跡で、約9万年前と推定されていた。この推定年代が正しければ、砂原遺跡は入口遺跡よりも2万年ほど古く、日本列島でもっとも古い遺跡ということになる。はじめに、日本列島ではじめてつくられた遺跡と石器群について考えてみよう。その世界史的な意味をさぐり、後続する時代とのつながりを考えたい。

　砂原遺跡の石器群の内容はまだ公表されていないので、別な遺跡の資料を検討する。すでにふれた入口遺跡では2地点から石器が出土している。A地点からは第4層赤色粘土層から3点ほどの遺物が出土している。C地点では、A地点よりもやや上位にある3b層から石器が24点集中的に出土している。玉髄製の非常に小型な剥片石器ということができるが、報告者は台形状の石器は後期旧石器時代初頭の石器と類似していると指摘している。ただし、遺物包含層の年代は、光ルミネッセンス法によって約9万年前と推定されている。

　内容の不明確なA地点石器群はひとまずおくとして、C地点石器群は、基盤の段丘礫層に含まれている玉髄の円礫から剥離された、小型の剥片を素材としている。剥片の縁辺に僅かな加工を加えた石器が少数出土している。石器が小さいのは、素材として選ばれた玉髄礫のサイズによるものかもしれないが、小型石器を運用する技術的な基盤として、柄につけられて使われた可能性も考えられる。推定年代に大きな誤りがなければ、遺跡が形成された時期は酸素同位体ステージ5bに相当し、最終間氷期後半に相当している。この当時の古地理は、現在とほぼ同様であり、対馬海峡が人類移動の大きな障壁となっていた。この遺跡を残した人びとは、海峡をわたってきたのだろうか。資料の数が少な

いので、これ以上踏み込んだ議論ができない。

　入口遺跡に後続する時期の石器は、栃木県栃木市星野遺跡から出土している。星野遺跡については、石器が人工品でなく、単なる自然礫であるという意見が多く提出されている。また、石器群の内容が十分に報告されていない。公表されている資料による限り、小型の剥片石器が多く含まれているようである。一部の整理作業が終了している第 7 文化層の場合、出土石器は 10〜30 ミリの範囲にすべておさまってしまうという。石器素材は背後の山塊を構成するチャートの角礫である。ローム層中にはここから供給されたチャートの角礫が多く含まれている。居住地周辺で必要に応じて拾得されたものとみられるが、石材の搬入についての検討はおこなわれていない。一口にチャートといっても、いろいろな種類のものが含まれている。石器素材としていかなるチャートが選択されているのか、くわしい検討が必要である。

　剥片製小型石器以外に、大型の石器も紹介されている。チャートの角礫は板状で、ジョイント面とよばれる薄い泥質の層に挟まれている。後期旧石器時代前半の第 4 文化層には、ジョイント面付きの板状の角礫を賽の目状に分割した接合資料がある。板状チャート特有の分割手法が想定される。分割された角礫片が石核素材になり、小型の剥片が生産されている。ジョイント面を側面に残した薄い板状の剥片は、大型礫の一端から剥離された剥片であろう。多くの資料で、貝殻状の割れ口が未発達であることが理解を難しくしている。これは、ジョイント面で破砕するチャート特有の性質によるものである。ただし、細かな加工痕は明瞭に認められ、人工品が含まれていることを疑うことはできない。

　これらの小型石器群は、赤城—鹿沼軽石層という 4 万年位前の火山灰層におおわれた関東ローム層から出土している。複数の文化層が重複し、長期にわたって、くり返し居住された形跡がある。多量の破砕礫があることから、チャートの岩体直下に形成された、石材消費遺跡とみられる。遺跡の形成年代は火山灰の分析から、4 万年位前から 8 万年位前だろうといわれている。入口遺跡よりも新しい年代が想定されている。

　星野遺跡が形成されつつあったころ、大分県日出町早水台遺跡が残された。早水台遺跡の石器包含層は、火山灰層の分析から 8 万年前以上前の Aso-4 と

いう火山灰層よりも古くないとされている。報告者は7～8万年位前だろうと考えているが、希望的な値であり、格別の根拠はない。もっと新しいという意見もある。

　早水台遺跡の石器についても、星野遺跡と同じように、自然礫にすぎないという意見が少なからずある。一部分は認めるという折衷案もある。早水台遺跡では、石英脈岩や石英粗面岩といった、わが国の石器石材としてはあまりなじみのない石材が素材に選ばれている。この石材は、中国や朝鮮半島では頻繁に石器の材料として使われているが、わが国では稀である。石材選択の共通性は、無視できないだろう。日本人が鑑定すると、大陸側の資料にも多くの非人工品が含まれていることになるのではないか。剥片のエッジは鋭いが、剥離面には不整なアンジュレーション（undulation：畝状の起伏）が発達し、加工の痕跡がみにくい。このことが、石器の認定に影を落とすことになった。

　早水台遺跡の遺物包含層は第5層、安山岩の角礫を含む層で、2次堆積層と判断されている。石器素材である石英脈岩などの由来はよくわからないらしい。安山岩角礫層が形成され、その後、その場で角礫層中の石英礫を使って石器がつくられたのか。それとも、安山岩角礫と同時に石英の自然礫や石器がいっしょに混じって運ばれてきたのか、かならずしも明確でない。しかし、非常に広範囲に大量の石英礫と破砕礫、人の手になる石器が重なり合って分布している。綿貫俊一が指摘するように、石材産地での長期にわたる石材消費がくり返された結果である考えられる。この石器原石と石材消費場所とのつながりは、星野遺跡の状況とたいへんよく類似している。

　石器群（図1）は、チョピング・トゥールのような大型石器（1）と、スクレイパーなど剥片製小型石器（2～7）から構成される。東北大学総合学術博物館による第6・7次発掘調査の集計では、圧倒的に後者が多い。私には大型石器と石核との区別ができない。小型石器は細かく分類されているが、基本的に3種に分けられる。①加工用の道具である小型スクレイパー（3・4・5）、②加工のある2側縁が収斂する尖頭器（2）、③未加工の刃部の残された刃器（6・7）である。大きさや形は変化に富むが、①では長さ・幅ともに20ミリ未満の一群と、それよりもやや大型の一群が分離される。これ以外の石器も長さ、幅ともに30

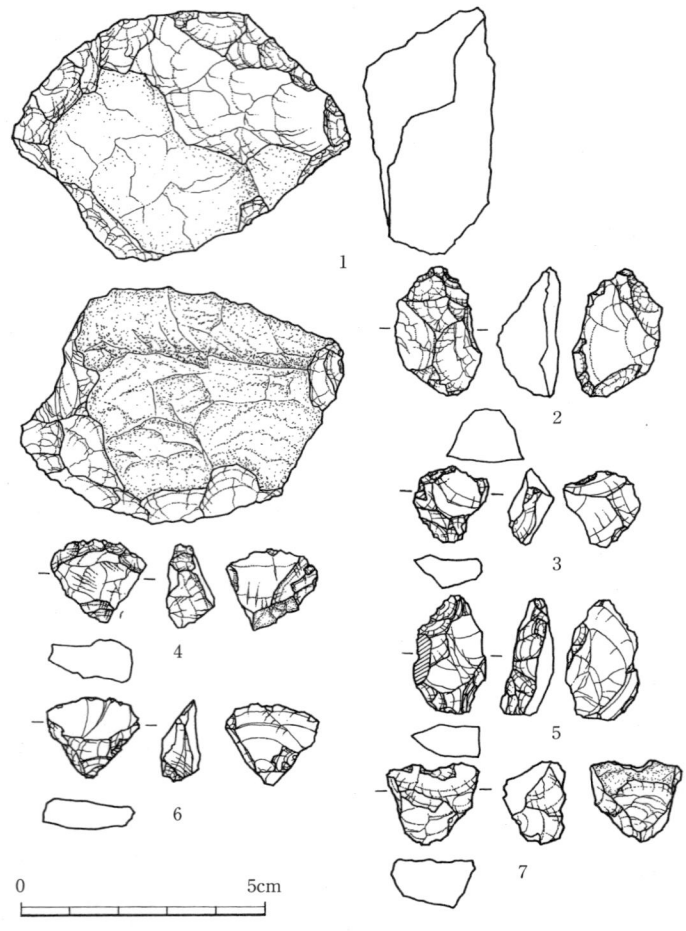

図1 大分県早水台遺跡出土中期旧石器〜中期/後期旧石器時代移行期の石器（1 大型カッティング・トゥール、2〜7 剥片製小型石器）

ミリをこえるものは少ない。これを星野遺跡第7文化層出土剥片製小型石器と比較すると、石材の違いをこえて、ほぼ同一の傾向が抽出される。素材剥片の調整には粗い鋸歯縁状の剥離が多く用いられている。

　早水台遺跡と類似した石器群が熊本県人吉市大野遺跡群から出土している

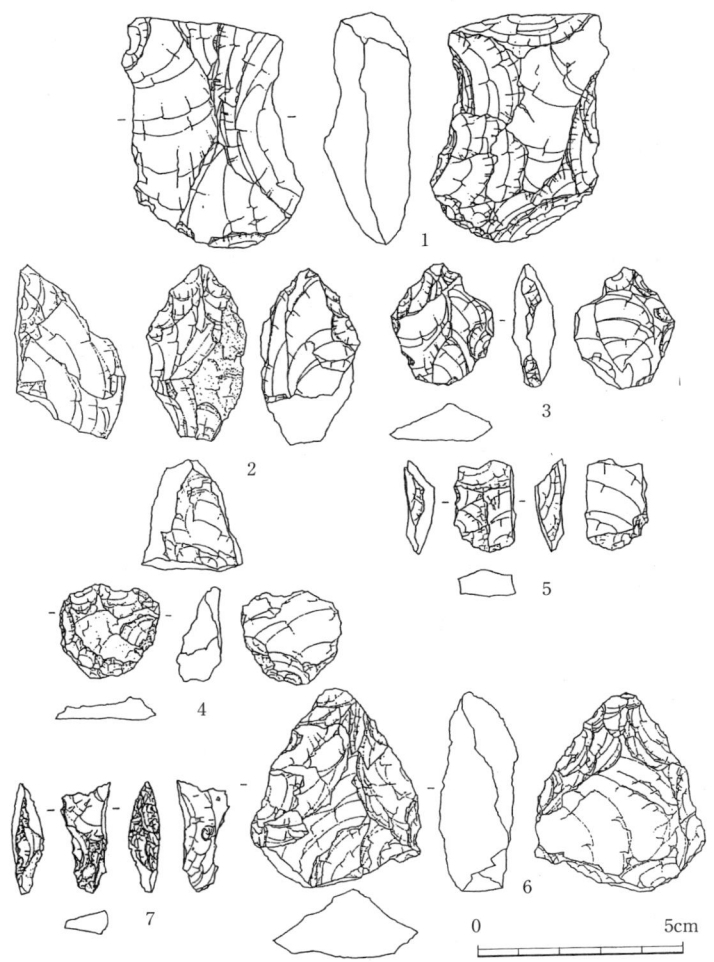

図2　熊本県大野遺跡群出土石器（1〜5　Ⅷb層出土中期旧石器〜中期/後期旧石器時代移行期の石器、6・7　Ⅶb層出土後期旧石器時代初頭の石器群）

（図2）。大野遺跡群にはいくつかの遺跡が含まれるが、石器群が詳しく検討されているのはD遺跡である。D遺跡には安山岩基盤岩層上に、何枚もの土壌層が重なるように堆積している。ここで検討するのはⅧ層石器群（1〜5）で、

Ⅶ層には後期旧石器時代初頭の石器群が含まれている（6は九州に多いやや大振りの尖頭器、7は台形様石器）。Ⅷ層はa層〜e層まで5枚に分けられ、各層から石器が出土している。E遺跡のルミネッセンス法による年代測定結果からⅧ層の堆積時期は、おおよそ6万年前以降と推定されている。

　遺跡周辺の地質学的な背景について、簡単に整理しておこう。遺跡のある人吉盆地の基盤は四万十累層（白亜紀〜古第3紀）でチャートと赤色泥岩を供給する。その上に、人吉層、薩摩火山岩が重なり、一番上に中期〜後期更新世に噴出した火砕岩が乗る。遺跡で使用されている凝灰岩は人吉層および更新世火砕岩、特に加久藤火砕流に由来するものと思われるが、未検討である。少量使われている安山岩は、基盤岩かどうかわからないが、薩摩火山岩しか該当するものがない。塚脇らのくわしい地質図によると、遺跡西方に加久藤火砕流が分布している。このように、大野遺跡群は石材原産地立地とはいえないまでも、近傍で容易に珪化凝灰岩や泥岩といった石器原石が採集可能な場所であった。

　Ⅷ層から出土した石器は、北森梨恵子によって細かく分類されているが、長さ50ミリ以上の大型の石器と、剥片製小型石器に二分される。剥片製小型石器は早水台遺跡で分けたように、①加工用の道具である小型スクレイパー（2・4）、②加工のある2側縁が収斂する尖頭器（3）、③未加工の刃部の残された刃器（4）という3者に分類したらどうだろうか。石器の形態が多様なので、さまざまな基準での分類ができそうだが、大雑把だが、汎用性のある分類を採用しておく。大型の石器についてはあえて細分しないで、多目的なカッティング・トゥールと位置づけておきたい。

　これまで簡単に紹介した4遺跡をわが国の中期旧石器時代の標準資料としておく。多くの異論があるが、その基本的な石器群の構成、遺跡形成過程には今後とも大きな変更はないであろう。中期旧石器時代という時代区分を採用したが、旧石器時代の時期区分について簡単にふれておく。旧石器時代の時期区分は、最初に西ヨーロッパで組み立てられた。これが、下部、中部、上部旧石器という3区分説だが、各時期を区分するための根拠、基準は一つではない。地質学、古生物学、旧石器考古学、形質人類学などさまざまな分野の調査成果を総合しながら組み立てられてきた。このため、分野ごとの矛盾や食い違いが議

論されている。たとえば、中部～上部旧石器時代の移行をめぐる議論では、立脚点や分野の違いから大きな意見の対立を生じている。これについては安斎正人がくわしく解説し、問題点を洗い出している。ここでは、時期区分の概要を簡潔にまとめておこう。

アンドレ・ルロワ・グーランが編集した『先史学事典』の考古学的な記述を記しておく。

(1) 下部旧石器時代（paléolithique inférieur）　原人の時代である。およそ20万年前までの人類文化を包括する。アフリカ大陸にはヨーロッパには認められない、より古期の石器群があるので、下部旧石器時代を新旧に二分し、古い部分を古期旧石器時代（paléolithique archaique）とよぶことが提唱されている。これは普通オルドワン、あるいはモード1石器群とよばれる。アシューリアン（モード2石器群）、クラクトニアンなどいくつかの文化的単位が含まれる。

(2) 中部旧石器時代（paléolithique moyen）　ネアンデルタール人に関わる石器文化で、ルヴァロワ技法が発達し、ムステリアン（モード3石器群）石器群が成立する。これには文化的な多様性が認められる。おおよそ3万4,000年前に終わる。

(3) 上部旧石器時代（paléolithique superieur）　現生人類の時代であり、更新世が終わる、ほぼ1万年前まで続いた。さまざまな分野で技術革新がおき、世界史上重要な変革期と把握される。特に石刃の普及（モード4石器群）が目覚ましい。

ここにはいくつか、難しい旧石器考古学特有の用語もあるが、これは皆さんに調べていただこう。お隣中国ではどうなのだろう。中国では歴史的に、ヨーロッパの時期区分が下敷きにされてきた。これは、この国の近代国家形成に固有な歴史的環境によるものである。旧石器時代早期、中期、晩期という3期区分が一般的で、各時期の境界をどの辺に引くかが議論されている。地質時代の時期区分を採用するもの、人類の違いを重視するものなど、いくつもの案がある。日本人研究者による中国旧石器時代時期区分説はもっぱら石器製作技術に注目したものばかりで、中国人研究者とは視点が異なっている。欧米研究者は西ヨーロッパの枠組みで考えている。各時期の境界年代は一致しそうもない。

細かな違いはあっても、西欧の基準が全世界的に採用されているので、わが国の時期区分もこれに準じる必要がある。余りにローカルな時期区分説は避けなければならない。そうしないと国際的な対話が成立しなくなる。通用しないまでも、いちいち説明を付け加える手間がかかる。本書では、おおよそヨーロッパ中部旧石器時代に平行する時期を中期旧石器時代、上部旧石器時代に平行する時期を後期旧石器時代と規定する。これは機械的に設定された単純な規約にすぎないが、目安として重宝である。ここで目安といったのは、この区分を本質主義的な、あるいは還元主義的なよりどころにはしない、してはいけないという意味がこめられている。アバウトな目安が一番いい。下部旧石器時代に平行する前期旧石器時代の存否については課題としておく。読者諸兄姉の発見と調査に期待する。

　わが国の中期旧石器時代の遺跡は、少数しか知られていない。ここにあげたほかにも、岩手県金取遺跡、同柏山館遺跡などからも中期旧石器石器群が出土している。解説は省略したが、石器群の特徴は上述した諸遺跡と同様で、中期旧石器はほぼ全国的に分布していることがわかる。後にふれる移行期には北海道にまで分布がおよぶ可能性もある。金取遺跡では大型石器と剥片製小型石器の石材に使い分けが認められることで、後期旧石器時代につながる重要な特徴である。なお、群馬県内には古くから有名な遺跡がいくつかあるが、私にはよく理解できない。中期旧石器時代の石器群には、以下のような共通した特徴がある。

(1) 石器石材の豊富な場所に形成されている。石材産地（岩体）、石材を含む礫層の近傍などが遺跡形成の場所として選ばれている。いわゆる在地石材に強く依存した石材消費ということができる。遠方の石材は消費されていない。

(2) 後期旧石器時代の遺跡のように小範囲に完結することなく、広い範囲に石器製作に伴う多量の廃棄物が残されている遺跡が目立つ。これは、(1)によって、その場所が長期間、何回も利用された結果であると考えられる。また、一般的居住というよりも、石材消費の場としての機能も想定される。

(3) 石器群は大型カッティング・トゥールと剥片製小型石器という組み合わ

せから構成されている。両者はともに多機能・多目的な石器であり、用途の限定された石器がつくられた形跡は希薄である。
(4) 剥片製小型石器は、基本的に①さまざまな対象を加工するための道具である小型スクレイパー、②加工のある2側縁が収斂する尖頭器、③未加工の刃部の残された刃器という三者から構成されている。これらの石器は、切削、刺突、切断などに使われた。これは第1章で解説することになる、打面角の選択に規制された剥片剥離行動の結果である。
(5) 剥片製小型石器の生産には素材の縁辺から剥片を順次剥離する方法が採用されている。後期旧石器時代に発達した石刃という縦長で企画性の高い剥片はつくられていない。

このような特徴をもつ石器群が、中期旧石器時代以前の日本列島には広く分散していた可能性がたかい。これは世界的にどのように位置づけされるのだろう。次に、この問題を簡単に考えてみたい。

2　モヴィウス・ラインの北

東アジアの旧石器石器群を研究する上で、モヴィウス・ラインは大きな意味をもっている。モヴィウスはハーヴァード大学の旧石器考古学者である。1930年代後半に東アジア～東南アジア各地で旧石器時代遺跡の調査をおこない、戦後まもなくその結果を公表した。図3はそのまとめともいうべきもので、下部（前期）旧石器時代のハンドアクス文化圏の東側にチョッピング・トゥール文化圏が広がり、旧世界が二つの文化圏に区分されることが示されている。両者の境界線はモヴィウス・ラインとよばれている。

東南アジアや北部インド、中国などの下部旧石器時代の特徴は、ハンドアクス（両面打製の多機能石器）やルバロワ剥片（注意深くつくられた亀の子型石核から剥離された剥片）が分布せず、代わりにチョパーやチョピング・トゥールという原始的な円礫製の打割器が使われていた。このようにモヴィウスは理解していた。論文には、豊富な現地調査の成果が盛り込まれていた。未開拓な分野を切りひらいた、当時としては非常に説得力のある明快な論文であった。

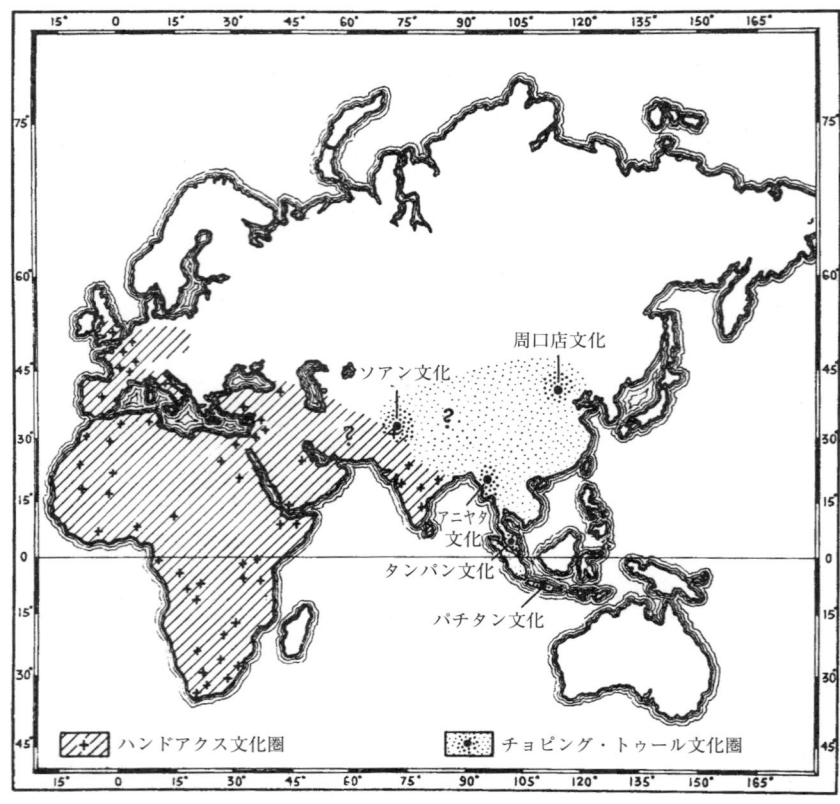

図3 モヴィウスの想定した前期旧石器時代の世界

　しかし、モヴィウスのいいたかったことはこれにとどまらない。彼の論文を読むと、ハンドアクスの分布域が開明的な人びとが技術革新を次々におこなっていたのに対して、東アジアは閉鎖的で、外部の影響を遮断した文化的後進地域であった、という白人の優越感があからさまに語られている。もっとも、このような世界観はモヴィウスにとどまらない。中国で北京原人の調査にもあたった、有名な思想家であるシャルダン司祭による同じような意見も引用されている。当時における、欧米の教養人の常識的な見解であったらしい。この価

値感は、カールトン・クーンのような人種差別主義者に承継されることになる。モヴィウス・ラインについては、佐藤宏之のくわしい論評がある。

　モヴィウス・ラインに関しては、スティーブン・ライセットが独自のモデル（仮説）を提案している。ライセットのモデルは、第3章で紹介するジョーゼフ・ヘンリッチのモデルを下書きにしている。ヘンリッチのモデルからはじめよう。特定地域の繁殖可能人口が減少すると、それまで地域的に安定していた文化要素の社会的な伝達に大きなロスが発生する。社会的な技能の習得がいちじるしく難しくなるからである。逆に、繁殖人口規模の拡大に伴って、熟練したモデルから技能を習得できる機会は増加する。習得すべき技能が複雑であるほど、人口規模の影響を受けやすい。ここでいう繁殖人口を正確に定義すれば、①文字どおりの人数、②人口密度、そして、③人口内・間のネットワーク密度ということになる。

　ヘンリッチはタスマニアの事例を報告している。これは、きわめて興味深い現象なので、ヘンリッチ論文の要旨を引用しておく。「考古学や民族学・歴史学の証拠をつきあわせてみると、完新世の始まりから、十八世紀のヨーロッパ人探検家の到来までのおよそ八千年以上もの間に、タスマニア社会は、それまで大切に受けつがれてきた技量やテクノロジーを失ってしまった。これには、骨の道具、寒冷期用の衣服、柄の付いた道具、網、かえしの付いた銛やヤス、投槍器、それにブーメランなどが含まれている。（中略）最終氷期末における海水面の上昇によって、タスマニアがオーストラリアから切り離された結果、その後1万年間に、繁殖人口の規模が突然急激に低下した。このため、(1) 比較的単純なテクノロジーは従来どおり維持されたのに対し、(2) 比較的複雑なテクノロジーは徐々に失われ、特定のテクノロジーや行動は完全に消失するという、一連の文化進化プロセスが進行した。筆者は、こうした個別事例にとどまらず、適応的な文化進化の多様性に対しても、このモデルが適用可能であると考えている」（Henrich 2004：197頁）。

　ヘンリッチのモデルを要約すると図4のようになる。図では、地域集団内・間の結びつきは大きく三者に分けられている。①集団間の結びつきが弱い場合。ここでは高い技能をもった指導者から教えを受けることは稀である。②集

団間に中程度の結びつきがある場合。指導者には時々いきあえるかもしれない。③集団間の結びつきが強い場合。指導者とはひんぱんに行きかうことが可能で、高度の技量は多くの人に共有される。一方、グラハム・クラークは世界各地域・各時代の旧石器製作技術をグループ分けし、モード1（石核と剥片によって形成される石器群）、モード2（両面加工石器を特徴とする石器群）、そしてモード3（ルヴァロワ技法を特徴とする石器群）などを区別した。

　ライセットは、ヘンリッチによる三つの人口レベルと、クラークの三つのモードとを対応させた。モヴィウスの指摘によれば、インド大陸よりも東側の地域の旧石器石器群は、モード1であり、①地域内・間の結びつきの弱い低人口密度エリアに相当すると考えられた。いいかえれば、均質な環境が広く発達し、そこに少数の地域集団が分散居住していたとすれば、モード1が適応的（生態学では長期安定という意味）であった、というのがライセットの主張である。図4で太い線で表現したのがモヴィウス・ラインである。

　いうまでもないが、ライセットの仮説は遺伝的な裏付けも想定されていないし、ラインは環境や繁殖人口の増減によって変動する。近年注目されている、中国の百色や洛南盆地の遺跡群、それに韓国全谷里遺跡などのモード2石器群の存在は、アシューレアンというモード2石器群との直接的な関係の有無は別にしても、ライン自体の柔軟性を示すものと理解される。地域的に、②中程度の結びつきが発達した場合、そこにはモード1を母胎とする別種の石器群、たとえばモード2類似石器群が局地的に生成される可能性は否定できないだろう。こうして、モヴィウス・ラインには、固定的な理解を脱して、ダイナミックに変化する歴史性が与えられることになる。

　中国や韓国での調査事例の増加に伴って、モヴィウス・ラインの妥当性については多くの議論が重ねられてきた。今なお、妥当性をもっているという評価が一般的なのではないだろうか。ところが、最近、モヴィウス・ラインに潜在する価値観を根本から覆す事実が報告された。

　ここで再び図3をみてみよう。下部旧石器時代のヨーロッパは、西側にはハンドアクス石器群が分布しているが、東側は空白になっている。ここは大陸氷河の端の部分なので、氷期には人類は居住していなかった、と考えられていた。

序章 13

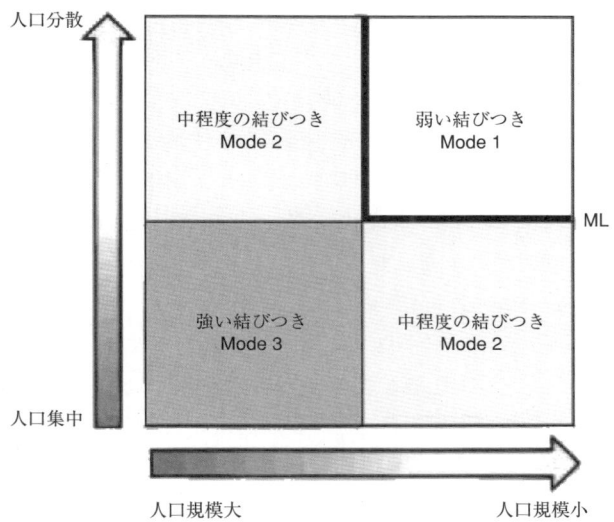

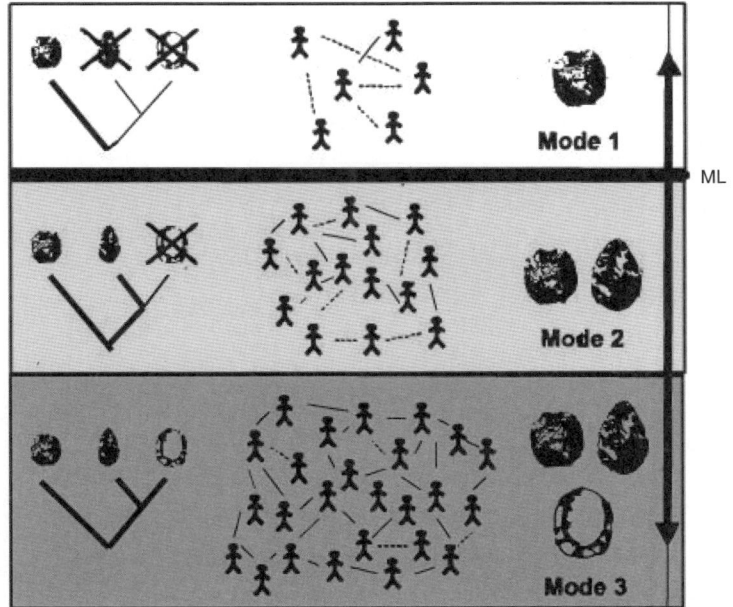

図4　ヘンリッチとライセットによるモヴィウス・ライン（ML）のモデル

ちょうどこの境界あたりには、ヴェルテシュセーレシュ遺跡（ハンガリー）、マウエル遺跡（ドイツ）、ビルツィングスレーベン遺跡（ドイツ）、シェーニンゲン遺跡（ドイツ）といった剥片製小型石器を主体とする遺跡が集中している。同様の石器群はポーランド南部にもおよんでいる。こうした石器群の多くは、下部旧石器代の後半期、40～30万年前に製作されており、北ユーラシアでのホモ・エレクトゥスの活動と関連している。

一方、モヴィウスによってチョパーやチョピング・トゥール文化圏とされた中国の石器群はどうだろう。そこでも剥片製小型石器が長期間にわたりつくられ続けてきた。かつて賈蘭披らは、この剥片製小型石器群を（周口店）第1地点―峙峪系、あるいは削器―彫器伝統とよんだ。これには、すでに指摘した、①さまざまな対象を加工するための道具である小型削器、②加工のある2側縁が収斂する尖頭器などが包括されている。賈らは、第1地点―峙峪系が、匼河―丁村系という大型石器の伝統と並存していたと考えた。現在、この2系統説は、同一集団による石器のつくり分けと解釈されている。つまり、大型石器と剥片製小型石器が異なる場所でつくり分けられ、使い分けられていた、ということになっている。2系統ではなく、単一系統だと解釈されている。

マイケル・ブルドゥキエビッチは、モヴィウス・ラインの北側に形成されたホモ・エレクトゥスが、各地のコロニーで製作した剥片製小型石器群を、広域的なテクノコンプレックス（いろいろな技術的な身振りの体系）と規定した。そして、剥片製小型石器には、手持ちの石器以外に、木製の柄にはめ込まれるための細石器が多く含まれていると想定した。事実、シェーニンゲン遺跡では、モミ材を削ってつくられた柄が出土しているが、その先端には剥片製小型石器をはめ込むための溝が彫られていた（図5）。ハンドアクス石器群では不可能であった、北方ユーラシアの森林帯への進出は、下部旧石器時代の細石器石器群

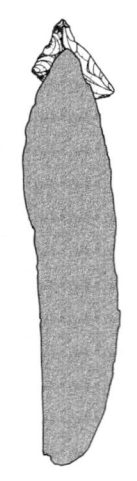

図5 シェーニンゲン遺跡出土の剥片製小型石器が埋め込まれた木製の柄（ブルドゥキエビッチ原図）

によって達成された。より寒冷な北方森林帯への適応には、細石器を含む剥片製小型石器群が必要であった、というシナリオが提示されている。

閉鎖的、停滞的な文化的後進地域と決めつけられていた、モヴィウス・ラインの北側には、当時にあっては、さらに革新的なマイクロ・テクノロジーで武装した集団が、非常に広い範囲にわたって分散居住していたのではないだろうか。この地域には、ハンドアクス石器群の担い手たちと同等の能力を備えた人びとが、剥片製小型石器を製作していたにちがいない。実際、石英製の剥片製小型石器ですら、大型ハンドアクスと同等の機能を担いうることをロビン・デネルが驚きをもって報告している。

中国では前期旧石器時代から後期旧石器時代に至るまで、長期間剥片製小型石器が使われ続けていた。賈蘭坡らによる（周口店）第1地点—峙峪系というくくりも、こうした状況を踏まえたものであった。北京市周口店第1地点は北京原人が発見された遺跡だが、40万年以上前に居住がはじまり、20万年前までくり返し利用された遺跡である。石英製の剥片石器の長さは19〜73ミリで、全体の75パーセントが40ミリ未満だという。剥片製小型石器の使用は、これよりもかなり古く、すでに下部更新世の河北省岑家湾遺跡や河北省東谷坨遺跡などに出現している。周口店第1地点後続する周口店15地点では石器群の中心的な存在となっている。石英製の両極石核から小型の刃器が量産されている

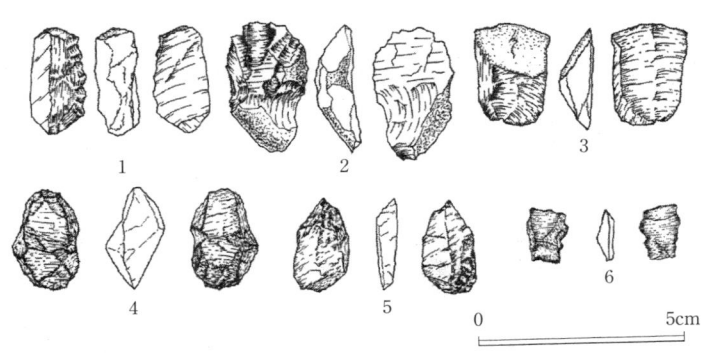

図6　韓国全谷里遺跡（前期〜中期旧石器時代　1〜3）、佳月里遺跡（後期旧石器時代初頭　4〜6）出土剥片製小型石器

可能性がある。今のところ、シェーニンゲン遺跡のような直接的な証拠はないが、その一部が着柄された可能性は否定できない。

　山西省峙峪遺跡の年代は約2万9,000～3万3,000年前とされている。この年代から、すでに後期旧石器時代に入っているといわれている。石刃と考えられる縦長剥片や多面体石核、扇形石核石器という細石刃核と推定された小型石核、さらに石製装身具など、後期旧石器石器群としての色彩も帯びている。しかし、石器群の主体はやはり剥片製小型石器の一群であった。細かな鋸歯縁状剥離によって整形されたスクレイパーが多くある。約10万年前の許家窰遺跡や3万5,000年以上前の薩拉烏蘇遺跡なども典型的な剥片製小型石器群に属する。

　中国の剥片製小型石器群が、シェーニンゲン遺跡などとともに、モヴィウス・ラインの北側にテクノ・コンプレックスを形成していたかどうか、今後検証しなければならない課題である。しかし、華北一帯には、少量の大型カッティング・トゥールを交える剥片製小型石器群が長期間にわたって維持されていたことは、多くの資料から実証されている。いうまでもないが、石器のつくりかたや形態、組み合わせなどは時期的、地域的に変化しているが、基本は変わらない。一見すると、まちまちな形で、とらえどころのない小型石器ではあるが、着柄して使われることで、大きな威力を発揮する道具でもあった。

　朝鮮半島には多くの旧石器時代遺跡がある。しかし、石器群の全体的な構成を知るための情報がとぼしい。ユー・ヨンウは、イムジン・ハンタン河谷の旧石器時代石器群を総括し、その基本構成が、一貫して大型礫石器と剥片製小型石器（図6）の組み合わせであることを指摘している。残念なことに、ユーの論文を含め、朝鮮半島での剥片製小型石器の解明はきわめて不十分である。新たな視点からの検討をまちたい。

　ところで、すでに検討したように、日本列島の中期旧石器石器群は、大型カッティング・トゥールを伴う剥片製小型石器を主体としていた。こうした石器群の荷担者が、いつごろ、どのようにして移動してきたのかはわからないが、巨視的にみて、東アジアにおける剥片製小型石器群の一員であった可能性は高い。比較的孤立した集団が、石器石材を手に入れやすい場所を中心として、長期間、

くり返し同じような剥片製小型石器をつくり、使い続けていたのである。個々の遺跡と大陸や朝鮮半島の遺跡との比較は難しいが、石器群の基本構成が同一であることから、広域的に累積されてきた伝統の重みを感じないわけにはいかない。私が、多くの疑義を排して、わが国の中期旧石器時代を認める根拠も、この点にある。ここには、東北アジアの中期旧石器石器群と同一の構造を認めうるからである。

第1章　中期旧石器時代から後期旧石器時代へ

1　草刈遺跡の古さ

　1983年2月、私は千葉県市原市草刈遺跡で小規模な石器集中地点に遭遇した。集中地点は市原市北部を東京湾に注ぐ村田川という河川を見おろす台地上にあり、台地斜面の落ち際にあった。これよりも古い遺跡は、斜面の浸食によって失われたにちがいない、という印象をもった。周辺部からも多数の集中地点がみつかっていたが、遺物包含層は周辺部の集中地点よりも格段に深かった。隣接する草刈六之台遺跡の調査にも立ち会い、古い石器の出土を目の当たりにしてきたが、それよりもさらに深い地層から出土しているようにみえた。掘りあげてみると、遺物がもっとも集中する層準は、立川ローム層という4万5,000年前頃から堆積のはじまる火山灰層の直下、武蔵野ローム層上部であることがわかった。後にC13-Bブロックという番号が付けられた集中地点は、房総半島でもっとも古い石器であった。最近の年代観を適用すれば、おおむね5万年前頃となるだろうか

　さらに、C13-Bブロックの西側で、もう1か所、古そうな遺物集中地点を発見した。この集中地点は、草刈台地を南北に縦断する古い谷の湧水点にのぞむゆるやかな斜面に立地していた。湧水点に隣接するためか、ローム層下部は水の影響でチョコレート色に変色していた。ある部分まではノーマルな状況だったが、石器が包含されている土層が、標準土層の何層に相当するのか、よくわからなかった。そこで、台地の上から長いトレンチを掘削し、土層の連続状況を観察した。その結果、石器が包含されていたのは立川ローム層最下部であることが明確となった。この集中地点には、後にC77-Dブロックという番号がつけられた。

　こうして、草刈遺跡および隣の草刈六之台遺跡の調査によって、武蔵野ロー

ム層から立川ローム層にいたる石器群の変遷過程を把握することができた。石器群は、地層をたがえて断続的に出土していた。これらの石器群については、後にくわしく検討したいが、その前に、南関東各地域で、旧石器時代石器群がどのような地層から出現するのか、簡単に概観しておこう。房総半島では、海成層の上に、風成の火山砕屑物（西風で運ばれてきた火山灰）がつみかさなっている。火山砕屑物の層は、下部の武蔵野ローム層と、上部の立川ローム層に分けられている。分かれる根拠は、それぞれが堆積している段丘の違いにもとづいている。段丘のちがいとは、古気候の違いということになる。段丘形成の細かなメカニズムは皆さん勉強してください。

　房総半島の立川ローム層は、東京の武蔵野台地のローム層とよくにているので、地層の分け方も基本的に一致している。立川ローム層のほぼ中央に、2万7,000～2万9,000年前に降り積もった姶良Tn火山灰がある。これをⅥ層とする。Ⅵ層の上に3枚、下にも3枚の火山灰層を区別し、上の3枚をⅢ層、Ⅳ層、Ⅴ層とし、下の3枚をⅦ層、Ⅸ層、Ⅹ層とよんでいる。Ⅱ層とⅠ層も火山灰層であるが、腐植が蓄積した完新世、1万年前以降の堆積物である。これについては第4章・図20の左側柱状図を参照。

　立川ローム層の下には、武蔵野ローム層とよばれる土壌層が堆積している。草刈遺跡の石器群は武蔵野ローム層Ⅺ層に含まれていたことになる。もともと、武蔵野ローム層や立川ローム層といった地層の区別は、東京都多摩川沿岸に発達する4枚の段丘をおおう堆積物の違いにもとづいていた。川沿いの一番低い段丘を立川Ⅰ面といい、基盤の礫層には立川ローム層が乗っている。立川Ⅰ面の上には武蔵野面が発達し、武蔵野ローム層という土壌層から構成されている。武蔵野面では、武蔵野ローム層と立川ローム層とが連続的に堆積している。両者の区分は肉眼でもできないことはないらしいが、土壌に含まれる鉱物を調べることによって確認することができる。Ⅺ層は灰褐色でやや砂質の土壌で、乾くとクラック（縦のひび）が入ることが特徴とされている。ちなみに、武蔵野台地Ⅹ層中部の特徴であるスコリア（粗い火山灰）帯はⅩ層上部に位置する。

　房総半島北部には下総台地とよばれる広大な台地が広がっている。下総台地

は、下総下位面と、下総上位面によって構成されている。下総下位面は下総上位面の縁辺部や、柏・手賀沼以北にみられる。西関東の段丘と比較すると、下総下位面が小原台に、下総上位面は下末吉面に対応する。下総台地でも、立川ローム層と武蔵野ローム層との区分は明確で、含有される鉱物の分析からも、その妥当性が明らかになっている。房総半島北部の武蔵野・立川ローム層は武蔵野台地のローム層とだいたい対応していることが確認できる。ただし、下総台地の場合、当時陸化していた東京湾低地や中川低地などに大量に降り積もった火山灰が、季節風によって吹き寄せられていた。低地をこえて、西からの火山灰も再堆積していたかもしれない。このため、関東平野の東西のローム層が厳密に一致することはない。また、房総半島には西関東よりも古い段丘が存在することにも注意したい。

　武蔵野台地で人類活動の痕跡が出現するのは、立川ローム層Ⅹ層の半ばである。武蔵野台地は、関東地方における後期旧石器時代研究を大きく前進させる発端となった地域として知られている。後期旧石器時代の変遷がくわしく解明された。武蔵野台地では大きく4段階(フェーズ)が識別された。Odaらは次のように要約している(図7)。なお、ここでの用語はOdaらのものを使っている(Oda and keally 1979)。

段階Ⅰ
礫器と剥片石器からなる文化的な伝統で、3亜期にわけられる。
　Ⅰa期　　礫器と大小の剥片石器、特にチャート製の剥片製小型石器を伴う。錐状の尖頭器が特徴である。わが国最古の石器群であり、中国の黄河屈曲部オルドス遺跡や河南省小南海遺跡などに類似した石器群が存在する。主にⅩ層から出土する。
　Ⅰb期　　チョパーや大型剥片製スクレブロ(скребпо：大型の横刃型スクレイパー)などがあるが、ナイフ形石器状の基部加工のある石刃と楕円形をした刃の磨かれた石斧が特徴である。ロシアのオシノフカ遺跡や地理学協会洞穴に類似した石器群がある。刃の磨かれた石斧はオーストラリアやニューギニアにもある。しかし、Ⅰb段階の石器群は日本で独自に工夫されたもの

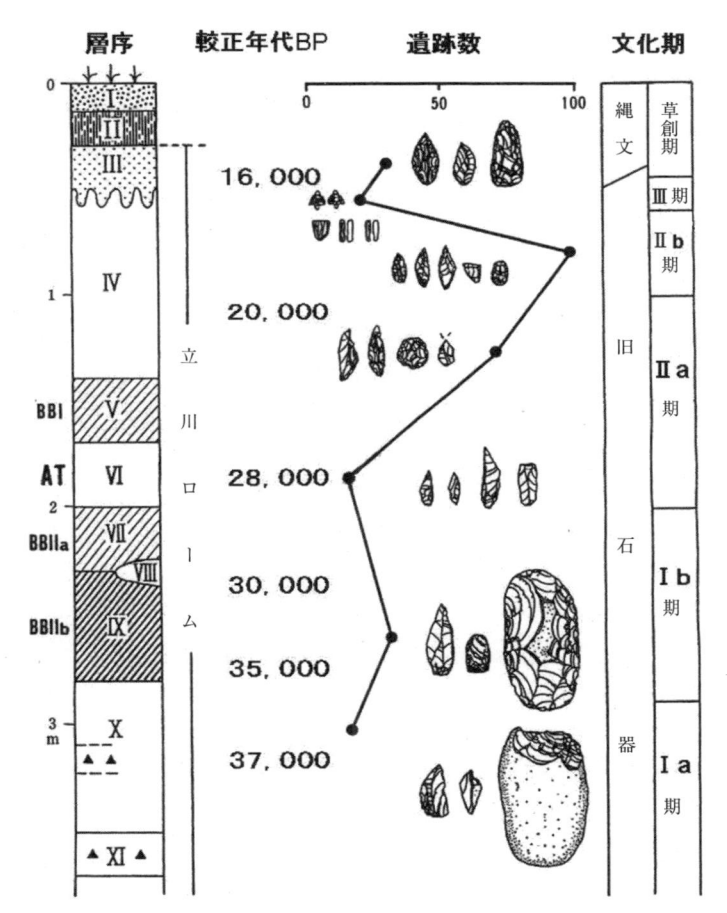

図7 武蔵野台地の地層と遺跡数、文化期の変化（小田原図、春成一部加筆）

と考えられる。主にⅨ層から出土する。

Ｉｃ期　図7ではⅠｂ期からⅡａ期の過渡期になり、区別されていない。大型石器が減少し、小型で縦長剥片や石刃の縁辺を切り取ってつくられた小型のナイフ形石器が存在する。ナイフ形石器はすでにⅠｂ期終わりころには出現するが、次第に普及する。次の段階は小型のナイフ形石器全盛期なので、

この時期は過渡期と位置づけられる。国外には類似した石器群は知られていない。関東や中部地方から北日本に文化的な伝播現象があった。明瞭な地域差はないが、北海道には短い矩形の石刃があり、九州では石刃を折り取る手法が認められる。Ⅶ層からⅥ層にかけて出土する。

段階Ⅱ

小型のナイフ形石器と石刃の生産が盛んで、ヨーロッパの同時期の石器群を彷彿とさせる。2期に細分される。地域性が顕在化する。石器は次第に小型化し、精巧なものがつくられるようになる。

Ⅱa期　幅広の剥片をブランティングという急斜な調整剥離によって斜めに切り取る手法が発達する。西日本では瀬戸内技法という特殊な横長剥片の生産技法が工夫され、九州や関東地方にも伝播した。粗雑な台形石器が出現する。主にⅤ層とⅣ層下部から出土する。

Ⅱb期　大型石器はほとんどみられなくなり、幾何学的な形をしたナイフ形石器が大量に生産される。ナイフ形石器の形は変化に富む。片面加工、あるいは両面加工の尖頭器が出現し、石刃技法が完成する。非常に小型の石器が次第に増加する。茂呂型や九州型、杉久保型、東山形、ホロカ沢型などと分類されるナイフ形石器がさまざまな地域でつくられるようになる。隣接した国に関連する石器は存在しないが、東山―ホロカ沢石器群は同時期のシベリアの石器群を媒介に、遠くヨーロッパと連絡する。Ⅳ層中部から上部にかけて出土する。

段階Ⅲ

細石刃文化の伝統である。細石刃とは長さが20ミリほどの非常に小さい石刃であり、関東地方では黒曜石やチャートでつくられることが多く、礫器を伴うことがある。両面加工の尖頭器と同時期と考えられる例もあるが、ナイフ形石器石器群と両面加工石器群との過渡期に位置づけられる。従来の文化的な伝統の下で育まれた半円錐形細石刃核と、サハリンやシベリアと関連する楔形細石刃核がある。前者は西南日本に、後者は北日本に分布する。主に

Ⅲ層から出土する。

段階Ⅳ

両面加工の投げ槍用両面加工石器の伝統である。新旧2段階に分かれるが、亜期は設定されていない。前半期は土器が未発達で、大型の木葉形両面加工石器が使われていた。時に、刃部が磨かれた石斧が伴う。これは、神子柴—長者久保石器群とよばれる。分布は全国におよび、少量の無文土器が発見されている。後半期は土器が出現し、基部につくりだしのある小型の両面加工尖頭器＝有舌尖頭器がある。九州では、西海技法という方法で生産された細石刃石器群が残り、土器が盛んに使われるなど、本州との違いが大きい。

　北海道では遠軽ポイントという有舌尖頭器が使われていた。有舌尖頭器は縄文時代草創期になると、各地で発見される。しかし、北海道の立川ポイントという有舌尖頭器には土器が伴わず、本州とは異なる文化的な伝統があった。この両面加工石器群を育んだ文化伝統は、それ以前のナイフ形石器文化から発展したものである。立川ポイントはロシアのオシポフカ遺跡の石器と類似しているが、文化伝播を想定する必要はない。また、縄文土器は世界で一番古い土器といえるが、これも日本で発明された。主にⅢ層の上部からⅡ層下部にかけて出土する。

　この見解は、1979年のものであるため、新しい発掘資料にもとづいた部分的な改訂や、見解の訂正が必要だが、大筋は変更されていない。広域的な石器群の比較も再検討の余地がある。一地域の編年によって、全国を取り仕切ろういう野心も透けてみえるが、一つの参照軸にはなるだろう。わが国で、旧石器考古学を志すものは、この時期区分を学び、受け容れ、批判してきたのである。

　武蔵野台地最古の石器群、武蔵野Ⅰa期の石器群は立川ローム層Ⅹ層から出土する。貝塚爽平らは、立川ローム層を4部層に細分し、最下部第4部層は立川ローム層第2黒色帯（Ⅶ層・Ⅸ層）以下を包括した。すなわち第4部層は上半が黒色帯、下半は非黒色帯とされた。下半部については、その中央部の赤色スコリア帯を目安にして、その上下の土壌層がそれぞれⅩ層、Ⅺ層とされている。立川ローム層と武蔵野ローム層の境界は、世田谷区内の模式地における、

第4部層直下のクラック帯とされた。

　しかし、現実問題としては、X層と武蔵野ローム層最上層とは「掘った段階では、質、色調では区別できない」(小田・キーリー 1973：9頁)ことも多いらしい。今のところ、Xc層よりも下層から石器が出土した事例はない。Xb層石器群が武蔵野台地ではもっとも古く、このことを唯一の根拠に、南関東に人類が居住したのはこの時期以降である、という我田引水的な見解が広く流布されている。

　武蔵野台地と並んで資料が多く蓄積されている神奈川県相模野台地ではどうだろうか。相模野台地では中津原面が立川I面に対比されている。この根拠は、中津原面の基底礫層が形成された高海面期の世界的な対応関係に求められている。相模野台地の立川ローム層と武蔵野ローム層の境界については、かつて大きな混乱があったが、町田洋らによって相模野下位スコリアの下1メートルにあるクラック帯と決定された。相模野下位スコリアは上下2枚に分離され、間に挟まれる土壌層はB5層とよばれる。この層から出土した石器が相模野台地ではもっとも古い。ただし、武蔵野台地Xb層と相模野台地B5層との対応関係は明確でないことに注意したい。

　南関東にある主な洪積台地での石器群の出現する地層について検討した。武蔵野ローム層最上層であるクラック帯から出土した石器群は、千葉県草刈遺跡しか知られていない。武蔵野台地Xb層、相模野台地B5層は、いずれも約4万年前の堆積層と考えられており、草刈遺跡よりもかなり新しい石器群である。次に、各遺跡から出土した石器群は、どのような特徴をもっているのか、検討を加えよう。これらの石器群は一般に主張されているように後期旧石器なのだろうか。それとも中期旧石器時代の終末におかれる石器群なのだろうか。

2　草刈遺跡の石器群

　草刈遺跡は千葉県市原市の北部、千葉市との境界にある。村田川は市原南部に発し、東京湾に注ぐ総延長21キロ弱の小河川にすぎない。しかし、沿岸では旧石器時代以降、多くの遺跡が形成された。草刈遺跡は村田川最下流部にあり、

旧石器時代の遺物集中地点は127か所報告されている。ただし、遺跡には縄文時代以降の住居跡や古墳などが7,000以上もつくられており、これに伴って失われた集中地点も少なからずあったと考えられる。遺跡の地理的な立地条件については後ほどふれることとして、問題となる房総半島最古の石器群について観察をいそごう。

草刈遺跡とすぐ南側に陸続する草刈六之台遺跡からは、武蔵野ローム層～立川ローム層最下部の遺物集中地点が4か所発掘されている。これらには、出土した地層から時間差が認められる。

　　草刈遺跡C13-Bブロック　　XI層＝武蔵野ローム層最上層
　　草刈遺跡C77-Dブロック　　X層下部
　　草刈六之台遺跡Jブロック　　X層上部
　　草刈六之台遺跡Nブロック　　X層上部

という順番になる。XI層よりも深い地層には調査がおよんでいないので、遺物集中地点の有無は把握されていない。調査資金を求めることになる事業者との契約上、武蔵野ローム層を対象とする組織的調査はできないシステムになっている。調査していないのだから、武蔵野ローム層堆積期以前に人類が居住していなかったとはいえない。従来、ごく僅かな武蔵野ローム層内の調査実績を根拠に、遺跡の存在までもが否定されてきた。誰が考えても、この推測は誤っている。後期旧石器時代のように、広い範囲に遺跡は分布していないかもしれないが、存在しないと断定することはできないはずである。

それはさておき、古い石器群から、順次観察をすすめていこう。草刈遺跡C13-Bブロックは28点の石器から構成されている（図8）。28点のうち10点が接合してしまった。石核は2点に割れているが、本来はやや大型の石核断片が持ちこまれ、これから剥片が剥がされている。7点の剥片が接合する。大半の剥片が回収されてるが、何枚か未回収の剥片もある。遺跡内で剥片生産がおこなわれていた、という事実が確認された。これは当たり前のことのように思われるかもしれないが、石材消費のあり方を考える上で大切なことである。

次に、この石核から剥離された剥片について調べてみたい。まず、持ちこまれた石核断片の一端をみると、平坦な礫面を打面として、一連の剥離がおこな

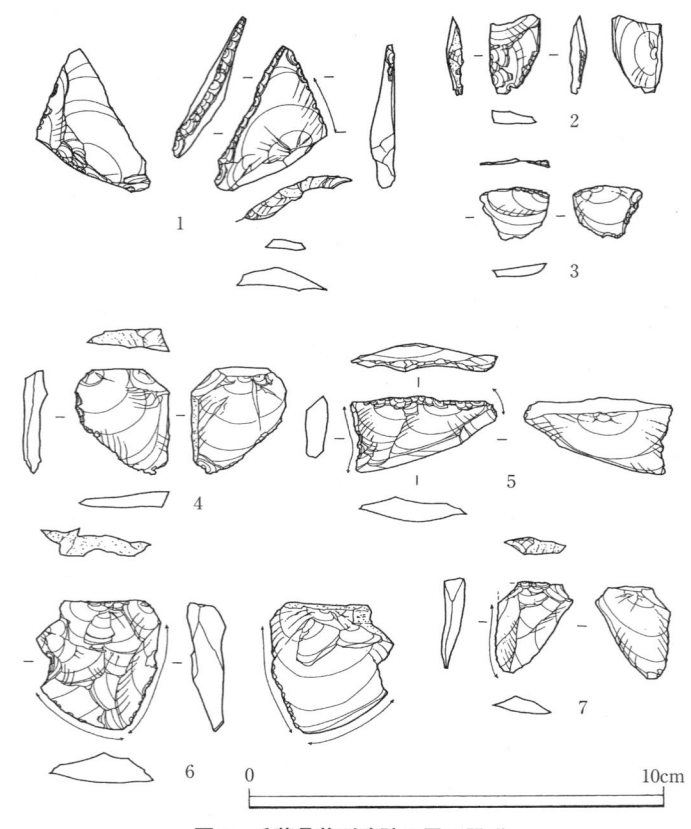

図8 千葉県草刈遺跡XI層石器群

われている。この剥離は、遺跡外でおこなわれたものだが、縦長で矩形の剥片が剥離されている。打面と剥片剥離作業のおこなわれている面とのなす角度、すなわち打面角が、おおむね90度に達した段階で剥離作業が中止されている。遺跡内では、やはり礫面を打面として、打点を断片側縁に沿って移動させながら、台形の剥片（2、3など）が剥離されている。生産された剥片いずれも台形で、打面に接する2側縁と、これら2側縁をむすぶ底縁という3側縁をもつ。打面に接する第1・第2側縁と第3側縁が収斂し、尖頭部を形成する場合があ

る（4〜7）。第3側縁のない三角形の剥片を尖頭剥片とよんでおこう。

　接合しない剥片をみると、いずれもが台形剥片か尖頭剥片であり、接合資料と同じような剥離工程によってつくられたことがわかる。また、大半が石器として使われた痕跡をとどめている。こうして、本ブロックには、実際に生活を支えていた道具類十数点と、予備の石核用塊が持ちこまれていることが明確になった。これらは総重量にしても100グラムに満たない量であり、短期間の滞留しか想定しない装備といえるだろう。武蔵野ローム層堆積期には、このような、ある特定の行動を遂行するための短期的なキャンプが、景観内の各所に展開されていたものとみられる。

　一般に、剥片の形を意のままにコントロールすることは難しいので、細部加工、あるいは2次加工をおこなって形を整える、といわれている。はっきりとした2次加工のある剥片は1点あるにすぎないが、非常に細かな細部調整が加えられた剥片が2例ある。1は尖頭剥片の1側縁腹面に精細な2次加工を加えた石器で、尖頭器と分類されている。片側の側縁には尖頭部に接する部分にのみ細部加工があり、尖頭部を意図的につくりだした石器であることがわかる。2と3は部分的な整形痕のある石器で、加工部位の対辺には未加工の縁辺が残されている。このような石器を安斎正人は素刃石器と分類している。未加工だが使用痕の顕著な石器類もこれに含まれることになる。

　私は先に、日本列島中期旧石器時代における剥片製小型石器を、①さまざまな対象を加工するための道具である小型スクレイパー、②加工のある2側縁が収斂する小型尖頭器、③未加工の刃部の残された刃器という三者に分かれることを指摘した。この基準では、1は②に、それ以外の石器は③に相当する。中期旧石器時代では石器群の主体を構成していた①は認められなかった。これは出土した資料が少なかったせいだろう。C13-Bブロックの石器群は、中部旧石器時代石器群の剥片製小型石器と無関係とは思われない。

　C13-Bブロックが非常に小規模な集中地点であったのに対して、C77-Dブロックは、①150平方メートル以上の範囲に遺物が分すること、②最少5か所からなる遺物の集中地点から形成されており、複合的な行動が累積した場所であったこと、③地表を掘り込み一定期間維持された炉が構築されたこと、④出

土した石器数も200点と多量であること、など対照的なあり方を示している。相当期間、集団が生計を維持した遺跡であると考えられる。

　石器群の基本構成は剥片製小型石器が主体となる。しかし、断片的資料しか残されていないが、凝灰質砂岩やホルンフェルスといった粗粒石材を素材とする大型カッティング・トゥールも使われていた可能性が高い。剥片製小型石器は台形剥片と尖頭剥片主体であるが、楔形石器ともよばれる両極石核と両極剥片が加わる。台石の上に素材を直立し、それをハンマーで挟撃する。この加撃によって、素材は薄く分割され、小型の剥片と石核が残される。小型剥片を両極剥片、石核を楔形石器という。両極というのは、ハンマーによる加撃と、台石による反動によって上下両端から割れる現象をいう（第4章・図24に模式図をしめす）。

　多くの剥片から、どのような石核から剥離されたものであるのかがわかる。ここから類型的な剥片剥離技術が復元されている。円盤状とブロック状のものが区別されるが、この区分は、石核のつくり分けではなく、採集された原石の形態や、石核用の大型剥片の形態によるものである。剥片剥離作業を根本的に規制するのは、石核素材の打面角の選択であるからである。石核の形を細かく分類して、目録をつくる作業にはあまり意味はない。まして、これに技術的な意味をみいだそうとする試みは、剥片剥離の本質を理解していない証左である。

　ホワティカーは、直接加撃による剥片剥離が、①打点の位置、②加撃角度、③打面角、④加撃力という、相対的に独立した四つの要因に左右されることを指摘している。①・②・④は剥離作業をおこなう主体の一連の身振りを構成するが、③は対象である石核の属性として、前三者を規制する。とうことは、当初の原石選択段階においても、また、ある程度剥片剥離が進行した段階においても、打面角のコントロールが石核の打面と剥離作業面の決定、ひいては石核形態の決定に大きな影響を与えることを意味している（図9）。一見多様にみえる、石核や剥片も、打面角の一連の選択行動の累積された結果であり、恣意的な選択や石核範型の意識的選択によるものではない。むしろ、打面角の選択よって、種々の形態の剥片が生産されたと考えられる。要因①・②・④に関しては、すでにこの段階において、十分な技量が蓄積されていたと判断される。

草刈遺跡 C77-D ブロックの石器群には目立った細部加工は認められない。このことから、2 次加工技術が未発達であったとか、不定形あるいは不整系な剥片しか生産できなかった、という評価もされてきた。だが、剥片の選択基準が、平面形ではなく、縁辺部の角度や、厚さ、サイズなど複合的・立体的な要因によるものであったとすれば、こうした評価が適切でないことがすぐにわかる。細部加工を必要最小限に抑制する要因があったのである。先に検討した C13-B ブロックの接合資料からうかがわれるように、小型の台形剥片と尖頭剥片が安定して生産されているのだから、剥片の選択と必要最小限度の細部加工をおこなうことで、求められる道具は供給可能であった。要するに、ある範囲の形のばらつきなどどうでもよかったのではないだろうか。

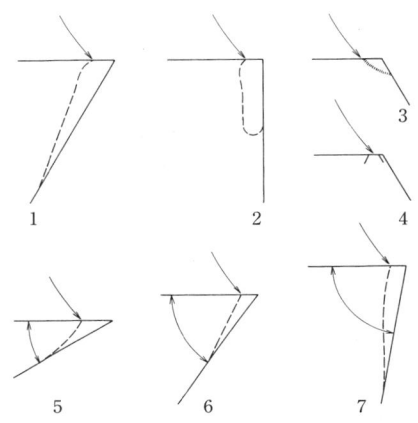

図 9　打面角（石核打面と作業面との交角）のちがいによる剥片の形態差（1 から 4 は打面角の増加によって、剥片の形態が変化することをしめす。1 は打面角が鋭角の場合で、良好な剥片がえられる。2 は打面角が直角の場合で、短く末端ヒンジの剥片がえられる。3・4 は打面角が鈍角の場合で、打面の末端が破砕したり、潜在的なヒビが生じる。5〜7 は打面角の増加にともなって、剥片の長さも増加する傾向を示す。こうした実験結果から、①剥片剥離における打面角管理の重要性、②打面転移の必要性、③打面調整の必然性などが示唆される。ホワティカー原図）

　このような石器群の基本的な骨格が成立するためには、相当程度の原石の補充が日常的に可能であることが条件となる。比較的潤沢な石器石材産地を背景としなければ、このような行動は維持できない。この観点から、草刈遺跡の二つの遺物集中地点の石材構成をみると、そこで主体的に使用されている石材は、房総半島南部保田層群の珪質頁岩であることが知られている。くわしくは次章でふれるが、仮に石材産地を保田層群の発達する房総半島の南部とすれば、草刈遺跡は、直線距離で 50 キロも隔たっていることになる。これはかなりの遠

距離と考えなければならないだろう。

　ここで、草刈遺跡に残された、二つの遺物集中地点をふりかえってみよう。C13-Bブロックは剝片剝離の痕跡はあるものの、それは限定的なものであった。非常に小規模な集中地点であり、僅かな石器を携えた人びとの短期的な移動行動を示していた。一方のC77-Dブロックは規模が大きく、石器数も多いが、石器製作の痕跡は希薄であった。いずれの場合も、より石材産地に近接した場所で石材の消費がおこなわれていた。石材産地近傍で、多くの原石を消費し、適当な剝片を選択することによって、50キロ以上もの長距離移動が可能になったと考えることができる。このようなパターンは、序章で概観した、中期旧石器時代の遺跡では確認されていない。むしろ、そこに見いだされたのは、石材産地に束縛された石材消費行動であった。さらに、草刈遺跡で検出された、二つの移動パターン、ロジスティックな行動と、レジデンシャルな移動パターンの並存という現象も、それ以前には知られていなかったパターンであった（狩猟・採集民の移動パターンについては第3章で詳しく紹介する）。

　後続する、草刈六之台遺跡Jブロック・Nブロックにはいくつか注意すべき点がある。ここでは5点ほど列挙しておく。一つは、鋸歯縁状の細部加工のあるスクレイパーが伴うことである。時間的に古い、草刈遺跡では欠けていた要素であるが、その存在を確認することができた。もう一つは、整った縦長剝片が存在することである。これは、石刃の出現問題を考える上で重要である。第三に、大型カッティング・トゥールの一員として局部磨製石斧が加わる。そして四番目の特徴として、黒曜石の消費が開始されることがあげられる。最後に、石器石材の種類が豊富になり、複数産地の石材が混じり合っていることを指摘したい。

　ここで注目した特徴は、後続するⅨ層から出土する石器群でも確認できる。いいかえれば、Ⅸ層石器群に継続するパターンが、この段階の石器群ですでに過不足なく観察されていることになる。これに付け加えれば、Ⅹ層上部を産出層準とする石器群は、房総半島北部にも分布を拡大しはじめる。また、さまざま石器石材の分布圏が下総台地北部にまで広がっていく。この現象についても後でくわしくふれることにしよう。

3　西関東最古の石器群

　西関東にも、草刈六之台遺跡Jブロック・Nブロックと同じ位の時期の石器群がいくつか知られている。これは、一般に武蔵野台地Xb層石器群とよばれている（図7　Ia期前半）。しかし、草刈遺跡C13-BブロックやC77-Dブロックに匹敵する古い遺跡はまだ発見されていない。

　西関東でXb石器群が注目されたのは、東京都府中市武蔵台遺跡の調査の時だった。遺跡は国分寺崖線上の武蔵野面にあり、すぐ西側には昔から有名な多摩蘭坂遺跡がある。報告書によると、X層石器群は、出土した地層からXa文化層とXb文化層という2枚に分けられた。二つの文化層の設定については、報告者の川口潤が綿密な検討を加えている。これに対して、Xa文化層とXb文化層は分離できず、すべてはXb文化層に含まれる、という反対意見がある。しかし、この反対意見をいくらよんでみても、そこに川口の見解をくつがえすような根拠をみいだせない。有力者の奇怪な仮説が引用され、いつしか定説になるのである。

　武蔵台遺跡の遺物の平面的な分布をみると、調査区南側に集中し、たくさんの集中地点が重なるように分布している。同じような傾向は、ほぼ同時期の多摩蘭坂遺跡第1文化層にも顕著である。このことから、国分寺崖線沿いの広いエリアは、相当期間、継続的に反復利用されたことが推察される。もしそうであるならば、過去の住人たちが残した遺跡の上に、あるいは遺跡の近傍に、くり返し新しい遺跡がつくられたことになる。人びとが同じような場所にすみ、石器を製作し、消費したりすればどうなるだろう。まず、①石器を含む膨大な生活残滓が次々と堆積し、一定の厚みをもった文化層がつくられる。また、②過去に居住した人びとが残した生活物資の一部はくり返し利用され、石器のリサイクルが発生する。そして、③一連の居住行動が終結した段階以降、自然の営力による文化層の破壊や攪乱が発生する。その結果、④新しい石器と古い石器とはミックスされるが、新しいものは相対的に上部にあつまり、古いものは下部にしずむことになる。川口がみいだしたパターンは、まさに④であった。

川口にせよ、その批判者にせよ、遺跡形成に関するかぎり、非常に単純な居住モデルに依拠しているように思われる。Xa層かXb層かという二者択一を迫る本質主義的な、あるいは還元主義的な立場といってもいいだろう。武蔵台遺跡において、石器群の帰属する地層を議論するには、少なくとも、複雑な反復居住モデルが必要である。Xa層からXb層まで、何回もの居住がくり返され、堆積と攪乱が重複した。この立場からすれば、川口による武蔵台Xa石器群の一括性には問題があるかもしれない。

　しかし、X層文化層として収束する長い時間軸を考える時、川口の主張どおり、黒曜石製石器群が、相対的に新しい居住過程で堆積したものと考えることにいささかの問題もない。武蔵台遺跡の黒曜石製石器群は石刃と大型の台形様石器を含んでいる。黒曜石は東京都神津島産とされている。台形様石器には小型の粗製品と大型の精製品があり、大型のものは刃部が研磨されているところから局部磨製石斧と分類されている。異様な石斧としかいいようがない。

　武蔵野台地中央部のX層石器群については、中村真理が要約している。中村はまず、石斧などの大型カッティング・トゥールと剥片製小型石器を基本構成と認定する。次いで、剥片石器の石材の違いから、①非チャート製石刃石器群、②チャート製台形様石器石器群、③黒曜石石器群の三者を区別している。そして、この特徴を共有する石器群によって、後期旧石器時代初頭石器群が定義されることになる。

　大型カッティング・トゥールについては、素材円礫である小仏層凝灰岩分布域に近接している遺跡内での製作と消費が報告されている。たくさん残されていた円礫製加撃具、ハンマー類と台石などの素材は、遺跡近傍で採集された円礫であろう。同時に、大量のチャートと中生代珪質頁岩についても、関東山地に近いエリアほど多く消費されている傾向がある。このことは、X層上部段階では、石材産地との強い結びつきが、完全には断ちきられていないことがわかる。石材産地との距離は増加するが、いまだ、原産地に依存しなければならない石材消費がこの背景にある。ここから、武蔵台・多摩蘭坂遺跡のような特定遺跡の長期反復利用パターンがうまれることになる。

　③の黒曜石の利用については、房総半島では草刈六之台遺跡X層上部に開始

されるが、武蔵野台地でもX層上部にはじまることが指摘されている。ただし、黒曜石の利用は、栃木県寺野東遺跡第Ⅰ文化層の事例から、X層下部にまでさかのぼる可能性が高い。②は台形様石器を含む剥片製小型石器石器群である。すでに指摘されているように、素刃石器、あるいは剥片製小型石器③の一部が、台形様石器として、意識的につくり分けられはじめたことを示している。鋭利なエッジを残した尖頭状や台形状の剥片に、簡単な調整剥離と、部分的な折り取りなどが介在する諸種の石器ついては、端部整形石器とよぶことを提唱している。X層上部では典型的な台形様石器というよりも、端部整形石器が一般的である。中部旧石器時代以来の剥片製小型石器が端部整形石器に変化する。そして、台形様石器に特化していくプロセスが想定される。

　問題は、①非チャート製石刃石器群の解釈である。石刃の組織的生産は、世界中、多くの地域で後期旧石器時代のメルクマールとされている。南関東でも石刃の出現は大きな問題系を形づくっている。今のところ、石刃技法が外部から伝播したという証拠はないので、列島内独自発生の立場から、私の考えを明確にしておく。

　先に、直接加撃による一般的な剥片剥離に直接関与する条件を紹介した。そこで問題となったのは、打面角の選択であった。打面角のフレキシブルな選択が、多種多彩な石核形態を生じると考えた。石刃生産についても同様であるが、それ以外の要因も加わる。ホワティカーは剥片の生産過程が、大きく四つの段階からなるといっている。

　段階1　　原石の採集
　段階2　　第1剥片の剥離で、
　　　　　　これによってつくられる剥

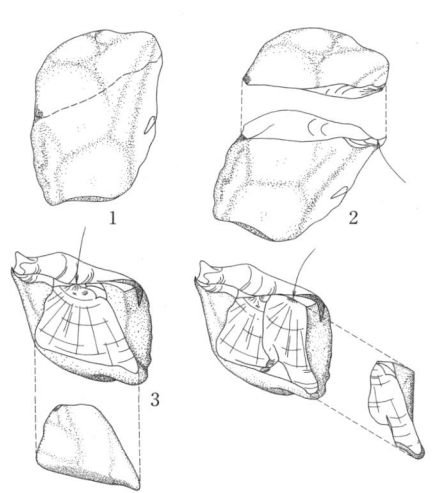

図10　一般的剥片の剥離過程（この図から、図9にしめされた打面角の選択がよく理解される。ホワティカー原図）

離面が石核の打面となる。

段階3 第2剥片の剥離で、段階2の打面から最初の剥片が剥離される。

段階4 第3剥片の剥離で、第2剥片によって形成された稜線を取り込むように剥離される。

石刃の場合、基本的にはこうした四つの段階を踏むが、少し手がこんでいる。一般的剥片生産と比較してみよう（図11）。

段階Ⅰ 原石の採取

段階Ⅱ 第1剥片の剥離で、これによってつくられる剥離面が石核の打面となる。

段階Ⅲ 打面から礫面付き縦長剥片（1a）を剥離する。

段階Ⅳ 段階Ⅲの両側にやや短めの縦長の剥離をおこない、2本の稜線をつくりだす。

段階Ⅴ 段階Ⅳの稜線を取り込むように第1石刃（2a）が剥離される。

段階Ⅵ 頭部調整による打面突出部を除去しながら、打点を左右に振って、稜線を順次石

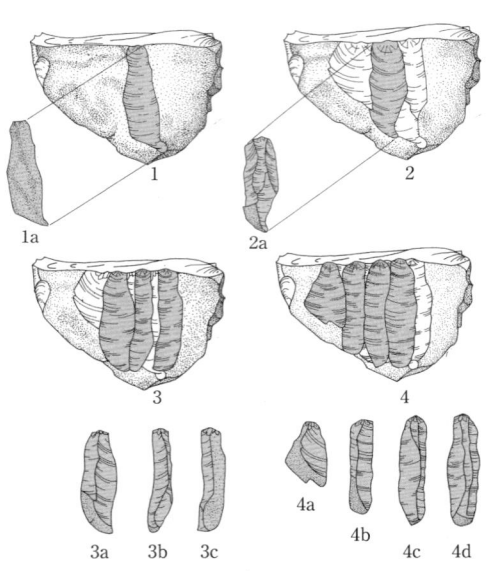

図11　非調整石核からの石刃剥離過程（1では礫面付き剥片1aによってリッジが形成されている。稜形成とは、この工程の洗練されたものと理解される。2では数枚の剥片の剥離によって形成されたリッジをガイドとして、最初の石刃2aの剥離がおこなわれている。3は間接加撃による石刃3a・3b・3cの連続的な生産過程を示す。石刃は形が整い、規則的になっている。4は最終段階で、4b・4c・4dなど二稜形、単一稜形の典型的な石刃が連続的に生産されている。打面角は維持されており、打面調整は介在しないが、石刃生産におけるリッジ管理の重要性が理解される。ホワティカー原図）

刃を剥離する。礫面付きの石刃が相当量生産されるが、それらは片側縁が彎曲し、左右非対称である（3a〜3c）。

段階Ⅶ　次第に、礫面付き石刃の出現頻度が減少し、左右対称の石刃が増加する（4b〜4d）。

段階4以降の手順が複雑になるが、それは①頭部調整による打面角管理と、②稜線、すなわちリッジの管理という二点にまとめることができる。つまり、石刃生産のための条件は、一般的な剥片剥離以上に厳格な打面角とリッジの管理という二点に収斂する。じつは、このコントロールは、石刃生産だけではなく、大型カッティング・トゥール、とりわけ、両面加工石器の製作にも必要とされる技術であった。

武蔵野台地Ⅹ層上部の石器群には石斧、つまり両面加工石器が多数含まれている。この生産のためには、素材として選ばれた円礫の厚みを徐々に減少させ、薄い紡錘形に近い横断面をつくりだす必要があった。先行リッジを取り込むような大小の剥片を組織的に生産する手法が必要であった（図12）。そのためには、側縁部から剥片を剥離するための打面をつくりださなければならない。この打面からリッジ付きの剥片が剥がされるが、剥離のたびに打面角の確認と、補正がおこなわれた。両面加工石器側縁の小剥離痕は、整形という意味もあるが、さらに重要な打面角のコントロールという役割を担っていた。

一般に、後期旧石器時代の石刃生産は、小口面型から周縁型への

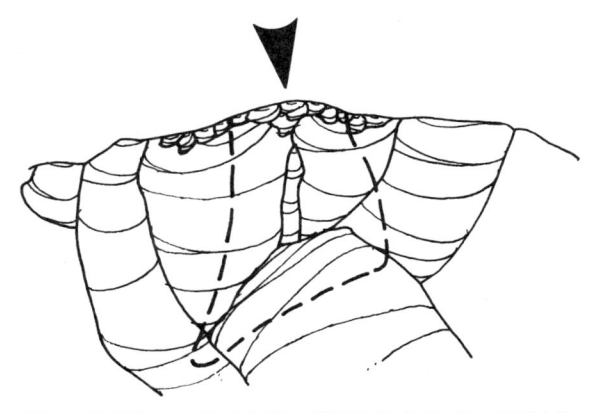

図12　両面加工におけるリッジ管理（石刃生産に必要な打面角とリッジの管理は、大型カッティングトゥール＝石斧生産における両面加工技法の定着によって身体技法化していた。ホワティカー原図）

変化と理解されている。小口面型（中国では東谷坨型の石核とよぶ）というのは、幅の狭い直方体の側面から石刃を生産するもので、はじめから両側縁がリッジになっている。周縁型とは、厚みのある直方体の一面を打面に選び、側縁から順次石刃を剥離するものをいう。この場合、人為的にリッジを作出する。小口面型石刃石核の消費によって、石刃生産のための技術的条件が整備されたわけではない。技術的には、両面加工石器と石刃生産の共進化というプロセスが重要である。両者は足並みをそろえて進歩してきたのだ。

　石刃生産が組織的に展開されていなかったX層段階において、リッジ管理と打面角管理は技術的に共進化をとげていた。いいかえれば、自然な身振りとして定着していった。この技術的応用として、一般的剥片剥離段階4から石刃生産段階IV以降への転化が促進されたのである。段階IV・Vがリッジ管理に、段階VIが打面角管理に相当する。本格的な石刃製作では、リッジ管理として、頻繁な打面調整が採用されることになる。

　石刃はチャート以外の石材によってつくられはじめた。当初、関東地方では珪化した堆積岩が選ばれていたが、後には黒曜石や黒色緻密質安山岩なども使われるようになった。このことは、関東地方周辺の石材産地が広く探索され、移動範囲内に取り込まれたことを意味している。おもだった黒曜石産地も、この時期にほぼ開発され尽くされた。環境が景観化されたといってもいい。石刃素材として好適な、均質な塊状岩の産地はごく限られていた。そうした産地への立ち入りが稀であったことが、石刃の僅少さに反映している。石刃技法の開発によって石器群の主体が石刃によってしめられたわけでもない。石刃は、むしろ、さまざまな剥片群の一部として、刃器や尖頭器として消費されたにすぎない。語の真の意味での石刃石器群は、姶良Tn火山灰降灰直前期になってはじめて成立する。

　いいかえれば、中部旧石器時代以来蓄積されてきた剥片剥離技術と、生産・居住行動の変化に伴なう石材産地の開発とによって、縦長剥片技術は列島各地で定着していった。

　最後に相模野台地の状況について簡単にふれておこう。ここでは吉岡遺跡D区B5層出土石器群が最古の石器群とされている。チャートが多く使われ、

泥岩や凝灰岩が少量ある。黒曜石については混在の疑いがあるらしい。剥片製小型石器群であるが、あるかないかの微妙な剥離痕をめぐり、さまざまな意見が開示され、いろいろな器種分類が提案されている。重要な資料ではあろうが、立ち入った評価が難しい。

4　後期旧石器時代の成立

　前節までは、武蔵野ローム層から立川ローム層最下層に含まれる石器群について検討してきた。しかし、これだけでは、後期旧石器時代の始点を決定するには不十分である。Ⅸ層下部の石器群についても、その基本構成を知っておかなければならない。そこで、私が遺物の整理をおこない、その概要を報告した柏市中山新田Ⅰ遺跡を再訪してみたい。中山新田Ⅰ遺跡を素材として、後期旧石器時代前半期の石器群について、その特徴を十分に把握しておきたい。

　遺跡のある下総台地北部は、南部にくらべると標高が低く、北端の野田市では15メートルほどしかない。現在、この地域は西に江戸川、東が利根川に挟まれた台地になっている。中山新田Ⅰ遺跡がつくられたころは、今とはだいぶ違っていた。3万年以上前、台地の西側には中川低地という深い谷が刻まれ、東は鬼怒川筋の広大な沖積面であった。

　長い年月をかけて、中川低地と鬼怒川低地に挟まれた、幅数キロの帯状の河岸段丘が南北にながく形成された。房総半島北部の台地はこの段丘群と接続する。栃木県宇都宮市まで続く、この細長い段丘群は宝木面とよばれている。宝木面が最終的に離水し、ようやく陸地になったのは、今から4万年ほど前のことといわれている。この事実は、後ほど大きな問題になるので、記憶しておきたい。

　中山新田Ⅰ遺跡では、立川ローム層第2黒色帯下部、Ⅸ層下半の豊富な石器が、何か所もの遺物集中地点から出土した。遺物の分布は東西40メートル、南北80メートル以上にわたる。集中地点は重複せず、ゆるやかな北向き斜面に並んでいる。石器群には次のような石器が含まれていた。簡単な定義も添えておく。

ナイフ形石器　　切り取り加工による石刃製尖頭器（有背尖頭刃器）　21点ある

　　台形様石器　　基部と直線的な刃部からなる剥片製刃器（切断調整刃器）32点ある

　これ以外に、局部磨製石斧、円礫製の打割器、楔形石器などもある。100点以上の石刃も残されていた。石刃は小口面型石刃石核と周縁型石刃石核から剥離されている。石刃は、未加工のまま刃器として使われることが多いが、簡単に基部加工がほどこされる場合もある。また、折り取られたり、ナイフ形石器の素材としても使われている。この場合、石刃は前節で解説した、石刃製作工程段階Ⅵ後半に作出されたものが選択されている。このような石刃の多面的な利用は、この段階になりはじめて開始された。石刃のごく一部分は集中地点内で生産されているが、石刃として持ちこまれたものが多い。石刃製のナイフ形石器の大半が持ちこみ品である。

　一方の剥片製石器群はどうだろう。剥片は集中地点内で生産され、ひき続きその場で選別がおこなわれ、台形様石器が製作されている。石刃製作と石刃製石器と大きな違いが認められる。

　石刃製石器群と剥片製石器群とは、その素材もまったく違っていた。石刃の素材の多くは、泥岩という石材でつくられている。石器素材として使われる泥岩とは、文字どおり泥が固まった石材だが、さまざまな要因でオパール化したものが多い。これを珪化作用といっている。珪化により、固いと同時に、貝殻状に割れやすい性質が生じる。加えて、珪化した泥岩は、産地近傍では、大型の原石として点在している場合も多い。だが、このような石材の産地は非常に限られている。泥岩層は広い範囲に発達しているが、剥片石器の素材となるような泥岩は、非常に限られた地域にしか分布していない。後ほどくわしく紹介するが、中山新田Ⅰ遺跡では、鬼怒川の北を流れる荒川上流でとれる泥岩が多く使われている。

　剥片には、黒曜石と安山岩、それに溶結凝灰岩が使われている。黒曜石は栃木県高原火山で産出するものが多く消費されている。安山岩は宇都宮市周辺で採集できる。溶結凝灰岩は奥日光流紋岩類の仲間で、鬼怒川上流で採集された

ものと想定している。付け加えておきたいのは、黒曜石製石器群の大半が高原山産黒曜石であることに誤りはないが、少量とはいえ、筑摩山地でとれる良質の黒曜石が持ちこまれていることである。こうした遠隔地の黒曜石は、この時期以降徐々に増加する傾向がある。

　中山新田Ⅰ遺跡の石器石材は、いくつかの産地に分かれるもの、おおむね栃木県高原火山およびその南側のエリアに集中していた。しかも、遺跡を形成した人びとは、集中地点の違いをこえて、同じような地域の石材を反復して持ちこんでいる。ちょうどこの時代は、宝木面が離水し、陸路として安定した時代であった。宝木面の形成は、下総台地の旧石器時代を考える上で、決定的ともいえる意味をもっていた。宝木面を経由することによって、人類を含むあらゆる動物や植物に変化が生じた。この一環として、中山新田Ⅰ遺跡を残した集団の南北循環移動を位置づけることが可能である。

　それはさておき、中山新田Ⅰ遺跡の石器群から抽出された内容をまとめておこう。石器群には多様な道具が含まれていた。大型カッティング・トゥールと剥片製小型石器という、それまでの伝統的な構成を踏襲しているが、剥片製小型石器は相対的に独立した二つの技術的体系から成り立っていた。人びとは、伝統的な一般的剥片生産技術も身につけていたばかりでなく、石刃生産にもたけていた。両者は一体として石器製作にまつわる身体技法をつくりあげていた。これを二項性と定義した。

　石器製作者にとっては、おのずと発動される身体技法としかいいようのない領域が、長い期間を要する社会的な学習により習得されていく。この社会的に伝習されてきた技法の体系・身体技法は、一般的な剥片製作技術と特殊な石刃製昨技術という、二つの部門からなる一体的な構造とかんがえることができる。石器生産・石材消費とは、もともと、社会的な学習によって形成された身体技法なのだから、環境や条件によって柔軟に相互浸透したり、部分的な改変（ドリフトという）がくり返される。そうして再構造化がおこなわれ、属性の組み替えがなされるといった過程が反復されている。これを難しく交差変換とよんだこともあるが、もともと一体的なものが、コンテクストにしたがって柔軟に変化したと考えればいい。二つの部門を想定したのは、そうすることが、理解

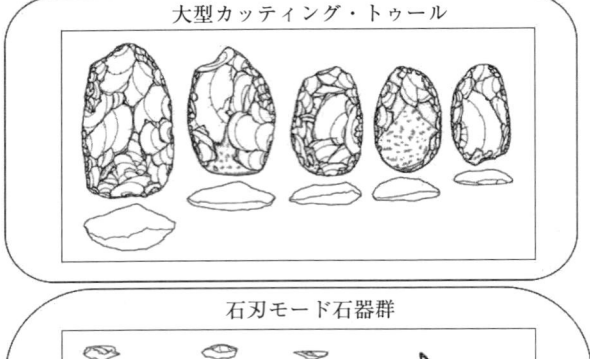

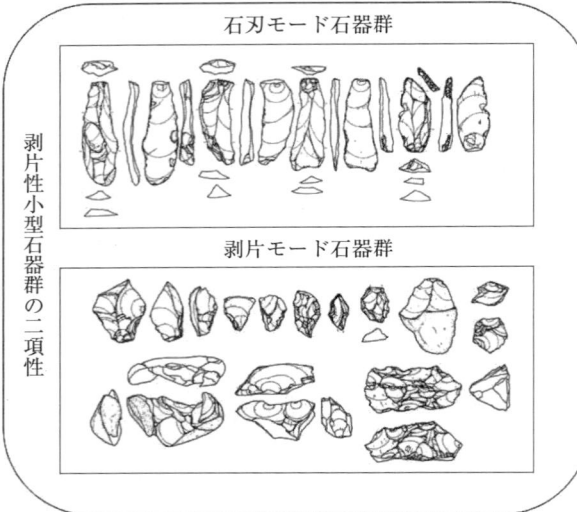

図13 後期旧石器時代前半期の石器群の構成（中期旧石器時代の基本構成である大型カッティング・トゥールと剥片製小型石器という本源的二項性の内部に、石刃モードと剥片モードという剥片製小型石器内部の二項性が入り子状に観察される。千葉県三里塚宮原第1遺跡）

しやすいからである。便利のための手続きなので、実態として二つの部分が存在するわけではない。

こうして、原石の選択と採取、石刃や剥片の生産、石器の製作、石器の使用と再利用、廃棄といった一連の動作・動作の連鎖 chaîne opératoire は、石刃生産と一般的剥片生産という二つの連鎖からなる身体技法＝構造と考えることができるのである。安斎正人は、中山新田Ⅰ遺跡における二項性に普遍性を認め、それを、わが国の後期旧石器時代の基本的な構造と理解した。二項性については図13で説明しよう。ここでは、中期旧石器時代以前の大型カッティング・トゥールと剥片製小型石器という構造を、より根源的な二項性と考えた。次いで、後期旧石器時代に、剥片製小型石器の構造がデュアルモード化・二項化する。

この議論は少し難しい。これまでも、あまり理解されてきたと思われない節がある。だが、後期旧石器時代石器群を定義する基準として二項性という枠組みを定めることは重要である。じつは、この枠組みはけっこう強力で、ヨーロッパや東アジアの旧石器時代石器群の理解にも応用できそうなのだが、それは将来の仕事としておきたい。さしあたり必要なのは、せっかくつくりあげた、この二項性という窓をとおして、X層石器群を見なおすことである。
　二項性が観察される石器群が出現するのは、武蔵野台地でいえばX層上部である。草刈六之台遺跡でもX層上部であった。このことは、この段階で、石刃の生産と消費が組織的にはじまったことを意味するが、ほかにも、いくつかの特徴がある。一つは石器石材の変化である。黒曜石のとれる山域が開発され、神津島にも海路が拓かれた。これに伴って、黒曜石以外の良質な石材産地がつきとめられ、石器石材の多様化が始まった。石刃生産が石材産地の開発と連動していたことは、すでに述べた。石材産地の開発が促進された直接の理由は、狩猟・採集エリアが拡大したことである。それまで、石材産地周辺に限られていた行動圏が、未開拓な領域にまで触手を伸ばしはじめた。
　次に、従来の剥片製小型石器群の構成が見直され、明確な基部と刃部から構成される台形様石器が、広い範囲で使われはじめたことがあげられる。規格化された着柄用の石器が地域をこえて使われはじめた。石器を含む道具の規格化とは、生産効率、メンテナンス、互換性など多くの点ですぐれていた。このことが、経済活動の広域化や多様化と密接に関連していることは見やすいだろう。同時に、この規格化というデザイン戦略にしたがって、小型剥片のモジュール化、細石器化がすすめられた。これについては、後ほどくわしく議論する。
　ポール・メラーズは、ヨーロッパ上部旧石器時代の石器石材の消費パターンについて、遠隔地石材が増加すること、石材の搬入形態が多様化すること、石器による石材の使い分けが明確になること、原産地遺跡が成立すること、などに注目した。このような現象が、それ以前と比較して、行動面での大きな変化を示唆していると考えた。同様に、佐藤宏之は、石刃技法の開発によって、石材産地を生活圏のなかに取り込む必要がなくなったことに、生態適応戦略の画期を見いだしている。

このような行動面での変化によって後期旧石器時代を定義することに問題はない。私や安斎正人は、後期旧石器時代の開始を二項性の顕在化に求めるが、それは、二項性概念によって、単に石材消費パターンをこえた、身体技法の全体を展望できるからであった。さまざまな身体技法の絡まりを、ピエール・ブルデューはハビトゥスという難しいいい方をしているが、川田順造は端的に民俗といった。祭りや葬式だけが民俗なのではなく、日常生活のいっさいは民俗である。さまざまな地域民俗が文化を構成している。民俗や文化の違いには地域差と時代差がある。考古学的に、日本列島の後期旧石器文化を定義する際に、二項性という概念が有効であることは、これまでの議論から明らかである。それが、民俗や文化について、多くのことを教えてくれるからである。

だが、このことは、民俗や文化の担い手については何も語っていない。佐藤宏之は、後期旧石器時代初頭には先住人類と現生人類のモザイク的な分布を想定した。諸外国の事例を考えれば、妥当な判断といえるかもしれない。一方、諏訪間順は、現生人類しか棲息していなかったと断定している。そもそも、日本には先行人類などいなかったという意見なのかもしれない。存在しないことは証明不能であるし、人類化石のないところで、こうした議論は不毛かもしれない。しかし、現生人類のモダニティー、すなわち現代人としての資格についての議論は必要である。必要というよりも、旧石器考古学の究極の課題といってもいい。この問題については、第4章6節で、私の考えを示しておいた。

後期旧石器からはずされた、草刈遺跡X層下部石器群とⅪ層石器群はどのように位置づけられるのだろうか。また、武蔵野台地Xb層石器群とくくられている石器群はどうなのだろう。すでにくわしく紹介したように、①石材産地からやや離れた地域にキャンプを設営しはじめること、②大型カッティング・トゥールと剥片製小型石器の伝統にたつこと、③大型カッティング・トゥールのうち石斧類が特異な発達を示すこと、④剥片製小型石器群においては、多彩なスクレイパー類が減少する反面、尖頭器や刃器の一部が発達し、端部整形石器の一群が形成されること、⑤石刃は未発達で、いわゆるナイフ形石器が認められないこと、などの特徴が列挙される。

この時期は、およそ5万年前頃から3万5,000年前頃までと考えられる。中

期旧石器石器群と後期旧石器石器群との過渡的な時代であり、本書では中期／後期旧石器時代移行期とよんでおく。移行期の設定は、時期区分をめぐる意見の対立を回避するための便法にすぎないともいえるが、メラーズの「旧石器革命」説のように、一挙に文化や社会が変化したという見解を採用しないことを明言するものである。社会の大きな変革は、後に述べるように、後期旧石器時代の後半期に生じた。身体技法は、足並みをそろえて変化するわけではない。遅延や先行、さらに跛行などを許容し、長い時間をかけてつくられていくと考えている。ある身体技法と別の身体技法との結びつき、すなわち民俗文化の形成も同じように考えることができる。

第2章　古民俗形成の生態学的背景

1　古東京川の形成

　本書で研究する地域は房総半島と、房総半島に陸続する地域である。また、その時代は、氷河時代で、第四紀更新世後半期、酸素同位体ステージ（MIS）という物さしでは、MIS3後半からMIS2の時期ということになる。この時期は非常に寒冷であったばかりでなく、数十年、あるいは数百年の単位で激しい気候変動がくり返されていた。本章では、主に、地理的な環境を解説するが、古気候や古植生についても補足的に解説する。

　房総半島の地史的な背景についてはくわしくふれないが、下総台地を構成する下総上位面の形成がはじまるのは10万年以上も前のことであったと想定されている。人類活動が活発に展開される立川ローム層堆積期には、ほぼ現在に近い地勢ができあがった。しかし、寒冷な気候は海水面を下降させ、半島の形は現在とはまったく異なるものであった（当時の海岸線は図15参照）。

　最終氷期最寒冷期には、東京湾が完全に消滅し、深い河谷がつくられた。この河谷を古東京川という。そこには旧利根川や旧中川低地の河川があわさって注いでいたが、房総半島丘陵部からも幾筋もの小河川が合流していた。九十九里沿岸も広く陸化し、数十キロ沖合まで海岸線が移動した。この結果、三浦半島沖から鹿島沖まで、幅150キロにも達する陸地が出現した。丘陵部は、標高500メートルに達する連峰となり、下総台地ですら高さ150メートルもの一大高原となった。現在でいえば、これは東京都八王子市周辺の標高となる。海岸にたつと、南から北へと、次第に海抜高度を下げる長大な山並みを仰げたはずである。

　この頃、瀬戸内海も陸化していた。瀬戸内海は平均水深が40メートル未満と浅く、800以上もの島嶼がある。最終氷期最寒冷期には、淡水湖が散在し、起

伏に富む、東西に細長い盆地が出現したといわれている。盆地中央部には、サヌカイトという石器石材産地を多数擁し、人類による遺跡群が形成されたにちがいない。現在の島嶼はかつては見晴らしのいい丘であったが、ここにも少なからぬ遺跡が形成された。後期旧石器時代、この盆地沿いには、古瀬戸内回廊とでもいうべき往還が発達し、ヒトと資源と情報が活発に行きかったと考えられる。しかし、大半の遺跡は海の底に水没してしまった。外国でも、アドリア海の相当部分が陸化し、その考古学的な意味が議論されている。

　話を古東京川にもどそう。今日では、古東京川のかつての地形をうかがうことはできないが、埋没した地層や海底の状況を手がかりに、往時の景観が復元されている。それによれば、現在、洪積台地は沖積平野によってなめらかに断ちきられているが、かつては川に沿って細長く古東京川の近くまで延びていたらしい。主な川はだいたい今と同じような流路を維持していた。河川に挟まれた細長い台地が、徐々に標高を100メートル以上も下げながら、南北に並んでいる風景が想像されている。古東京川の西側でも同様であった。舌状の台地と谷底とは比高40メートル近い急斜面で区切られていた。舌状の台地は、幅数キロから十数キロだった。谷は上流域では幅が狭かったが、下流では三角州状に広がっていた。

　現在では、ほとんど想像できない景色だが、そこにはどのような植物が生育していたのだろうか。地形的な骨組みに植生を加えなければならない。教科書では、氷河時代、関東平野は冷温帯落葉広葉樹林帯によっておおわれていた、ということになっている。一口に冷温帯落葉広葉樹林帯といっても、そこには、ブナ・チシマザサ群落やハルニレ群落など、非常に多くの植物群落が含まれている。たとえば、ブナ林はわれわれにもなじみ深い群落だが、この群落は年間降水量が1,200ミリ以上の地域に発達し、これよりも降水量が減ると、今度はミズナラ林が広がる。冷温帯といっても、地域的な環境のちがいによって、さまざまな植生帯が発達していた。

　最終氷期といっても、その間には気候の変化が波状にくり返された。気候変動によって植生にも栄枯盛衰があった。したがって、古東京川沿岸の風景を具体的に描くことはなかなか難しい。ここでは、もっとも古東京湾の陸化が激し

かった最終氷期最寒冷期のころの風景を考えてみたい。幸いなことに、南関東では、このころの内陸河川周辺の植生がある程度判明している。安田喜憲や羽鳥謙三らは、武蔵野台地を流れる河川周辺の植生について、低層湿原群落、落葉広葉樹群落、針葉樹群落という三者がモザイク状に分布していた可能性を指摘している。各植生は時間的にも変化し、河道周辺、沿岸の低地、段丘上といったような生育環境のちがいも反映していた。

最終氷期最寒冷期のころ、東京都野川の流路周辺には、カヤツリグサやツリフネソウなどといった水湿地生植物が生えていた。ミズバショウの群落もあった。尾瀬ヶ原など、関東地方周辺の高山にある湿地を思いうかべるといいかもしれない。湿地の背後、流路にそう微高地にはミズナラやハンノキが木立を形成していた。現在のミズナラ林の林床はササでおおわれることが多いが、ササはシカ類の好物である。その背後、段丘崖付近から段丘上にはトウヒ・マツ・カラマツ・スギなど針葉樹が各所に群落を形成していた。現在、日本の針葉樹林は、比較的降水量に恵まれていたため、豊富な下生えのある林相となっている。最終氷期最寒冷期では、低温で乾燥した気候条件から、より大陸的で、草地の入り交じる景観であった可能性もある。林床にはササの生える場合と、スゲの群集する地域がある。このころ、北関東では、針葉樹林が稠密に生育した場所が拡大し、草食動物にとって、１年をつうじた捕食が難しい環境であったらしい。針葉樹林の林床は暗く、植物量は少ないので、捕食場所としては不十分である。

これに関連して、人為的な生態管理があったという意見もある。静岡県の愛鷹火山山麓では、多数の黒色帯、黒ボク土壌の堆積が確認されるが、これは人為的な植生改変の結果だととかれている。一般に、わが国では、自然に草原的な風景は形成されず、草原はすぐに森林になってしまう。草食性大型獣の棲息に適した、草原的な風景は人為的にしかできない。これが植生改変説の根拠であるが、他の地域でも改変がおこなわれたのだろうか。イギリスにある、スター・カーという有名な中石器時代の遺跡では、湖畔の芦原が周期的に焼き払われた形跡が、発掘調査によって明らかにされている。また、千葉県成田市香山新田中横堀遺跡第Ⅱ黒色帯では、直径が２〜３メートルほどの炭化物片の集

中が、数メートルの間隔をおいて、広い範囲に分布していた。なかには、かなり大型の炭化材や焼けた土などもあり、野火の痕跡だと考えられる。野火が人為的なものである可能性も否定できないが、検証は難しい。

このような環境のもとで、ヒトを含む動物たちが、食料資源を分け合いながら生活をおくっていた。氷河時代には、日本で絶滅した動物も多く棲息していた。ゾウや大型のシカもいたし、ヤギュウもすんでいた。彼らの生活ぶりがどうだったのか、わからないことばかりである。やむを得ず、本書では現生のシカをモデルに、大型草食獣の生活を考えておこう。旧石器時代に現在森に住んでいるシカがどの程度繁殖していたのか、詳しいことは不明であるが、参考にはなるだろう。

われわれにとってシカはなじみ深い動物である。ちょっとした丘陵や山地に出没するし、神社で飼育されていることもある。自然のシカはどういうところにすみ、何を食べて繁殖しているのだろうか。シカは全国津々浦々に分布する森住の草食獣であるが、積雪0.5メートル以上の山岳部にはいない。更新世後期は乾燥した時代であったので、積雪は今ほどではなかった。平野部での積雪は稀であったので、近世まで、シカの仲間は関東平野には高密度に分布していた。高槻成紀は岩手県五葉山（標高1,351メートル）でニホンジカを研究し、ニホンジカが落葉広葉樹林や低木群落に多いミヤコザサを主要食料としていることをつきとめた。氷河時代関東地方では、ササなどイネ科植物群落が発達していたことは、多くの花粉分析結果からも明らかにされている。当時の草食獣の一部が、ヨモギやササを含む森林の下生えを主に食べていたことは十分に推定されるであろう。

山岳部では、ニホンジカは季節的な移動生活をおくっている。これは主に垂直移動で、積雪の影響が原因だといわれている。積雪という要因をほとんど考慮する必要のない南関東の場合、1年をとおして、シカの仲間たちのコロニーがあったと考えられる。むしろ深刻だったのは、ニホンジカで確認されている周期的な頭数の変化だった。地域的なヒトの移動とも密接に関連するはずである。ニホンジカの場合、これには気候変動による場合と、高槻が「はっきりとしたことはわからずじまい」とした、二つの場合がある。いずれの場合も、お

そらくシカを主要食料としていた後期旧石器時代の人びとに、大きな打撃を与えたはずである。周期的におそうコロニーの盛衰によって、集団ごとにリスク管理能力が試され、一定の管理技術がはばひろく共有されていった。

　古東京川沿岸では、主な河川とその支流に沿って、東西におりかさなるように延びた台地が、旧石器時代の人びとの生活の場であった。河川が比較的短い房総半島の場合、この舌状に入り組んだ台地が、日常的な生活圏として機能していた。しかし、台地の下にひろがる広大な低地にも多数の動物が生息し、台地上以上に稠密な草食獣コロニーが形成されていたのではないだろうか。むしろ、後期旧石器時代の人口は低地に集中していたのではないか。もし、低地において、大きな人口が涵養されていたとすれば、台地上の遺跡群はどのように解釈されるのであろう。後に触れる、狩猟・採集民のセトルメント（Settlement：用語の意味は第3章2節参照）・パターンともかかわる深刻な問題が提示される。私は、下総台地の遺跡群は、どちらかといえば、マージナルな存在にすぎなったと考えている。低地こそが生活の本拠地であったのかもしれない。

　千葉県多古町の多古橋川沖積低地では、オオツノジカの大腿骨が採集されているが、出土した正確な地層がよくわからなかった。その後、近くの島ノ間低地遺跡が発掘され、ナイフ形石器や尖頭器、剥片などがまとまって採集された。オオツノジカとの関連は不明だが、こうした事例は、旧石器時代の低地にも、大型草食獣と、それを狩猟対象とした人類がいたことを暗示している。もしそうであるならば、台地の上の遺跡しか知らない考古学者は、大きな誤りを犯していることになる。当時の環境から、後期旧石器時代の経済活動の中心が低地であった可能性もあるからである。

　一方、西関東側には、荒川や多摩川といった長大な河谷が刻まれていた。ここでは、東部のような居住パターン以外に、河谷沿いに往還を反復するパターンも予測される。たとえば、多摩川下流の久原小学校遺跡、中流合流点付近の砧中学校遺跡や下山遺跡などの遺跡群、そしてもっとも濃密な多摩蘭坂遺跡・西之台遺跡・東京天文台遺跡などからなる遺跡群が並んでいる。こうして古東京川の東西には、陸化した古東京湾にうまれた、豊かな資源を活用するための、人類によるコロニーが形成されていたことが推測された。大小の河川が、ゆる

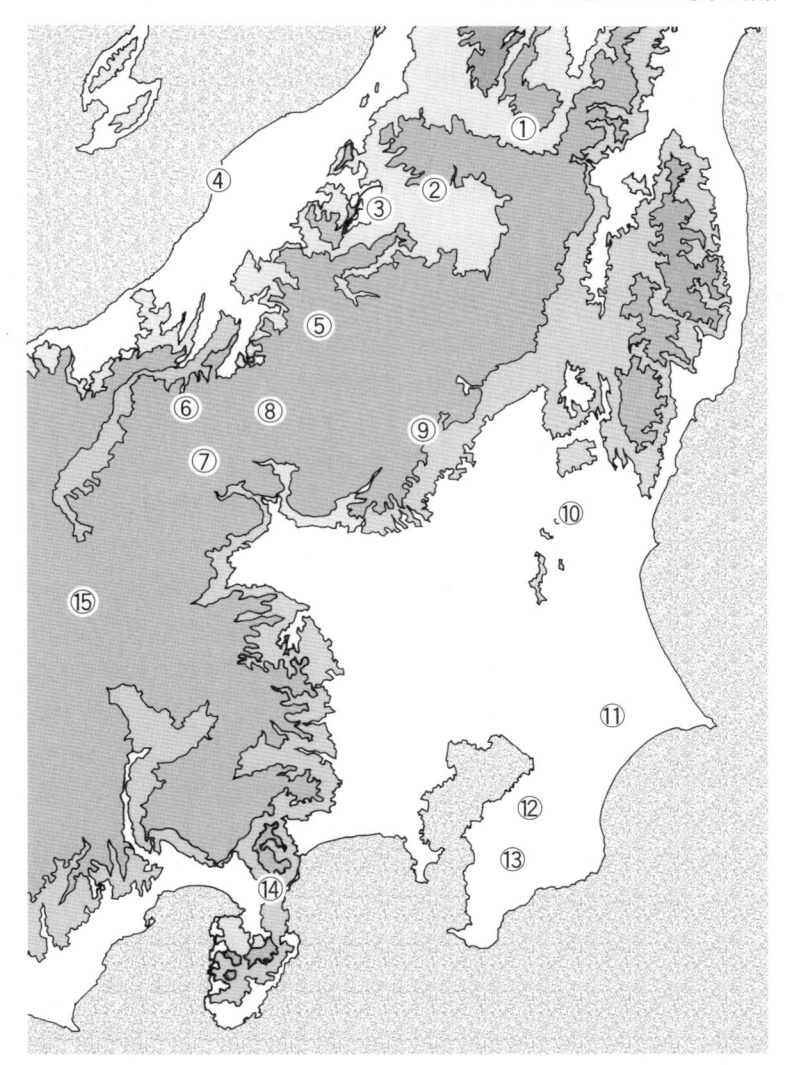

第 2 章　古民俗形成の生態学的背景　49

図 14　関東平野およびその周辺のおもな石器石材産地（①山形県矢子層、②福島県漆窪層、③新潟県天満層、④新潟県寺泊層、⑤新潟県布沢層、⑥新潟県上野層、⑦群馬県赤谷層、⑧群馬県武尊山、⑨栃木県高原山・鹿股沢層・寺島累層）、⑩八溝山地、⑪下総層群、⑫上総層群、⑬保田層群、⑭伊豆・箱根、⑮筑摩山地　詳細は本文参照)

やかに流れる広い低地には、多くのヒトと草食獣が棲息していたと想定される。
　ところで、後期更新世の地域集団の生業は石器という道具によって支えられていた。石器がなければ生業は維持できなかった。当時、石器は使用者がつくることが原則であったので、生業を維持していくためには、膨大な石器石材が必要であった。石器石材が、食料資源とならんで、地域集団にとって必要不可欠な重要資源であったことは疑うことができない。石器石材の補充はどこでおこなわれたのか。食料資源とことなり、石材資源はある一定のエリアで採集された。石器石材は、ごく限られた場所でしかとれないからだ。石材産地への旅は、スケジュール化されていた。第3章でくわしく紹介するが、この採石行は食料資源獲得行動と密接に結びついてもいた。石材産地と遺跡とがむすばれれば、地域集団の旅程を具体的にすることができるだろう。では、石器石材の産地を突き止めることはできるのだろうか。

2　石材産地への旅(1)

　石材産地への旅とは、旧石器時代人の旅を思い描くことだが、同時に、私が石材産地を追い求めた旅でもあった。ここでは、私の旅の記録をつづることによって、調査の過程をふり返りながら、主な石材産地を紹介することにしたい。石材調査の一部は、千葉県史編さん事業の一環として実施されたもので、さまざまなサポートをいただいた。
　私がはじめて千葉県の旧石器時代の石器群を手にとって観察できたのは、印旛郡富里村（現富里市）東内野遺跡の資料だった。今から30年以上も昔の話である。当時農業を営んでいた篠原正さんから、石器について、いろいろと教えていただいた。篠原さんは篤学の農業経営者で、ご自身で採集された村内の採集資料について、懇切に説明してくれた。今は取り壊されてしまった古い木造の旧公民館で資料を見せていただいた。裏が杉林だった公民館は黴くさくて、何となく暗い廃墟風の建物だった。用務員室の炬燵にあたりながら、石器を見学させていただいた。
　富里村といえば、佐藤達夫先生によって、後期旧石器時代／縄文時代移行期

の南大溜袋遺跡の発掘調査がおこなわれ、全国的に注目されていた地域だった。南大溜袋遺跡については、第7章で紹介する。1970年代半ば、村では東内野遺跡の発掘調査がすすめられていた。現場では、広い範囲からたくさんの石器が掘り出され、人びとを驚かせた。また、遺跡が平らな畑の真んなかにあったので、多くの人は、どうしてこんなところに遺跡がつくられたのだろう、と不思議に思った。

　東内野遺跡の石器群は、基本的に2種類の石材から構成されていた。篠原さんの話だと安山岩とチャートということだった。安山岩は小型の円礫で子どもの握り拳くらいのものが多かった。ずいぶん小さいな、というのが最初の印象だった。ひどく風化していて石器特有のリングやフィッシャーがみえにくかった。実測図を描くのが難しい石だと感じた。また、礫の表面はざらざらしていて、一面に細かなひび割れがついていた。後に、これは河川の運搬作用のために、他の石とぶつかってできたパーカッション・マークであることを知った。

　一方のチャートはたいへん特徴のある石材だった。私がこれまでみてきたチャートとはずいぶん雰囲気が違っていた。チャートといえば、だいたい青みがかっていて、光沢があるものと思っていたが、ここのチャートは灰色で、ところどころに濃い色の斑紋が例外なく認められた。このようなマークのついたチャートはみたことがなかった。角張った礫で、礫面は焦げ茶色に変色していた。篠原さんに、「これらの石はどこでとれるのですか」と聞いたが、「わからない」とのことだった。地元の方が知らないのだから、どこか遠いところの石だろうと思った。

　その後、ある遺跡の発掘報告書を仕上げるために、篠原さんと2人で千葉大学にいって、故近藤精造先生に、このチャートを鑑定していただいた。やはり故人となられた洒脱な神尾明正先生も同席された。近藤先生は「この石材はチャートいうよりも珪質粘板岩と呼ぶほうがいいかな」といわれた。千葉県の報告書で、この石材名は知っていたので、何となく納得した。また、篠原さんが「どこでとれる石なのですか」と聞いたところ、先生は「わかりません」といわれ、首をかしげられた。珪質粘板岩も安山岩もどこでとれる石か、わからぬまま10年ほどが経過してしまった。

この石材についてはずっと気がかりだった。1985年から2年間ほど、改めて千葉県の石器石材についてやや大規模な調査をおこなったことがある。この時には、手元の石材サンプルも格段に充実していた。何よりも柏市中山新田Ⅰ遺跡の石器群を得て、それまであまり知られていなかった石材も調査対象に加えることができた。今回の調査には、近藤先生の弟子筋の沢野弘君が同行してくれた。当時は、黒曜石やサヌカイトなど、ごく少数の特徴ある石材以外は、まったく注目されていなかった。私は、すべての石材について、その産地を明らかにしたかった。

　中山新田Ⅰ遺跡の資料は、群馬県で精力的に石器石材を研究されていた飯島静男さんにみていただいた。当時群馬県立博物館におつとめだった、中束耕志さんにもご意見をうかがった。中束さんからは石器群についての貴重なコメントをいただいた。石材の分類については、飯島さんから貴重なご意見をうかがえた。だが、石材の産地については、「わからない」という一言だった。たいへん期待していただけに、がっかりしたことをおぼえている。群馬県産の石でないことはわかった。

　そうした折り、その頃、千葉県の博物館準備室におつとめだった、高橋直樹さん（現千葉県立中央博物館）から意見を聞くことができた。その際に高橋さんは、中山新田Ⅰ遺跡の資料を観察され、「この石材はもろに第三紀層の石材。これらの資料の大半は新第三紀層が分布するどこかの地域から、まとめて運ばれてきたものです」と断定された。これは、今思い返すと、まことに画期的な見解だった。残念ながら、当時の私たちは、この意見をいかすことはできなかった。しかも、化学分析によって、黒曜石が高原山産であることも判明していたのだから、高原山周辺の新第三紀層を、くわしく調査すべきだったのだが。

　この調査によって房総、特に下総台地に使われていた、旧石器時代石器石材の状況がかなり具体的に判明した。その結果を要約しよう。①本地域でもっとも一般的な石材は黒曜石であり、他に頁岩（正しくは泥岩）、チャート、安山岩などが使われている。②黒曜石には信州系のもののほかに、栃木県高原山産が多く使われている。③石器以外の礫の特徴として流紋岩や溶結凝灰岩が多く使われていること。そして、④頁岩には、a．東内野遺跡でたくさん使われていた

灰色斑紋付きのもの、b. チョコレート色の風化面におおわれた暗色の頁岩、c. 灰色あるいは灰黄色の風化面をもつ群馬県赤谷黒色頁岩層に由来するもの、d. 中山新田Ⅰ遺跡に顕著であった多様な色調のもの、という4グループが抽出された。a は東内野遺跡でチャート、あるいは珪質粘板岩と分類されていた石材である。b はチョコレート頁岩という愛称でよんだ。c のみがこの時点で産地を特定できたが、これは飯島氏らの調査結果におうものである。

次に、こうした多種多様な石材の産地が問題となった。これぱかりは研究室に籠もっていては解決できないので、現地調査を実施しようということになった。われわれは経験的に、遺跡から出土する礫の多くが角礫ではなく、なめらかな風化面におおわれた河原石であることを知っていた。そこで、主要河川の河原を重点的に調べればどこかで目指す石材と遭遇できるはずだ、と考えた。こうして、関東地方平野部を流れ下る河川行脚が開始された。当時は誰でも、どこかの河原で、目指す石材を拾えるだろう、と楽観的に考えていた。だが後に、これは全く誤った仮説であったことを思いしった。

半年が過ぎ、やがて1年が過ぎた。手元には各河川の代表的な礫が多数あつまった。だが、そこに、遺跡から出土するような特徴をした石の姿を、ほとんどみることはできなかった。辛うじて、各地域のチャート、神奈川県東丹沢や栃木県箒川などの細粒の凝灰岩、それに茨城県久慈川流域の玉髄や安山岩などが採集できただけだった。そうこうしているうちに、研究期限となり、遂に不本意のうちに報告書をまとめざるを得なかった。それにしても、昔の人びとはいったいどこで石材を採集したのだろう。これだけ、方々の河原を歩いたのに、どうして石器石材は拾えないのか。私の前には高く分厚い壁が立ちふさがっていた。このころ、しきりに山道ですばらしい石を拾う夢をみた。

こえがたい、と感じられた壁に少し亀裂が入りはじたのは、その2年後のことであった。当時市原市では千葉県水道局によって福増浄水場の建設が計画されており、そのための事前の文化財調査がおこなわれていた。ここは武士遺跡という有名な縄文時代のムラの跡であった。当時、私も調査スタッフの一員であった。発掘調査に際しては関東ローム層を広く掘り下げた。多数の旧石器時代の遺物集中地点が発見され、次々に石器が出土していた。そして、大きな驚

きがあった。

　というのも、石材の多くは東内野遺跡などで多く出土していた、例の灰色斑紋付きの石材であったからである。やや緑色がかった灰色の地に、濃色の斑紋が紡錘状に走っていた。そして、原礫面は風化し、茶褐色だった。くわしくみると、石器素材である礫を粗く打ち割った、石材消費初期段階の資料が多数含まれていた。そればかりか、そこには角礫状の素材も含まれていた。こうした石材加工初期段階の資料が、これほど多量に残されていることは、千葉市以北の遺跡で、かつて経験したことがなかった。ここで大量に出土した石器群は、下総台地に持ち運ばれる一段階前の工程を示すパッケージであるように思われた。とすれば、この種の石材の産地は市原市以南に存在する可能性もあるのではないか。私はそう確信した。

　地質図をみると、石器の素材になりうる硬質かつ細粒の石材は、嶺岡山地にあるらしかった。一般向けのガイドブックにもそのような記述があった。こうして、嶺岡層群白滝層の珪質頁岩がつきとめられたのである。また、嶺岡層群に多数含まれているノジュールも石器石材に選ばれていたことも判明した。ノジュールは、地元で馬蹄石とかヘソ石などと親しまれていた。表面は茶褐色、内部は灰色な重くて堅い石だ。風化すると、どういうわけか脆くなり、薄く割れてしまう。白滝層の露頭で灰色で斑紋の入る頁岩をはじめて採集したときは感激した。白滝層の珪質頁岩は灰色で紡錘状の斑紋があり、遺跡から出土する石材とよく類似していた。しかし、方解石の細い脈がところどころに走ることが多く、遺跡の石材と一致しない特徴もあった。後年、この疑問も氷解する。

　このような経過を経て、嶺岡山地周辺で採集された珪質頁岩は、各所で少しずつ消費されながら、あるいは、岩体近傍で粗割りされて東内野遺跡まで運搬されたらしいことが、徐々に明確になっていった。このころ、万田野・長浜層についても石器石材産地という観点から見直しをすすめていた。この地層は、千葉県市原市から富津市にかけて帯状に分布する山砂利の層である。埋め立て用の資材として、さかんに採掘されている。山が崩され、ダンプトラックに満載されて、県外にも運ばれていく。砂の層と砂利の層が交互に重なるが、砂利は北関東から流されてきたものだという。海岸沿いに堆積した地層なので、ク

ジラの化石をよく採集した。ゾウの化石も豊富に含まれているが、最近は機械掘りなので、めったにみつからなくなってしまった。

　この地層には堅い石がふんだんに含まれている。チャート、珪質頁岩、黒色頁岩、砂岩、凝灰岩、流紋岩、安山岩、ホルンフェルスなど種類も多い。こうした石のうち、良質なものは石器石材として十分使うことができる。しかし、砂利層なので、それほど大きな礫は含まれていない。だが、房総半島内に、北関東各所の石材が集中している事実は、とても重要な意味をもっている。東内野遺跡の安山岩小型円礫も嶺岡層分布範囲に隣接する万田野・長浜層に由来する可能性が高まった。その後、館山自動車道の建設に伴う埋蔵文化財調査によって、万田野・長浜層産の小型円礫を大量に使用した遺跡が陸続と発見され、私たちの主張の正しさが改めて証明された。

　1993年になった。この年、栃木県立博物館では、第45回企画展「選ぶ・割る・磨く」という展覧会が開催された。この展覧会には、栃木県内のみならず、周辺の遺跡から出土した旧石器時代〜縄文時代の石器が数多く展示されていた。私はこの展覧会を見学して大きなショックを受けた。それは、展示された資料のなかに、大型の安山岩礫を使った石器が展示されていたからだった。円礫はほとんど原石の状況で、その大きさから、近傍に産地があることが十分に予測できた。それは、近くの河原で採集された、大型原石を割りはじめた段階の資料だと考えられた。安山岩の出土した遺跡は、武子川という川の近くにあった。早速、いってみることにした。市内の住宅地を抜け、武子川の橋のたもとにある病院の敷地に駐車した。河原に下りると、すぐに拳大の安山岩礫が目についた。早速たたいてみると金属的な音がして、漆黒の割れ口がみえた。そこには大量の、しかも良質な安山岩礫が大量に分布していた。万田野・長浜層と宇都宮市周辺という二つの安山岩産地を発見したのである。

　その後数年は大きな発見もないまま過ぎた。ところが、2000年にいたり、事態は大きく転回する。当時東大大学院にいた国武貞克君と吉野真如君たちは、2人で石材産地巡りをしていた。彼らはこれまでの悪しき慣習である河原で石をあさることはやめて、直接山のなかで地層をみつけるという調査方針に固執していた。広々とした河原から山中の険しい沢筋へと舞台は廻ったのである。

これ以後、私も加えさせていただいて、3人で調査が継続されることになった。以前、苦い経験を喫しただけに、新しい方法によって、どのような成果が得られるのか、期待は高まった。だが、どの地域の岩体を調査したらいいのか、それは未知数であった。

　私たちが最初にねらいを定めたのは頁岩のうちd類としたものである。というのも、類似した頁岩が栃木県内のいくつかの遺跡から出土してからだった。また、南那須町（現那須烏山市）の那珂川支流荒川では、類似した頁岩の礫が採集されていた。だが、いったいどこに岩体があるのか、まったく知られていなかった。そこで、じわじわと河川を遡行する戦術を選んだ。まず、塩谷町大宮で河床礫をみた。ここは私が2001年2月、雪の高原山に登った帰途、立ち寄ったところでもあった。大宮では、やや大型の珪化した泥岩礫を数点拾ったが、分布密度は希薄であった。とはいえ、非常に良質な灰黄色をした珪化泥岩礫も含まれていたので、期待は高まった。次に、少し遡行して同町玉生で河原におりると分布密度がさらに増し、各種の頁岩礫が拾えた。ところが、さらに遡行すると、意外なことに分布が途切れてしまった。これはそのあたりで別種の石材が大量に流入していたことが要因だと判断した。

　気を取り直して、西荒川ダムをこえて川沿いの林道に入った。細い道を少しすすみ、適当なところに駐車して、林のなかを歩き河畔に出た。河畔は切り立った崖になっており、古そうな地層が露出していた。崖を下って河原に降り立つと、至る所に珪化泥岩礫がみえた。礫の採集も一段落して、改めて崖を観察した。それは灰色の凝灰岩層であった。凝灰岩層は、均質な地層ではなく、各所に大小の礫が混じっていた。川を渡って、大きめの礫をハンマーでたたくと、それが珪化した泥岩の原石だった（写真8）。頁岩の地層などどこにもなかった。それがあるものとばかり考えていたが、じつは凝灰岩層中の泥岩礫が目差していた原石だったのだ。考古学者は、オパール化、珪化した泥岩を頁岩とよぶ習慣がある。頁岩というのは、薄い泥岩の地層が本のように積み重なった岩のことだが、そのように定義できない場合もあるらしい。最近、この地層は飯山層と再定義されているが、私たちは、昔風に寺島累層とよんでいる。

　大宮の河原から長い道のりを遡行して、ようやく珪化した泥岩礫を含む岩体

にまでたどりついた。そして、産状をつぶさに確認できた。何よりも私たちを感動させたのは、それがまさしく長らく追い求めていた、頁岩d類そのものであったことである。私たちをおおっていた分厚い靄が、一瞬にして晴れた気持ちがした。ほんとうにうれしかった。その年の夏、西荒川ダムとは高原山の反対側にあたる、塩原温泉の近くで別な種類の泥岩産地を発見した。地質図を熟覧して、何回か山に入った。塩原の温泉街からナメという凝灰岩の沢を延々と詰めて、結局、源頭部で岩体を発見することができた。ここでも、良質の泥岩は、地層ではなく、凝灰岩層中に含まれていた。これが鹿股沢層産珪化泥岩であった。

　中山新田の宿題もようやく終わった。答案作成に、何と20年間を費やしたことになる。ところが、最近興味深い話を聞いた。栃木県の医師であり、考古学研究者としても知られていた故長島元重氏は、鬼怒川上流に分布する縄文時代遺跡から出土した石器石材には西荒川産のものが含まれている、と考えていた由である。残念ながら、長島氏の記述は残されていないが、先駆者がいたのである。こうした経緯によって、原産地未詳とした3種の「頁岩」のうち、ようやく2種の産地を究明することができた。残るはチョコレート色の頁岩だけとなった。次の目標は、チョコレート頁岩と呼びならわしている、この石材に収斂することになった。

3　石材産地への旅(2)

　チョコレート色の頁岩については、昔から東北産という刻印が押されていた。たぶん、東北地方の石器に類似した石材が使われていることが理由なのだろう。また、東北には、秋田県の女川層や、山形県の草薙層という、非常に有名な珪質頁岩層が、広く分布していることも知られていた。新潟県の七谷層も硬質頁岩産地として知られていた。関東の旧石器研究者は、ほとんど誰でも、この種の石材を東北産と信じて疑わなかった。この信念は根深く、豊富な石材産地を擁する新潟県の研究者ですら、新潟県の遺跡から出土する頁岩も山形県から持ちこまれた、と理解していたほどである。

しかし、私たちはアプリオリに山形産と考えることはしなかった。まず、関東地方に隣接する新潟県や福島県の地層を、できるだけ細かく調査すべきであると考えた。もしも、そこになければ、山形産とみなすことにしよう。チョコレート色の頁岩の探索にあたっては、非常に広域にわたる調査が必要であるので、まず徹底的な文献調査をおこなって、調査範囲の絞り込みを実施した。国武、吉野両君が東大地質学教室に日参して文献を調査した。複写された文献が本棚を埋めるにつれて絞り込みも進捗した。福島、新潟それぞれ数か所ずつの候補地を選定し、順次現地調査を実施した。

　はじめて東北地方に足を踏み入れたのは2001年の夏のことであった。栃木県鬼怒川上流の調査を実施し、塩原でキャンプした翌日、福島県布沢盆地に向かった。ここは布沢層の分布範囲である。頁岩が露出する布沢川に沿って遡行し、最後の集落を過ぎてからは美しいブナ林のなかの道をたどった。林道最終地点まで分け入り、沢筋におりていくと凝灰岩の断崖がみえた。沢自体が凝灰岩層を削り込んで流れているようだ。足下には大小の泥岩片がたくさん落ちている。試みにハンマーでたたいてみると、きれいに貝殻状に割れる良質の珪化泥岩であった。さらに凝灰岩層をみると、栃木県荒川上流で確認したのと同様に硬質の泥岩礫がたくさん含まれており、珪化泥岩の岩体に到達したことを知った。この地層は布沢層とよばれている。大昔の盆地に堆積した地層であるという。

　茨城県からきたという、チタケ採りの人たちと話をしながら一服後、化石で有名な福島県高郷村までいくことにする。途中、只見川で玉髄の産状を確認したりして、高郷村の阿賀川（福島県では阿賀野川とはいわない）河畔についたのは午後の日盛りであった。早速熱気に包まれた河原におりて三紀層の断崖に沿って歩きはじめる。礫の照り返しもあってとにかく暑い。国武君たちは、阿賀川の河原沿いで、幅数十メートルにわたる頁岩層の露頭をみつけた。早速割ってみると、やや軟質な層と、カンカンに固結した緻密な層が重なり合っている場所をみつけた。地層自体が、このように固く珪化していることは大きな驚きであった。この地層は漆窪層という。

　漆窪層の分布する範囲に接して、塩坪という有名な旧石器時代の遺跡がある。

過去2回ほど発掘調査が実施され、1,700点以上の石器が出土している。塩坪遺跡の石器には珪質頁岩が使われている。この頁岩は黄土色に風化する特色をもつが、漆窪層の珪質頁岩が用いられている可能性がある。漆窪層の珪質頁岩は、新鮮な面は淡青色をしているが、風化面はチョコレート色ではなく、淡い黄土色になる。今後、原産地立地型の遺跡としての再評価が必要である。

　その後、1年以上を費やして、福島県内と新潟県内の主な地層をまわった。次第に、珪化泥岩や珪質頁岩が、だいたいどこでも第三紀中新世半ばの地層に含まれていることがわかってきた。私たちは、今から1,400万年も昔の海底に、少しずつ堆積した泥や火山の噴出物が固まった地層をねらい打ちした。

　順次紹介することにしよう。まず、福島県では、会津盆地の周辺に何か所かの珪化泥岩産地が分布しているが、チョコレート色の風化面をもつ泥岩あるいは頁岩礫は多くない。布沢層の珪化泥岩も良質だが、チョコレート頁岩ということは難しい。

　だが、新潟県では、いくつかの産地を発見した。皆さんは、姫田忠義という民俗映像作家をご存じだろうか。姫田氏は1980年代後半に、ダム建設で失われる三面集落の民俗を映像で記録し、『山に生かされた人々』というすぐれた記録映画を製作した。三面は新潟県と秋田県の境界である朝日連峰に抱かれた山村である。ブナ林に囲まれた、マタギの村として知られていた。ダム建設に伴う水没地域の発掘調査の結果、旧石器時代以降のムラが、重なり合っていることが判明した。縄文時代遺跡からは多量の剥片石器が出土した。その多くは頁岩製と判定され、お隣の山形県から、山をこえて運び込まれたと解説されていた。山形県の研究者もこの見解に同調していた。

　三面にある遺跡群の北、8キロほどのところに日倉山という、標高952メートルの山がある。山の中腹より上には、日倉山層という凝灰岩層が分布している。私たちは、高根川沿いを自家用車で上り、支流藤倉沢沿いの登山道を、見事な滝をみたりしながら徒歩でたどった。中腹に露出する凝灰岩層中に、珪化泥岩が多量に含まれていた。ここの珪化泥岩には、平行な縞目が入ることが特徴である。縞目の幅は多様で、細かいものから粗いものまで種々ある。重要なのは、三面遺跡群の縄文時代石器の多くにも、類似した縞目が観察されたこと

である。縄文時代に、三面ムラの人びとは、日倉山層の珪化泥岩をとりに出かけたのではないだろうか。この仮説は、従来の考え方を修整するにとどまらず、縄文時代人の行動領域を考える上でも重要である。

　次に、南魚沼の産地を紹介しよう。誰でも、関越自動車道の長い県境トンネルを抜けるとホッとする。背後に谷川連峰が遠ざかると、もう越後湯沢の町並みに入る。湯沢周辺の、魚野川と清津川に挟まれた丘陵には、第三紀中新世の地層が分布している。いろいろな地層に珪化泥岩や頁岩が発達するが、石打と清津峡をむすぶ国道沿いに、良質な珪化泥岩が多量に産出する。私は上野鉱泉で車を捨て、鉱泉西側の沢に入ったが、すぐに、これまでチョコレート頁岩とよんできた石材と同質の礫を採集した。また、清津川沿いの凝灰岩の断崖にも珪化泥岩礫が介在していた。大型の礫は直径1メートル近くもあり、崩壊して清津川に転落していた。やはり、頁岩ではなく、柔らかい火砕性堆積物に巻き込まれた泥岩礫と考えられた。この石材は、新潟県内では各地で使われている可能性がある。

　最後に、寺泊の話もしておこう。寺泊漁港は、佐渡島の対岸にあり、北には信濃川の河口がひらく。信濃川沿岸の人びとは、古来水害に悩まされてきた。そこで、明治以降、河川の付け替え工事がおこなわれ、大河津分水工事がおこなわれた。現在の河口は、この分水の河口である。分水工事に伴って、大規模な掘削がおこなわれ、珪化泥岩を含む第三紀層が露出した。じつは、この第三紀層には石油が含まれているところから、古くから綿密な調査がおこなわれてきた。しかしこれは、かつて軍事機密であったため、ほとんど公表されなかった。大河津分水工事による、大露頭の出現によって、研究は大きく進展した。

　私が、寺泊漁港周辺を歩いたのは、2004年、新潟中越地震の前月であった。壊滅的な被害を受けた山古志村では、名物の闘牛がおこなわれていた。分水に近い東早出川を遡行した。残念ながら地層の状況は把握できなかったが、良質の珪化泥岩の礫をふんだんに採集した。また、寺泊の南に位置する勝美漁港では、海底に大量の珪化泥岩礫がしずんでいた。浅瀬に入って採集したが、このあたりには、かつて寺泊層が露出していたという記録がある。また、干上がった分水に、大型の泥岩礫が露出している写真も残されている。寺泊層の珪化泥

岩には、灰色のチョコレート頁岩的な礫と、淡青色で茶褐色に風化する礫との2種類がある。これらの珪化泥岩礫の使用状況については、よくわからないが、上野層や日倉山層の泥岩礫と同じように、広く使われていた可能性がある。

新潟県の川口町には荒屋遺跡という有名な遺跡がある。細石刃という非常に小型の石刃と、特別に荒屋型とよばれている彫器という工作具がたくさん出土した遺跡である。石器生産所という性格の遺跡といわれている。私が遺跡を訪れたのは雪解けの頃だったが、すでに何人かの石器愛好家の方が遺物を採集中であった。遺跡の意義についてていねいに説明してくださった方もいた。遺跡は信濃川と魚野川の合流点に立地する。興味深いことに、荒屋遺跡は、良質の珪化泥岩産地である清津川流域と、寺泊周辺の中間にある。どこの石材を消費したのかは、今も不明である。その第1候補として、ここで紹介した二つの産地をあげられるのではないだろうか。

新潟県には、これ以外にも何か所かの珪化泥岩礫産地がある。北蒲原地方の荒川流域、阿賀野川流域、さらに北五百川上流などで、良質の石材を採集している。ところで、ここで紹介した事例は、南関東に大量に運び込まれているチョコレート頁岩産地と判断できるのだろうか。残念ながら、にわかに断定できなかった。チョコレート頁岩と類似した石材が発見された産地はいくつかあった。小規模なものが多く、石材の質感が完全には一致しない岩体もある。また、産地に到達するには、険しい山岳をこえ、長い山道をたどらなければならない場合もあった。さまざまな留保条件がつき、判断に悩んだ。こうした経緯をへて、改めて山形県産の泥岩、頁岩が焦点となった。

4 石材産地への旅(3)

福島県や新潟県に、目指していたチョコレート頁岩が存在しないとすれば、それはいったいどこから持ちこまれたのか。山形県内であるとしても、そこは具体的にどのあたりなのだろう。山形県最上川流域といっても、どこにでも良質の頁岩礫が落ちているわけではない。あったとしても、たいてい小型の礫であることが多い。草薙層の標式地にも行ったが、良質の頁岩・泥岩礫は拾うこ

とはできなかった。まとまった量の、大きくて良質な礫が欲しい場合、どこか特定の場所にいかなければ手に入らないのだろうか。

　まず、遺跡出土資料を、もう一度、観察してみよう。私がチョコレート頁岩とよんできた石材とは、割れ口が暗い灰色～青灰色をしていること、風化面は明～暗褐色をしていること、光沢のあるものもあるが、多くはあまり光沢がないこと、そして、かなり大型の原石であること、といった共通した特徴をしていた。この石材からは、ストレスなく大型の剥片を剥がすことができる。凝灰岩など火砕性堆積物中の珪化泥岩の特徴である、灰黄色、軟質の礫面の付着しているものもあるが、その数は意外に少ない。また、黒色の珪質頁岩や、黄白色の風化面をもつ石材が少量混在する。これは、原産地での石材バラエティーを、ある程度反映するものだろう。ただし、このような色調の差は、本来青灰色の頁岩原岩が風化する過程を示しているので、はじめから黄白色の珪質頁岩があるわけではない。

　山形県の南部、米沢盆地には一ノ坂遺跡という縄文時代前期の遺跡がある。国指定史跡になっている。遺跡からは、長さ40メートル以上の長屋跡が発掘されたが、その長屋は縄文時代前期の石器製作長屋であった。そこには何と、石器製作に伴う石のかけらが100万点以上も残されていた。米沢市の上杉博物館には、遺跡から出土した石器が数多く展示されている。展示品をみると、大半の石器石材は、チョコレート頁岩の特徴と合致していた。博物館の展示パネルにも、市内の何か所かの頁岩産地が示されていた。また、河川ごとにくわしい石材調査も実施され、珪質頁岩の存在も確認されていた。そうであるならば、どこかにチョコレート頁岩を供給する地層があるはずだ。その地層の周辺では、ふんだんにチョコレート頁岩の礫を入手することができるかもしれない。あわせて、石材のバラエティーも知ることができるにちがいない。

　地質調査所が監修した『日本地質図大系東北地方』をみると、米沢市南方に矢子層という地層が色分けされ、珪質頁岩層と書かれていた。一ノ坂遺跡は矢子層の分布範囲に隣接しているばかりか、米沢市職員が頁岩産地であると主張する場所も、だいたい矢子層の分布するエリアと重なっているようだった。私は、福島飯坂インターでおりて、国道13号線で米沢に入った。道路地図をみる

と、この道は萬世大路と書かれている。明治初期、山形県令三島通庸が強引に建設させた道だが、開通式での明治天皇の挨拶にちなみ、このようによばれているのだという。萬世大路の難所は県境の栗子山で、標高1,200メートルの栗子峠を通過する。会津から米沢盆地にいくにも、標高1,000メートル前後の険しい峠道が何本かあるが、なだらかな栗子山経由が容易である。

　以前、飯坂温泉にある珪質頁岩層を調査した折、摺上川をさかのぼって米沢方面を目指したことがあった。当時は摺上ダムの建設がおこなわれていたが、未舗装の道は途中で崩壊し、通行不能となっていた。現在、この道は高畠町に抜ける快適な道路となっている。また、秘境駅として有名になったJR赤岩駅を経て、板谷を経由するルートも石材調査におもむいたことがある。赤岩駅へ下る急な坂道では、車両ボディーと道路との間に余裕がなく、難渋した記憶がある。確認しておきたいのは、この道も含めて、福島盆地から、米沢盆地までは、古くから多くの道が開削され、旅人たちが行き来していたことである。もしかすると、その端緒は旧石器時代人が拓いたのかもしれない。

　それはさておき、問題の矢子層は米沢盆地南側の丘陵に堆積している。福島県境、大峠（1,158メートル）付近に源を発する鬼面川と太田川の間に発達する、南北に細長い丘陵の基盤が矢子層を含む第三紀層である。むしろ、最上川の最上流域といったほうがいいかもしれない。私は、地質図を片手に、太田川に注ぐ笹沢を遡行した。11月上旬で、周辺の広葉樹はみごとに色づいていた。笹沢の両側は頁岩層だったが、沢の出口では軟質の地層が続く。やや遡行すると、チョコレート頁岩礫が次第に増加し、一抱えもある大型の礫も転がっていた。岩壁を精査すると、固く珪化した頁岩層が折り重なっていた。割れ口は暗灰色、風雨にさらされた部分は褐色になっていた。非常に均質で、石器づくりには好適な石材だった（写真3・4）。

　太田川の河床に点在する珪質頁岩礫をみると、チョコレート頁岩以外に、黒色珪質頁岩、淡黄色の珪質頁岩などの転石も拾える（写真6）。こうした色調の差は、もともと青色の頁岩の風化度の違いに由来している。同行した吉野君は、玉髄の円礫も採集した。しかし、笹沢を離れるにつれて、良質で大型の転石はほとんど認められなくなる。地元で頁岩産地に指定されている中山峠では、土

木工事のため段丘礫層が露出していた。ここでは、やや大型の礫をみかけたが、その密度はあまり高くなかった。米沢市に隣接する川西町の犬川も頁岩産地とされているが、同様である。一般に、珪質頁岩の露出する河谷の下流域では、礫数が急速に落ち込んでしまう。大きさも小型化する。この現象は、どこの岩体でも共通しており、旧石器時代でも同様であったと考えられる。私の20年前の失敗の教訓でもある。

　米沢市一ノ坂遺跡で石材を集中的に消費した縄文人は、雪の積もる前に、石の出る沢筋にまで出向き、相当量の頁岩礫を収集していたはずである。石材の集中的な消費は積雪期におこなわれたにちがいない。彼らは、近くの河原で頁岩礫を拾うのではなく、直接、地層の露出するところにおもむき、試し割りをし、納得のいく石だけをムラにもちかえっていた。その場所がどこかはわからないが、少なくとも、現代人の指定するような「只今の」頁岩産地ではなかった。矢子層のチョコレート頁岩は、われわれの調査によるかぎり、もっとも関東地方に近く、かつ、地形的にも到達しやすい産地だと評価できる。とすれば、関東地方から、米沢盆地を訪れた後期旧石器時代の人びとも、縄文時代人のように、珪質頁岩層の近くで、石材を拾い、粗割りをし、それらを荷に納めたにちがいない。そこは、最重要地点として、誰もが知っていたはずである。

　矢子層は関東地方にもっとも近い場所にあるチョコレート頁岩産である。福島県内の石材調査によって、チョコレート頁岩の大規模な産地が福島県内には存在しないことが明らかになった。また、新潟県内では、少なからぬ産地を発見したが、その地理的な条件と、遺跡からの石材出土状況から、南関東には、ほとんど持ちこまれていないと判断した。これは、ネガティブな情報といえるが、この貴重な情報によって、チョコレート頁岩が矢子層に由来する、という仮説はさらに補強されることになる。調査は無駄ではなかったのだ。チョコレート頁岩が、どのような径路を経て、関東地方に持ちこまれたのか、この問題は、次節で検討しよう。

　石材産地への旅の終わりに、再び、房総半島にたちもどることにする。先に、千葉県市原市武士遺跡で多量に発見された、灰色で紡錘状斑紋のある珪質頁岩を、嶺岡層群産と推定した。特に、嶺岡層群白滝層珪質頁岩の特徴とよく一致

するところから、白滝頁岩とよんだことがある。その際に、一つだけ気になったのは、白滝層の珪質頁岩には方解石脈が発達しているが、遺跡から出土する白滝頁岩には、それが認められないことだった。白滝頁岩と多くの特徴を共有し、方解石脈のない珪質頁岩がどこかにあるのだろうか。それとも、白滝頁岩のバラエティーなのだろうか。この疑問はなかなか解けなかった。

　嶺岡層群に隣接して保田層群という地層がある。長い間、保田層群の頁岩は柔らかくて、とても剥片石器の素材にはならない、といわれてきた。実際、保田海岸に露出する泥岩、頁岩は、非常に軟質で、風化している。この先入観が、われわれを保田層群から遠ざけてきた。ところが、偶然のことから、埼玉県の大屋道則氏が珪化した頁岩礫を発見した。大屋氏が珪質頁岩を発見した場所は、三原川の上流で、硬質な頁岩礫を含む地層が露出していた。その場所の周辺を何回も歩いた。採集されたのは、方解石脈のまったくない珪質頁岩ばかりだった。なかには、遺跡から出土する資料と、ほとんど区別できない礫も含まれていたが、産出量が少なく、バラエティーも不足しているように思えた。また、頁岩礫の産状から、本来、珪質頁岩から構成されている地層が、どこか別のところにあり、その断片が運ばれてきた場所であるようにも思われた。本来の珪質頁岩層どこにあったのだろう。

　やがて珪質頁岩の地層が、三原川の別の川筋で発見された（写真1・2）。三原川の上流は、場所によっては、切り立った崖になっており、ほうぼうに頁岩層が露出している。矢子層と同じように、頁岩層の多くは、剥片石器製作には不向きな石材であるが、部分的に珪化している場合がある。私たちが発見した場所も、広い範囲が珪化しているわけではないが、崖の中腹から、川底にかけて、珪化した頁岩層が数十メートルの幅で、何枚も観察できた。保田層には凝灰質砂岩の地層もあり、この石材は石斧の製作に使われている。

　発見された珪化帯の周辺には、大量の珪質頁岩礫が点在していた。そこには、非常に大型のものも含まれていた。珪質頁岩のバラエティーも豊富で、灰色のもの、灰緑色のもの、暗褐色のものなど、多彩である（写真5）。非常に強く珪化して、油脂状の光沢を帯びるものもある。オパール化した頁岩は良質な石材であるが、縦横にジョイントが介在し、たたくと拳大のブロックに分離する。

このため、大型石器の素材にはなりにくい。柔らかい泥岩層中には、黒色の球状オパールも含まれていた。これには、小児頭大のものもある。この地層は、保田層群前島層といわれている。保田層群ではもっとも古い地層で、嶺岡層群八丁層と同時異層とされている。白滝層の上に重なる地層である。

　保田層群前島層の珪化帯の発見によって、私たちの旅は終わり、故郷に帰着したことになる。こうして、房総半島の後期旧石器時代遺跡から出土する石器の石材について、その大半の産地を明らかにできた。遺跡から出土する石材には、産地不詳のものも多くある。なぜ産地を特定できないのか、というと、それは産地自体がわからないのではない。その石材を、どの産地と関連づけたらいいのかがわからないことが多い。しかし、大半の石材産地は特定できた、と考えている。石器の石材産地が判明することによって、私たちには、いったい何がわかるのだろう。旧石器時代人のどのような行動を解き明かすことができるのか。ようやく、議論の本筋がみえはじめた。その前に、各石材産地の石材の移動ルートについて考えておかなければならない。

5　地域としての回廊領域

　私は前節までで、房総半島後期旧石器時代遺跡から出土する石器石材の産地に関する、長期間におよぶ調査経過を回顧した。この調査成果にもとづいて、当時の地域集団の移動範囲を考えることができる。未知の産地がかくれている可能性もないわけではないが、ネガティブな情報収集を含め、長い時間をかけた徹底的な検討がおこなわれているので、ここから話をはじめよう。これについても、個々の遺跡ごとに産地を同定した別稿（田村ほか 2010）があるので、専門的に研究したい研究者は、この論文を参照していただくことにする。

　房総半島の500か所をこえる後期旧石器時代遺跡から出土した膨大な量の石器は、既に同定した石材産地にもどすことができる。外国文献では、遺跡と石材産地とを直線でむすび、移動範囲が示されているが（放射状パターン）、これだけでは不十分である。石器石材が旧石器時代人に拾得されるまでには、①岩体からの剥離、②沢筋への転落と流下、③本流への供給と、他の石材との混交

といった一連の過程をたどる。これに④再堆積した礫層構成礫の採取がくわわる。多くの石器石材は岩体が大きくないので②の段階で拾得される。岩体が巨大な場合には、③の段階で拾得される。放射状パターンでは、こうした過程が反映されない可能性がある。たとえば、赤谷層の黒色頁岩、上州武尊の黒色安山岩は利根川に混交し、③の段階で拾得される。④の典型的事例である万田野・長浜層産の硬質岩類も分布範囲がひろく、具体的な拾得場所は特定できない。くわえて、複数の場所を経由して、石材消費がくり返されながら移動する場合、地域集団間の贈与交換による移動が想定される場合もある。

　第３章でくわしく検討する、埋め込み戦略という考え方によれば、旧石器時代の人びとは、あるエリア内を捕食のために巡回し、各所で石器石材を拾得する。したがって、移動領域内にいくつかの石材産地が分布するとすれば、それらは巡回ルート沿いに順次拾得されていったはずなので、不規則な円環パターンが得られる。放射状パターンは石材の直接採取を前提としており、石材採取行動の実態を反映していないことが多い。ここから石材採集エリアを想定する案も提示されているが、これでもなお不十分である。私たちは、房総半島内の多くの遺跡から出土する石器石材を集計し、これが基本的にいくつかのパターンに分類されることに気づいた。次いで、これと石材産地との対応関係を求め、基本的に８か所の石材採取エリアが抽出された。まず、岩体をつきとめ、次いで遺跡で消費される石材のパターンを把握し、最終的に石材採集エリアが設定される。設定されたエリアごとに解説しよう。

(1) 磐越高地周辺

　新潟県から福島県にまたがる山域の周辺部を広く含めるが、主体は山形県南縁部にある矢子層である。チョコレート頁岩という愛称でよばれている珪質頁岩産地である。新鮮な原石はやや青みをおびた濃い灰色で、風化するとチョコレート色になる。軽い加撃で貝殻状に剝離し、鋭いエッジが形成される。これ以外に、風化度に応じた黒色珪質頁岩や、淡灰褐色の珪質頁岩も少量ある。矢子層以外にも小規模な岩体を把握しているが、良質のチョコレート頁岩礫を大量に供給する矢子層が主体となることは否定できない。矢子層産珪質頁岩は、

福島県の東部を南北に縦断する阿武隈川に沿って運搬された。阿武隈川沿岸が、福島県でもっとも旧石器時代遺跡が集中する地域であることは偶然ではない。この阿武隈川に沿ったルートを阿武隈回廊ということにしよう（図15）。

チョコレート頁岩は、阿武隈回廊および下野—北総回廊（図16）という二つの長大な回廊をつないで、房総半島にまで到達している。関東平野で、チョコレート頁岩が消費される時期は2時期あるが、環境と社会が大きく変動した時代であることに注目したい。これについては、次章以下でくわしく触れる。

(2) 栃木県高原山周辺—宇都宮丘陵周辺地域

高原山は石の山である。東関東に居住していた旧石器時代の人びとであれば、知らない人はいなかった特別な山であった。高原山の基盤岩には、珪化泥岩をふんだんに含む寺島累層（飯山層）と、鹿股沢層がある。寺島累層は那珂川の支流である荒川の最上流域に分布する。現在でも産出量は多く、その分布は荒川流域はもとより、小貝川低地にもおよんでいる。鹿股沢層産珪化泥岩は高原山北〜西麓、塩原温泉南側の沢筋に分布する。原石は岩体周辺に濃く、箒川本流では希薄になる。黒曜石は高原山剣ケ峯の周辺に分布している。黒曜石には白色のパッチが多く含まれ、粗悪という定評がある。その分布量は非常に多く、岩体周辺に濃密に分布している。また、岩体に接近した斜面では、後期旧石器時代初頭以降縄文時代まで、連綿と石器が製作され、巨大な遺跡群が形成された。これ以外に、黒色緻密質安山岩も少なからずある。これは荒川の河原でも採集できる。さらに、高原山の東麓を流れ下る天沼川では碧玉（ジャスパー）を採集することができる。朱色のアカダマが目立つが、青色のものもある。アカダマは発色がよく、福島県只見川産とくらべても遜色がない。碧玉は寺山石英粗面岩に含まれるらしい。私たちは寺山鉱泉上流で露頭を調査している。天沼川では、鹿股沢層が高原火山溶岩と接触する部分でも、碧玉化した泥岩礫が確認されている。

宇都宮丘陵周辺地域には安山岩と流紋岩が分布する。高原山エリアと隣接するので、本書では便宜的にこれに含めておく。安山岩は栃木県立博物館の荒川竜一の推定にしたがって半蔵山安山岩と考えたが、現在では岩体不詳とされて

いる。ただし、半蔵山安山岩の北方にある、風見山田安山岩には確実に黒色緻密質安山岩が含まれる。ここでは、最近、再定義された茗荷沢層のメンバーと考えておこう。安山岩の産出量は膨大で、宇都宮市内を流れる各河川の河道に分布する。特徴として、割れ面に不整な波（アンジュレーション）が発達することで、容易に識別することができる。流紋岩は、長岡層など第三紀層に介在する凝灰岩中の礫である可能性を指摘した。凝灰岩質の表皮が付着し、無斑晶、色調は変化に富む。ここは下野―北総回廊北部外縁部～下野―北総回廊北端である。(2)や(5)のような、隣接地域の石材とともに搬入される場合も多い。

(3) 大宮台地―前橋台地周辺の旧利根川地域

　赤谷層産の黒色頁岩と、上州武尊産の黒色安山岩が分布する。赤谷層の範囲は三国峠一帯で、赤谷川を大量の頁岩礫が流下している。利根川との合流点付近にもふんだんに分布している。これに反して、上州武尊の黒色安山岩岩体は必ずしも明確でない。北麓に岩体があるが、ダム建設の影響もあり、利根川本流への供給状況はよくわからない。上州武尊北麓、木の根沢付近の岩体が、最近注目されている。最終氷期の木の根沢は砂礫層で埋積されていたので、黒色安山岩はほとんど利根川本流には供給されていなかったらしい。次節で紹介するように、武尊南麓から原石が流出していたのであろう。後期旧石器時代の黒色安山岩消費遺跡は、赤谷川と利根川との合流点、片品川～薄根川水系の北側に集中している。これは武尊南麓の黒色安山岩採集地点が利根川本流ではなかったことを暗示している。

(4) 八溝山地―那珂川中流地域

　青灰色チャートと玉髄・碧玉を供給する。一般にチャートの産地を識別することは難しい。八溝産は、青みをおびた色合い、黄褐色の泥質ジョイント面に挟まれた均質な大型ブロック、黒色細脈と石英細脈の狭在などといった特徴から、容易に識別される。足尾山地を含めても、これ以上良質なチャートはほとんど存在しない。房総半島へは、最終氷期最寒冷期に集中的に搬入されている。那珂川中流域には多数の玉髄・碧玉産地がある。安山岩の貫入岩体に伴う例が

多い。この地域の玉髄・碧玉にはかなり大型の礫があり、万田野・長浜層産の小円礫と区別できる。久慈川中流域とともに、関東地方最大の産地である。これ以外に、安山岩と流紋岩もとれるが、使用実態は不明である。下野—北総回廊から分岐するルートと、土気—銚子分水界に南回りで合流するルートが想定される。久慈川と山田川の間の山系では玉髄や珪質頁岩、無斑晶の黒色緻密質安山岩などを産出する。玉髄以外の二種の石材は、肉眼によっても容易に識別することができるが、旧鬼怒川以西ではほとんど消費されていない。

(5) 房総半島南部地域

①保田層群、②万田野・長浜層、③上総層群という三つの地層から産出する各種の石材をまとめた。保田層産珪質頁岩は、房総半島後期旧石器時代の主要石材である。灰緑色で、濃い色の紡錘状斑紋が特徴で、容易に識別できる。国武貞克によれば、保田層産珪質頁岩は古東京川をこえて、西関東にも分布している。風化面は褐色になり、内部にはジョイントが認められる。珪質頁岩の一部は著しくオパール化している。ほぼ同じ時代の地層（八丁層）に多く含まれている灰褐色ノジュール（nodule：団塊とよばれる団子状のかたまりのこと）も使われているが、その量は少ない。ノジュールは風化すると濃褐色になり、脆弱化する。三浦半島の海岸にも打ち上げられている。保田層群の凝灰質砂岩は後期旧石器時代前半期の石斧素材として使われている。嶺岡層群には、蛇紋岩や角閃石片岩、閃緑岩などもあるので、石斧素材とされた可能性がある。

万田野・長浜層にはチャート、珪質頁岩、砂岩、凝灰岩、ホルンフェルス、流紋岩、安山岩、玉髄など、関東平野周辺で採集可能な各種の石器石材が集合的にふくまれている。特に多く消費されたのは、安山岩、泥岩・黒色頁岩、チャート、ホルンフェルスル、玉髄である。ホルンフェルスや砂岩には大型礫があるが、硬質岩類は、長径50〜100ミリと小型で、よく円磨されている。上総層群の砂礫層からは、長径50ミリ未満の小円礫がとれる。礫種は万田野・長浜層とにている。この種の小円礫を通常の方法で剥離することは難しいので、両極剥離が使われている。

①と②は房総丘陵中央分水界沿いに北に移動し、下総台地西部分水界、土気—

銚子分水界に分岐する。③は産地周辺でしか消費されていない。

(6) 伊豆・箱根地域

　この地域は黒曜石の産地が集中している。神津島、畑宿、柏峠などの産地がある。

　古東京湾を徒渉し、房総半島南部に持ちこまれる。ここから分水界にしたがって、半島北部、北総台地に移動する場合もある。袖ケ浦台地の周辺で、この地域の黒曜石は多く消費されている。少量だが、下総台地西部分水界にも分布する。半島南部から北上した集団がもちこんだものと考えられる。

(7) 筑摩山地・八ケ岳地域

　やはり黒曜石産地が集中する地域である。星ヶ塔、小深沢、麦草峠、男女倉などの産地が知られている。(6)と同じように、化学的な分析によって、細かな産地が識別されるが、本書では一括しておく。

　大宮台地を経由するルートと、多摩川沿いに走るルートがある。消費遺跡の分布状況から、大宮台地ルートが主要搬入径路であることがわかる。

(8) 関東山地地域

　チャートと中生代珪質頁岩の産地である。

　主に多摩川に沿って運搬され、小東京川を徒渉して、房総半島南部に到達する。あまり多いとはいえないが、Ⅸ層中部〜上部の時期にはひんぱんに搬入されている。(6)や(7)の地域の黒曜石とともにもちこまれることもある。

　ここで抽出された8か所のエリアから、3万年間にわたってもたらされた石材によって、房総半島後期旧石器時代の遺跡がつくられてきた。だが、このすべての範囲の総和が移動領域であったわけではない。ある地域集団が往還した移動範囲は、これら8か所のエリアの一部分であり、その選択には地域的な違いと、時代的な変化があった。そこで、地形的な観点から分類された、三つの分水界（図16）と、各分水界が収斂する地域ごとに、エリアごとの石材消費状況をみておくことにする。

下総台地西部分水界では、(2)栃木県高原山周辺～宇都宮丘陵周辺地域から搬入された石材がもっとも多く、全体の4割近くをしめている。次いで、(3)大宮台地～前橋台地周辺の旧利根川地域、(5)房総半島南部地域、(7)筑摩山地・八ケ岳地域などが拮抗し、15パーセント前後をしめている。(2)と(3)を加えると、下野─北総回廊北部からの搬入石材は6割弱となり、過半数を超える。この対極にあるのが、房総丘陵中央分水界で、(5)房総半島南部地域が全体の6割を超える。これに続くのが、(6)伊豆・箱根地域と(7)筑摩山地・八ケ岳地域から搬入された黒曜石となる。房総半島の北部では下野─北総回廊を経由した石材が多く使われ、南部では地元の石材が多く消費されているという両極的なパターンが浮かび上がる。しかし、(7)筑摩山地・八ケ岳地域の黒曜石に関しては、大きな違いは認められないので、黒曜石だけは独自のメカニズムにしたがっていたことになる。南部地域で(7)筑摩山地・八ケ岳地域の黒曜石が多く消費されるのは、最終氷期最寒冷期であることから、このメカニズムとは、この時期に強化された、地域集団間の社会的なネットワークであると考えられる。

　下総台地土気─銚子分水界と分水界収斂部では、(2)栃木県高原山周辺～宇都宮丘陵周辺地域および、(3)大宮台地～前橋台地周辺の旧利根川地域からの搬入石材が逓減する。距離が増加するにつれて、次第に使われる割合も減少していく。しかし、(5)房総半島南部地域の石材が多用され、半島南部と大きな違いはない。このことから、房総半島中央部では、南部産の石材に依存しながら、下野─北総回廊北部の石材もあわせて消費していた傾向が読みとれる。(7)筑摩山地・八ケ岳地域の黒曜石に関しては、半島内各地域で大きな較差が認められない。他の石材と異なる搬入メカニズムが想定されるが、これには時間的変遷があったらしい。

　次に、分水界区分ごとに、時系列に沿った変化を観察してみよう。下総台地西部分水界では、Ⅶ層からⅥ層にかけて、(1)磐越高地周辺のチョコレート頁岩と(7)筑摩山地・八ケ岳地域の黒曜石の使用頻度が増加する。これに伴って、他の石材は相対的に減少する。同じような傾向は、土気─銚子分水界や分水界収斂部でも確認され、ほぼ各地域とも足並みをそろえている。また、房総半島北部と中央部では、磐越高地周辺のチョコレート頁岩はⅥ層以降も僅かずつ消費

され、旧石器時代終末期にやや増加する。これは分割両面体による細石刃石器群の北からの拡大局面を反映している。この傾向は、房総丘陵中央分水界では明確でなく、チョコレート頁岩に依存した細石刃石器群の拡大が南部にまではおよんでいなかったことを物語っている。

　8地域の石材の時期別出現頻度を観察すると、各地域とも、かなり安定した地域利用パターンが維持されていることがわかる。Ⅶ層〜Ⅵ層の変動期が介在するが、どの地域でも、その直後には、旧来のパターンが急激に復活している。下総台地北部分水界では、この変動期をのぞけば、各時代とも安定して(2)栃木県高原山周辺〜宇都宮丘陵周辺地域および、(3)大宮台地〜前橋台地周辺の旧利根川地域からの搬入石材が消費されている。また、房総丘陵中央分水界では、一貫して地元産の石材が消費され、(6)伊豆・箱根地域からは黒曜石が継続的に運びこまれていた。この伝統はきわめて鞏固であり、地域集団間で、土地利用パターンがながく承継されていたことがうかがわれる。

　以上の観察から、房総半島後期旧石器時代の石器石材の分布から、南部地域と北部地域という二つの地域を区別するのが合理的である。半島中央部は南部地域との関連が強いが、移行帯的な性格ももっていた。この範囲内に、いくつかの地域集団が居住していたが、北部地域の集団の日常的な移動範囲は広く、高原火山周辺にまでおよんでいた。人口規模は大きく、半島中央部まで含めて、複数の地域集団が重複分布していたと考えられる。また、南側ばかりでなく、下野—北総回廊から枝分かれする径路によって、全方位的なネットワークの接点が確保されていた。南部地域の地域集団は、半島末端という不利な立場におかれた。相対的に人口規模は小さかったが、下総台地側ばかりでなく、西側対岸との独自のネットワークが維持されていた。伊豆・箱根産黒曜石の長期にわたる搬入は、この歴史的プロセスをよく物語っている。

6　最古の道を考える

　石器石材について、旧石器考古学研究者の関心が高まったのは90年代半ば以降のことであった。シンポジウムや論文、報告書など、石材についての話題

が提供された。黒曜石の化学的な産地分析がさかんにおこなわれ、くわしい利用状況が明らかになった。また、新しい産地が探索された。関東地方の安山岩についても、化学的な分析がはじまった。私の安山岩産地の調査については、すでにふれた。黒曜石にくらべて、格段に多くの産地があるので、まず、産地ごとに正確な化学的分析値をさだめ、これにもとづいた研究が必要である。この手順をふまないフライングが混乱を助長している（第１の誤り）。また、北関東から流れてきた礫層中の安山岩については、化学的には採集場所を特定できない。万田野・長浜層に含まれる安山岩礫は、北関東各地域から流れてきたものである。こうした礫層産の安山岩礫が、近傍で消費された場合、そこでの消費資料を化学分析しても、北関東産と判定されてしまう。こうした誤りも、少なからずあるように見受けられる（第２の誤り）。

　黒曜石以外の石器石材の産地をつきとめることは容易ではなかった。90年代の黒曜石以外の石材に関する関心の高揚も、各地域での石材消費状況を研究するレベルにとどまっていた。ある地域で消費された石材の種類を明らかにすることも、たしかに大切な課題である。しかし、私たちは、旧石器時代人の行動や意志決定のプロセスを知りたいので、これだけでは決して十分とはいえない。前節まで、私たちの石材産地探求の道筋をふり返り、いくつもの石材産地を明示してきた。ある地域の遺跡から、特定産地の石器石材が多く出土するということは、この石材産地をふくむエリアが、くり返し利用され続けていたということを意味する。数千年、数万年間、地域集団が石材産地周辺と、特定地域とをいったりきたりしていた。ある地域の石材利用パターンは、無数の旅が累積した結果にほかならない。この過程で、いくつかのルートやトレイルが踏み固められ、分岐していったはずである。これが、道の起源であり、旧石器時代人の行動の軌跡である。

　私は、高原山に何度も登山した。山麓の深い森を抜けると、そこかしこにシカの踏分がみられる。いわゆる獣道なのだが、シカの踏分は、稜線と並行し、いくつかに分岐している。この観察は、もっと広い範囲に適応可能である。カナダでは野生のカリブー（トナカイ）が長距離を移動している。カリブーが通過する径路が年ごとに大きく変わることはない。毎年、同じようなルートが選

択されている。カリブーは川沿いに、また、山岳ならば、等高線に沿って移動している。有史以前のカリブー・ハンターは、この道に沿って待ち伏せ猟をおこなった。そこに、狩人の踏み分けもかさね書きされるのである。

こうして、人類の活動とともに、文化としての道があらたに登場する。石材産地と、生業活動を維持している台地との間にも、踏分に由来する道がつくられた。いくつものランドマークをつなぐ道が開削された。本節では、房総半島と、主な石材産地とをむすぶ道を考えることにしよう。石材産地の究明に続き、道の形成過程をおうことが必要である。この道に沿って、旧石器時代の人びとが移動した。この道は、旧石器人の行動を考える上で、大切な指標となるにちがいない。

はじめに、房総半島内部の古道を想定する。房総半島の石器石材産地は、嶺岡山地と下総台地の南縁部である。嶺岡山地に分布する保田層群、下総台地南縁部に帯状に分布する万田野・長浜層が主要岩体である。下総台地東部に分布する下総台地の砂礫層も石材産地であるが、この産地の石材は、砂礫層分布範囲の内部で収束している。万田野・長浜層は、古東京川沿いの低地にも露出していた。下総台地東部の砂礫層は別にすれば、房総半島の石器石材産地は半島南部〜西部に広く分布していたことになる。この石材は房総半島北部・東部に移動している。ルートとしては、房総半島内部の主要分水界が想定できるだろう。分水界に沿って南の石材が運搬され、逆に北側からも、流入した。主要分水界から多数の踏分が分岐していたことはいうまでもない。

房総半島には南から、房総丘陵中央分水界、土気―銚子分水界、そして下総台地西部（太平洋―東京湾）分水界という三つの主要分水界が区別されている。下総台地分水界は、房総半島からさらに北上し、栃木県南部にまで到達する。栃木県の南部と房総半島との間は下野―北総回廊とよばれている。これについては、大野正男が次のように記述している。興味深い記述なので、引用しておこう。

「氷河期には房総半島も寒冷気候に見舞われたと考えられる。そして、山地性・寒地性の、いわゆる北方系の動物が房総地域まで分布を広げた。空中移動できる動物は特別なルートはもたなかったかもしれないが、地表移動の動物は

北関東から北総地域にいたるコースが主であったと考えられる。というのは、関東地方における当時の河川分布をみると、北関東から南下して東京湾に流入する水系群と、東または南東に下って太平洋に流入する河川群とがあり、陸上歩行動物は、これら河川によって進路を阻まれることになり、本州域から房総地域に侵入するルートとしては栃木県辺りから、千葉県北部につながる上記2水系群間の陸上回廊（下野―北総回廊とよんでおく）以外に、たどるべきコースがなかった」（大野 1996：190～191頁）。ここではじめて定義された下野―北総回廊は、動物の一員である人類にとっても、きわめて重要な道であった。下野―北総回廊の北側は古鬼怒川の谷となり、この対岸が高原山の山域である。また、下野―北総回廊北部には、宇都宮丘陵周辺の安山岩産地が広がっている。

　高原山、釈迦ヶ岳山頂（1,794.9メートル）にたつと、この回廊を一望のもとにのぞむことができる。空気がつめたく澄みわたっていた氷河時代、房総半島までみわたすことができたはずである。次に、房総半島から目を転じ、北方をながめてみよう。

　下野―北総回廊の北側はどのような状況であったろう。後期旧石器時代前半期、ここから北側には、異族のすむ山々がつらなっていた。訪れる人もまれな地域であり、獣道だけが交錯していた。人の姿をみかけるようになったのは、およそ2万9,000年前ごろからであった。阿武隈川に沿って、道は次第に踏み固められ、夏季には小規模な集団が行き交うこともあった。彼らは、阿武隈川を下り、峠をこえて、現在の米沢盆地に到達した。そこは矢子層の珪質頁岩産地で、石材が採取され、石刃が量産され、パッケージがつくられ、それは南関東にまでもちかえられた。この道を阿武隈回廊とよぶことにしよう（図15）。阿武隈回廊を北進すれば仙台平野にいたるが、玉髄や黒曜石産地の近傍を通過する。この回廊が開削されたことによって、仙台平野と房総半島をむすぶ長大な陸路が完成する。近世になり整備された奥州道中の原型は、すでに3万年も前にできあがっていたことになり、興趣はつきない。

　阿武隈回廊は、その後もひき続き、多くの人びとに踏まれることになるが、使用頻度には時期的な違いが認められる。頻繁に往き来があった時代もあれば、未踏の荒野となった時期もある。最終氷期最寒冷期には一時人跡稀な状況

になる。その後は断続的に使われ、分岐して茨城県浜通地方にも珪質頁岩を供給した。後期旧石器時代末には、細石刃石器群を携えた集団が、南下をくり返した。こうした行動変化の要因については、この後でくわしく検討を加える。阿武隈回廊と下野―北総回廊によって陸続された道が、主要ルートだとすれば、そこからは多くのトレイルが分岐している。本線と支線という関係がみられる。北側から検討しておこう。

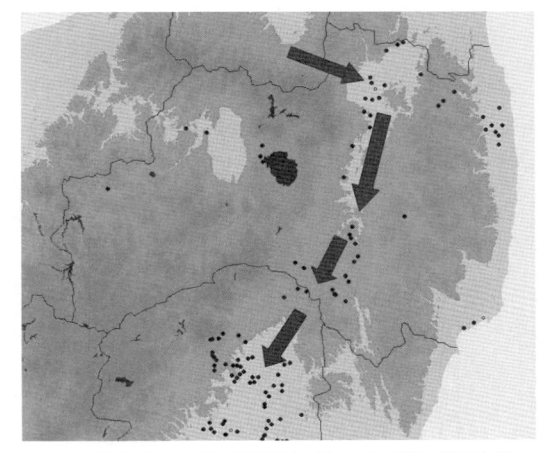

図15　推定される阿武隈回廊（ドットは旧石器時代の遺跡。南端は那須高原を縦断し、高原火山に陸続する）

　古鬼怒川の東側には、鬼怒川低地沿いに台地が南北に展開し、常陸台地につらなっていく。房総半島と関係が深いのは、喜連川丘陵南部・宝積寺台地、八溝山地、筑波稲敷台地などである。これらをつなぐルートが想定されるだろう。那珂川・久慈川中流域の玉髄、八溝山地の青色チャートなどが選択されて、運びこまれている。一方、渡良瀬川・思川低地からは、大間々扇状地に延びるトレイルが延びていた。最近の発掘調査によると、群馬県大間々扇状地には、高原山産黒曜石を集中的に消費する遺跡が点在している。

　やはり最近の調査事例になるが、下野―北総回廊南端部では、利根川に流されている安山岩を多量に消費する遺跡が多数発見されている。赤谷層産の黒色頁岩も消費されている。これらの石材は、大宮台地～前橋台地の旧利根川河床礫と考えられる。安山岩の大半は上州武尊産の安山岩であるといわれている。武尊産安山岩の北麓岩体についてはすでにふれた。私は、20年近く前に、上州武尊に登山したことがあった。武尊の登山ルートはいくつもあるが、初冬の一日、川場村から前武尊に登った。奥白根や燧岳などすばらしい山岳展望を堪能

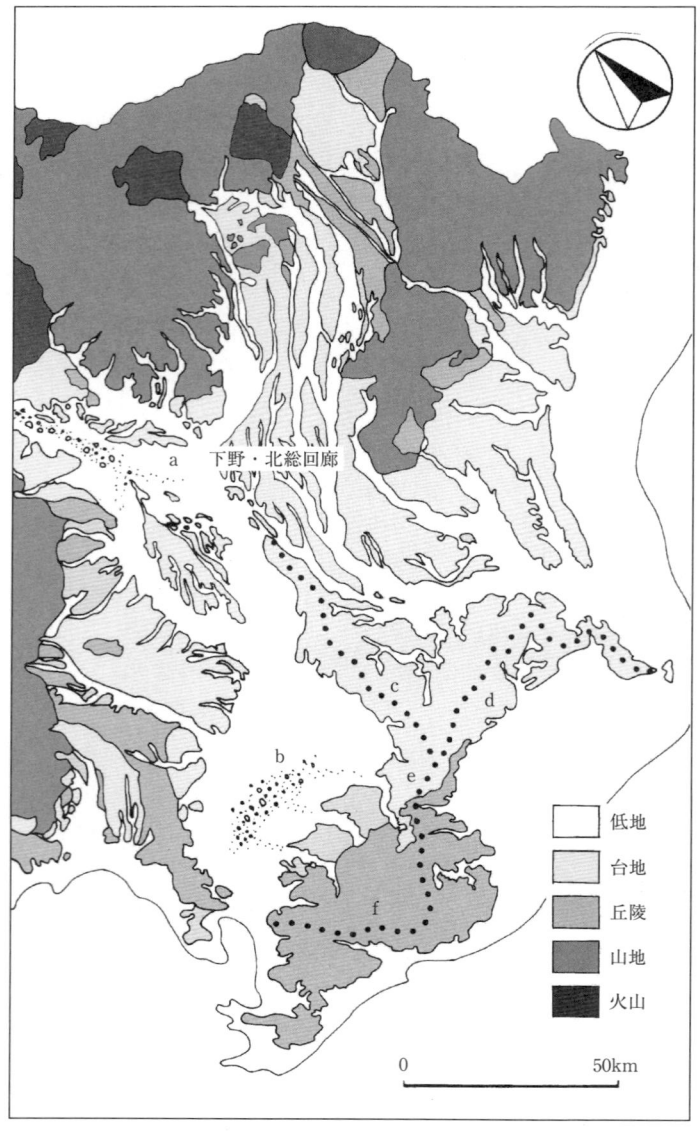

図16 関東地方の地勢と最終氷期最寒冷期の海岸線（a利根川上流の河床礫産地、b古東京川下流の河床礫産地、c下総台地西部分水界、d土気—銚子分水界、e分水界収斂部、f房総丘陵中央部分水界）

し、夕刻、雪道をおりてくると、スキーリフトのある草地が広がっていた。スキー場はまだ営業していなかったが、雪の消えた斜面を下ると、枯れ草の間からたくさんの安山岩礫がのぞいていた。そのなかには、一抱えもあるような黒色で緻密な安山岩角礫があった。石器として使われていた安山岩だった。この前武尊岳南麓斜面の安山岩産地については、いまだ調査が十分におこなわれていない。

石材産地の確定という課題は残されているが、古利根川の河床礫産地と下野—北総回廊南部をむすぶルートが定着し、定期的に人の往還があったことを確認しておきたい。このルートをとおって、安山岩と黒色頁岩が大量に移動した。礫の採集された具体的な場所はわからない。意外に上流かもしれない。ここでは、仮に、前橋市周辺から、大宮台地北方までの範囲を採集場所と考えておきたい。中川低地を渡河し、大宮台地を北上し、旧利根川河床とつなぐ径路ができあがっていたのである。この径路をさかんに行き来したのは、房総半島の北、下野—北総回廊南部の住民たちであった。

これまで、阿武隈回廊〜下野—北総回廊を背骨とし、これから東西に分岐する３本のトレイルを想定した。これ以外に、少なくとも２系統の道があった。まず、大宮台地を横断して、下野—北総回廊と合流する道で、筑摩山地産黒曜石を持ちこむ時に使われた。筑摩山地・八ケ岳連峰への径路を想定するための資料はとぼしい。関東山地の峠をこえて千曲川上流にいたるルートと、北へ迂回するルートが有力だが、いずれも険しい峠を踏破しなければならなかった。伊豆・箱根産黒曜石は、古東京川をわたって、南回りで持ちこまれた。近年の、化学的な黒曜石原産地分析と、肉眼による観察結果によれば、房総半島南部の遺跡から出土する黒曜石の多くが、伊豆・箱根産である。多摩川と古東京川の合流点付近の浅瀬を渡河する道が考えられる。この道を経由して、多摩川上流の、チャートと中生代珪質頁岩も少量持ちこまれている。この道は、房総丘陵中央分水界を経て、下総台地にまでは確実に陸続している。国武によれば、保田層群産珪質頁岩は、この道を逆にたどり、相模野台地以西に持ちこまれている。双方向の交通が維持されていたのである。

第3章　古民俗誌叙述のための基礎固め

1　エスノ・アーケオロジー(1)

　現代の旧石器考古学にとって、エスノ・アーケオロジー（民族考古学、正しくは民俗考古学というべきである）は強力な武器となっている。これなくして旧石器考古学は成立しえない、といってもいいほど、大きな影響力をもっている。エスノ・アーケオロジーに関しては安斎正人による詳しい解説があるので、本書では旧石器時代の研究に必要な事項にだけふれておく。しかし、エスノ・アーケオロジーとは何か、とりあえず、ガイドラインは必要だろう。ポール・レインはエスノ・アーケオロジーの内容を、5項目にまとめている。

　まず、①それは考古学の理論ではなく、研究を進めるための方法であること。それは、②考古学者がおこなう社会調査であること。研究の推進のためには、③文化人類学的な当事者の観察と、遺跡や遺物を研究する考古学的な手法がミックスされていること。その目的は、④考古学的資料の解釈や、考古学的な疑問に回答することである。最後に、⑤とりわけ重視されている分野として、民俗や文化がいかにして考古学的な分野に参入するか、民俗の地域的、時代的な変化はなぜ生じるのか、そして、こうした変化と、人びとの行動、意味、社会の成り立ち、信仰などと、いかなる関連をもつのか、といった三つの研究領域があげられている。要するに、エスノ・アーケオロジーとは、過去を類推するための諸々の手続き、とでもいえる分野といえる。

　レインは、エスノ・アーケオロジーにとって、本来非歴史的な民族誌を歴史的に読み込むことが重要だといっている。私たちは、地域にせよ、時代にせよ、それを完結した実体として考えていない。地域や時間をあらかじめ固定的に理解することは忌避されている。いつもすでに、さまざまな身体技法からなる民俗がつくりだされ、制約し合い、交錯し、変転していく。こうしたダイナミッ

クなプロセスが、エスノアーケオロジーの研究対象である。これは、マーチン・ウォブストの警鐘を下敷きにした意見であるが、川田順造による身体技法の議論と重複する部分が多い。考古学者とは、「地域的な、あるいはいくつかの地域をふくむフィールドで、同時にくり広げられる行動を（行動の成果を）観察できる、唯一の人類学者である」(Wobst 1988：305頁)。考古学者は、民族誌に欠落している、さまざま行動の変異を観察することができる。民族誌に強く依存した議論は、地域社会に堆積している歴史をおきざりにして、固定的なシステム解釈におちいる危険性をかかえている。

　スティーブン・ローリングのすぐれた民俗考古学研究から、具体的な事例を紹介しておこう。北アメリカ大陸の北東岸にラブラドル半島という広大な半島がある。西がハドソン湾、東がデービス海峡、南はセントローレンス湾とよばれている。ここにはイヌー（Innu：マウンテン・ナスカピ族ともいう）という集団がくらしていた。彼らはトナカイやヘラジカ、特にトナカイ猟に特化した狩猟民とみなされてきた。かれらを対象とする数世紀におよぶ民族誌によって、トナカイ猟を基本にした北東部パレオインディアンの生業が想定されてきた。こうした民族誌的・歴史的な類推にもとづいて、先住民であるパレオインディアンもトナカイ猟に強く依存していた、と考えられてきたのであった。ところが、歴史的文献や、考古学的調査によって、イヌーのトナカイ猟は、白人との接触期以降に発達した行動であることがあきらかにされた。さまざまな動物資源を巧みに活用してきたインディアンが、カリブー・ハンターに転身したのは、近代以降の事件であった。それは、近代の世界的な政治・社会情勢、ワールド・システムと無関係ではなかったのである。かくして、かつてのパレオインディアン像は、一蹴された。これはアメリカ大陸に限らない。アフリカの民族誌についても、エドウィン・ウィルムセンによる同様の、さらに手厳しい批判がある。

　この事例は、民族誌の安易な参照をいましめている。いかなる民族誌も歴史的なコンテクストをぬきに語ることはできない。通文化的な民族誌の適応にも細心の注意が必要である。とはいえ、民族誌のないところで、狩猟・採集民の生活を思い描くことができないことも事実である。私は民族誌に付された条件

を緩和、いや、拡張したいと思う。個々の民族誌が固有の歴史的コンテクストをもっていることは事実である。特定のコンテクストに固有の民族誌を対置する作業も大切だが、「コンテクスト」という概念は決して一つに固定されているわけではない。それは、生態学的な、社会学的な、そして歴史的（あるいは偶発的）な限定をうけるのであり、その選択は私たちの主観に負っている。このことを忘れてはならない。ここでは、本書を理解する上で必要となる、エスノ・アーケオロジーの調査成果について、かいつまんで紹介しておこう。石器石材の入手と消費に関するエスノ・アーケオロジーからはじめよう。

ニューギニア高地には、石器をつかう園耕民がおり、民族誌的な研究がおこなわれている。ポール・シルトゥとカレン・ハーディーの調査を紹介しておく。

(1) 園耕民たちは近くの河原や農園などでチャート礫を採集する。チャートは質のよいものと、質の悪いものという2種類が区別されている。質のよいものがえらばれる。採集時に試し割りがおこなわれる。

(2) チャートの礫はイエの近傍で割られる。人のいるところや、イエのなかでは、カケラが飛び散って危険なので割られない。この結果、チャートの消費場所は通路からはなれた場所に点在することになる。

(3) 剥片は未加工のまま、さまざまな加工や獲物の解体、穴掘りなどにつかわれる。だいたいが使い捨てで、数分の作業のためにつかわれて、捨てられる。礫や石核、未使用の剥片などの一部は、将来の使用にそなえて保存される。刃部が鈍くなった剥片も、石核としてつかえるものはとっておく。

(4) 石器作りは男性だけの仕事でない。女性も必要に応じて石器をつくるが、原石採集には参加せず、男性がひろってきた礫や、廃棄場所に散らばっているカケラをえらんでつくる。

(5) こうした剥片石器のほかに、磨製石斧が広くつかわれている。磨製石斧はきちんと手入れされ、場合によれば一生ものとなる。

ニューギニアの園耕民の場合、石器はあまり大きな社会的な意味をもっていないので、ここから得られる情報も限られている。しかし、この簡単な聞き取りをよく読むと、石器扱いのちがいが、仕事の内容や性差によるものであること、石材消費の段階性と一時的な貯蔵、石器のメンテナンスと領有関係など、

多くの重要な論点が含まれている。リチャード・グールドは、オーストラリア・アボリジニーの石器製作と使用に関する民族誌的な調査を行い、その一般的な特徴を指摘している。ここにも参考になる項目が数多く含まれている。

(6) 広い範囲に分布する石材は、各所で適宜使用され、その場で廃棄される。

(7) 産地の限定される石材は、原産地近傍で粗割りされ、各居住地やキャンプなどで再加工され、使用され、廃棄される。

(8) したがって、産地の限定される石材は全体から見れば少数だが、各居住地には多数残されている。いいかえると、広い範囲で採れる石材は、居住地外でも大量に消費され、廃棄されている可能性がある。

(9) 採集に多くの時間とエネルギーを要する石材は大切に扱われる。

(10) 居住地と居住地外のキャンプでは、石器の種類や組み合わせに違いがあり、居住地では、多くの種類の石器が使われる。

(11) たいへん珍しいモノは珍重され、長期間身につけられ、方々に移動する。

産地の限定される石材は、集団と集団の間に間に張り巡らされた交易網によって、はるか遠方にまで運ばれることになる。その移動距離は1,000キロを越えることがある。グールドはこうした広域的な社会的ネットワークの存在を、厳しい自然環境を乗り越えるための適応戦略と考えた。

直採採取と交易というグールドの考え方はルイス・ビンフォードによって、厳しく批判された。もちろん、両者の見解の違いにはコンテクストの差を考慮しなくてはならないのだが。ビンフォードは、アラスカのヌナミウト族の民族考古学的な研究によって、従来の交易—直接採取図式から大きく一歩を踏みだすことになる画期的な考え方に到達していた。次のような事例があげられている。

(1) 釣り場から釣り場への移動の際に、良質な石材があればぬかりなくそれを採集する。

　「とれるときにとらなきゃだめだ。いい石のそばをとおればそいつを拾う。いい木が落ちてればそいつをソリの滑り板に使うためにとっておく。一人前の男は、あのときこうしていれば……なんて愚痴はこぼさないもんだ。とりきれなきゃ、あとで取りに来られるように、どっかにおいておけ

ばいいんだ。」
　(2) 狩人たちは毎年のように、あの山の上に罠を仕掛けることにしている。そのあたりには石器の材料が落ちているので忘れずに拾う。
　　「この石英のかけらは、あの山のてっぺんにある石からとれる。あんな高いところまで登っていくのは、山を歩き回る熊をつかまえる罠を仕掛けるときくらいだ。この石英も、きっとそのときに拾ったものだろう。まじないにもつかうけど、そういう石では決して肉を切ることはない。」
　(3) ここから二つの格言が生まれる。一つは、「一人前の男なら決して後で後悔しない（あの時拾っておけばよかったのに）」、そして、「手ぶらで帰る男は大馬鹿者（先々のことまで考えて必要なものなら何でも拾う）」というものである。
　(4) 石器の生産は、季節ごとに異なる地域で展開されることになる。このことは、ある居住地やキャンプに残される廃棄物の内容に反映する。

　(1)ではさまざまな生業と資源採取とが一体化していることが語られている。石器石材は、石材採集だけを目的とする移動によって入手されるのではない。狩猟や採集、あるいは親族や友人の訪問などの折に、時々の行動に組み合わされる。また、手に入れた資源を一時的に隠匿しておく、キャッシングという戦略についてもふれられている。(2)からは反復される移動経路内の資源分布がメンタルマップに書き込まれ、それが狩猟・採集民にとっては決定的な生存情報となっていることがわかる。たとえば、ある時代の、西関東の人びとと、東関東の人びとは異なるメンタルマップをもっていた。狩猟や採集といった、基本となる生業部門の進捗に伴って、石器石材に代表される生活資源も採集される、という原則が提案されている。

　これは、現象的には直接採取と差はないように思われるかもしれない。だが、移動生活をおくる狩猟・採集民の生活資源を獲得するための行動が、日常的にくり返される生活に組み入れられている、という考え方は貴重である。これは戦略的な行動である。戦略というと、軍事用語のように思われるかもしれない。ここでは、身近な手練手管にはじまり、目的達成のために練られた行動といった、幅広い意味を与えておこう。注意しておきたいのは、戦略といっても、身

第3章　古民俗誌叙述のための基礎固め　85

体技法として、ほとんど意識されない「民俗」となっている場合が多いことだ。伝習や、世代間の伝達、そして行動の反復によって、ある場所では、ほとんど意識されずに、資源に手が伸びるだろう。上で紹介した、ヌナミウトの事例は、よくこのことを表現している。

　ビンフォードがあえて、直接採取と区別して、「埋め込み戦略」という、これまでにない概念を導入したのは、狩猟・採集民の行動を分析的に把握したかったからである。いうまでもなく、ビンフォードのいう戦略は、居住地やいろいろな機能を担ったキャンプなどでおこなわれる、さまざまな採集行動に組み入れられている。したがって、埋め込み戦略は交易や交換は排除しない。グループ間の社会的なつながりや、特別な関係を排除するものではない。また、直接採取という考え方も否定するにはおよばない。グールドとビンフォードの見解の相違は、視点が異なるのではない。むしろ、対象とした狩猟・採集民の特殊性の差、はじめに指摘した、身体技法の歴史性に由来するのではないだろうか。

　埋め込み戦略説によれば、狩猟・採集民集団は、その移動過程において、移動することになるエリアの各所に分布する石器石材産地を巡回する。石材はおいおい消費されるので、いくつかの石材産地の石材が、ある割合で消費され、その余りが蓄積されていく。実際は、さまざまな要因によって、消費と余剰の相互関係は変動する。

　これと同時に、装備のデザインという、もう一つ重要な戦略が説明されている。一般にデザインといえば、意匠などと訳される。これはとてもわかりにくい訳語なので、ここでは制約条件に対する対処の仕方、という意味をもたせて片仮名表記しておきたい。どのようなデザインであれ、解決しなければならない問題が前提条件を構成している。デザインの善し悪しは、つきつけられた問題への回答の仕方にある。エレガントでロスのない回答、対処をよしとする。石器石材の乏しい地域では、石材を効率的に使うデザインが工夫される。石器石材を、遠くまで運ばなければならない場合、旅人の負担を軽減するデザインが採用される。こうして、生活の隅々まで、さまざまなデザインが交差し、歴史をつくっていく。

　例によって、ビンフォードによる、民族誌的な聞き書きからはじめよう。

(5) 一昔前まで一人前の男たちは、どこに行くにも道具袋のなかに円盤形の石核を入れていた。これは必要なときに剥片をとったり、それ自体を削器として使ったりするためだ。

(6) 道具には移動時にも持ち歩く軽量小型のものと、ある場所に据え置く重量大型のもがある。

(7) また、洞穴のようなランドマークには、応急物資を備蓄してみんなで使うことになっていた。このような先々の困難に備えて用意周到な準備ができるようになってはじめて、一人前の男と認められる。これについては、(1)でもふれた。

(8) さて、仕事をするか、という段になってしかるべき道具がないという事態はよく起こることだ。こうした場合には手近な材料を使って何とか急場をしのぐ工夫が求められる。

(9) 一方、身近において大切に取り扱われる道具や、将来使うことになる道具類には厳選された素材が選ばれる。しかし、こうした選択には、目的の限定された素材を特別に取りに行くのではなく、身近にある材料の内、良質なものを選別することが多い。

(10) 道具の製作は、ある場所で完結するのではなく、しばしば居住地の移動に伴って段階的におこなわれ。このことから、石器製作や石材消費は、生業のスケジュールあるいは生活のリズムに組み込まれることになる。

ここに例示されている民族誌的な事例はそれぞれ、移動用の道具(モバイル・ギア)と据え置き用の道具(サイト・ファニチャー)(5・6)、隠匿・備蓄(キャッシング)戦略(7)、その場限りの使い捨て道具と、きちんと管理される道具(8・9)、石材消費の段階性と異所廃棄(10)などといった、デザイン理論の核心を構成している。ビンフォードによってはじめて提起された狩猟・採集民の日常装備=道具のデザインという問題については、80年代から90年代にかけて、多数の論文が集積され、研究は大きく前進した。ここではその一部を紹介しておこう。ただし、この年代になると、実地での民族調査は難しくなっているので、従来の成果をいかに解釈するのか、というように視点が変化していく。エスノ・アーケオロジーにもとづいた理論づくりという位置づけになるが、本章で

紹介しておく。

　狩猟・採集民の駆使する道具は、さまざまな目的や機能を担っている。そこで、ある道具が、どのように使われるのか、そのためにはいかなる技術が開発されているのか、という視点が必要になる。技術を身につけることは、生態的な、あるいは社会的なさまざまな制約条件に向き合い、それと折り合うことである。そこに技術のもつ進化論的な意味を見いだすことが可能である。進化論的にいえば、技術とは、完結した体系ではなく、環境への適応をもとめる技術的な行動と規定される。技術的行動とは、私たちの用語では身体技法なのだが、欧米では社会的なコストとの関連性が重視されている。ある技術が社会的に採用され、普及するのは、この技術が、うまく社会的、生態的条件と折り合い、低コストで矛盾を切り抜けることが可能だからである、と解釈される。折り合えないで、社会的なロスが発生することをリスクという。こうして、技術的な行動は、常にリスクと関連づけられることになる。

　1980年代以降の欧米の論調は、おおむね、この枠組みにある。ダグラス・バンフォースやピーター・ブリードは「石器研究の統一的な視座はリスク理論である」とまで断言している。ブリードは、狩猟・採集民の技術的デザインを、リスク管理という視点から、二つのグループに分けた。

　まず、①その道具は決まった時や、決まった季節に使われるとかぎらない。いつ使われるのか、だれも正確にはわからない。ということは、いつでも使えるように心がけておく必要がある道具である。さらに、常に使えるようにしておくために、あまり複雑な構造ではなく、部品の交換でうまく機能するような道具がのぞましい。これをメンテナンス重視型の道具という。もう一つは、②いつも使うわけではないが、将来確実に使うことが予測される道具もある。こういう道具は、常に整備する必要はないので、決まった時に、ある季節だけに整備する。同時に、この道具が破損したり、不具合が生じないように、綿密なメンテナンスをおこなう。万一にそなえた代替も考慮しておかなければならない。これを信頼性重視型の道具という。

　1回あたりの狩猟で、常に必要とされる狩猟具はメンテナンス重視型の道具が使われる。逆に、特定の時期に集中的な狩猟行動が展開される場合には、信

頼性重視の道具が活用される。道具箱の中身は、いずれの道具によって占められるのだろう。それは、周年的な移動スケジュールが決まっているのか、そうではなく、適宜実施されるのか、という行動パターンのちがいを反映している。道具のデザインは、道具製作者のいる集団の移動パターンによって規定されている。このような視点が、ビンフォードのデザイン理論には欠けていた、とブリードはいうのである。つまり、移動行動のちがいによって、引き受けなくてはならないリスクもちがう。それぞれのリスクに対応した、デザイン行動が必要だ、という論旨である。これはとても明快だ。

　スティーブン・キューンも、デザイン行動としての技術、簡単に技術的デザインという論点からスタートする。また、ブリードと同じように、道具が使われる場所やタイミングによって、技術デザインが規定されていると考えられている。この基準から、技術的な行動は二つに分離される。まず、今・この場にある、道具をつくるための資源に応じて、どのような道具を、どれくらいつくるのか、という技術的行動が抽出される。ビンフォードの分類による、移動用の道具（モバイル・ギア）と据え置き用の道具（サイト・ファニチャー）（5・6）、その場限りの使い捨て道具と、きちんと管理される道具(8・9)など、さまざまな選択肢が考えられる。これには、将来使うための道具も含まれている。これは個別的意志決定に委ねられた技術的行動という。

　もう一つは、どの場所で、どのような道具をつくるのか、という一連の技術的行動である。すでにふれたように、どのような資源も、あまねく分布しているわけではない。特に、石器石材の分布は偏在している。石材の偏った分布は、石器の製作から廃棄にいたる、全体的なプロセスに大きな影響を与える。したがって、ブリードのデザイン理論と同じように、ここでは狩猟・採集民の移動戦略との関係が問われている。こうした技術的行動は場所に規定された技術的行動という。道具の技術的体系という、同じ対象を扱ってはいるが、ブリードとはまったく違う視点がとられている。多様な分析視点に応じて、私たちは相互に参照することができる。

　コンラクストに対応した個別的行動か、戦略的な場所的行動か、道具製作のための二つの行動は、お互いに他を補うあう関係である。頻繁に移動をくり返

している集団の場合、手持ちの資源を有効に使うための個別的行動が重要になる。一方、ある場所に、比較的長期間居住する場合には、その場所の決定と、資源の確保とは密接なつながりをもつことになる。したがって、場所的な行動への傾斜が深まる。いずれにせよ、技術を行使する狩猟・採集民にとって、生態系、土地、景観と全体としていかにかかわりをもつのか、これが決定的に重要である。そこで、次節では、生業と居住それに集団構成などに関するエスノ・アーケオロジーについて、紹介することにしよう。

2　エスノ・アーケオロジー(2)

ジョン・イェレンは、1960年代後半、アーヴェン・デヴォアとリチャード・リーが率いるハーヴァード大の調査隊の一員として、アフリカのボツワナでエスノ・アーケオロジーの調査をおこなった。彼は、バンドとよばれるクン族の基本集団の編成や、移動生活の実態を研究した。この分野を総称して、セトルメント・アーケオロジーという。セトルメントとはイエや居住地、キャンプなど、日常生活のくり返される場のことをいう。イェレンは調査結果を4点ほどに要約している。

(1) 基本的居住単位であるキャンプは、水場とは切り離せない。水場を中心にキャンプがつくられる。乾期には水場が減るので、特定の水場のまわりにキャンプが集中する。キャンプが社会生活の焦点となる。一方、雨期には、水場が増えるので、キャンプは分散する。つまり、キャンプは一定のリズムで、収縮と拡大をくり返しながら、移動する。

(2) キャンプのメンバーが大幅に入れかわることはない。しかし、親族や友人などがいききし、訪問と来客は決して少なくない。乾期のキャンプには、親族から構成された拡大家族があつまる。もちろん、現代風の核家族からなるキャンプもあるが、

(3) 雨期のキャンプは、おおよそ同じ程度の面積をもつ区域に分散するが、各エリアはテリトリーとして防衛されることはなく、相互に立ち入ることは黙認されている。

(4) キャンプは、小屋がけのある中核部と、作業場や肉の乾し場などとして使われる外縁部とから構成されている。小屋がけの入口には炉がつくられる。炉のまわりには、その家で消費されたいろいろなゴミが散らばっている。考古学的に認識される「遺跡」としての要件を備えているのは、乾期の集合キャンプだけで、雨期の分散キャンプの解像度は非常に低い。遺跡と認定されない可能性もある。彼らは生活の痕跡を残さない人びとである。

同じ頃、ルイス・ビンフォードらニュー・メキシコ大のクルーがアラスカに出発した。ヌナミウト族の民族調査が目的である。その空前絶後とでもいうべき成果の一部はすでに紹介したが、なかでも、セトルメント・パターンに関するモデルは画期的なものといわれている。

(5) ある土地の生産力は、植物の光合成によってつくりだされる有機物の量によってはかられる。有機物の量は、太陽エネルギーに規定される。豊かな太陽光線に恵まれた地域では多くの有機物が生成される。極地や高緯度地域では逆で、生産力は低下する。

(6) 地球的な規模で考えると、熱帯雨林地帯や極地周辺の狩猟・採集民は、移動しながら生活をおくる。温帯林や乾燥地帯では、貯蔵技術が発達して、移動性が低下して、定住生活が促進されることになる。これは、土地の生産力のちがいが反映されている。砂漠に居住するためには、水場に頼らなければならない。

(7) 移動生活をおくる狩猟・採集民は、二つのグループに分かれる。熱帯雨林にすむフォリジャー（forager）と、極地周辺のコレクター（collector）である。フォリジャーは居住地移動をくり返し、一方の、コレクターは兵站移動に従う。フォリジャーとコレクターには適切な訳語がないので、発音のまま記しておく。資源と狩猟・採集民集団との関係を考えてみる。資源の分布する場所に集団が移動するのがフォリジャー、逆に、資源を集団の居住地にもってくるのがコレクターとなる。

(8) フォリジャーについては、イェレンの記載したクン族を思いうかべればいい。フォリジャーはキャンプ＝居住地の移動をくり返すため、持ち運ば

れる荷物は軽量小型である。荷にはごく少数の道具しか含まれていない。キャンプの廃棄物も少なく、内容は居住した季節と密接に関連する。キャンプの周囲には、作業場所がつくられる。作業場所では、目的の限られた仕事がおこなわれる。そこで捨てられるものと、キャンプの廃棄物は一致しない（図17）。

(9) 土地の生産力が低く、食料資源が不均等に分布している場所では、兵站移動がおこなわれる。不均等分布というのは、食料資源の季節的な変動が大きかったり、特定の場所から別の場所まで頻繁に移動したりするような条件をいう。いわば、非常にリスクに満ちた環境といえる。この条件のもとでは、季節的に変化する食料資源を、効率的に獲得するための技術を開発しなければならない。また、資源量には季節的な波があるので、それを長期間「食いつなぐ」ための工夫、すなわち貯蔵技術が必要となる。極地周辺では、越冬という問題を解決しなければならない。

(10) 典型的なコレクターの場合、夏に分散したムラは、冬には集合する。冬は水と燃料の入手しやすい土地にムラが設営される。ムラの周辺には、獲物の見張り所がつくられ、狩りにそなえる。つかまえた動物の解体が各所でおこなわれる。特定の場所にはワナがつくられ、日常的な見回りがおこなわれる。川や湖では釣りがおこなわれる。そして、ムラには肉の乾燥場がつくられ、ところどころに天然の冷蔵庫ももうけられる。こうして、コレクターは、環境のもつポテンシャルをできるだけ引き出すための工夫を凝らす。この工夫が兵站とよばれている（図18）。

(11) フォリジャーとコレクター、あるいは移動型と兵站型という区分は、極地と赤道付近という、対照的な地域の狩猟・採集民をモデル化したものものであった。この中間地帯には、まったく異なる特徴をもつ狩猟・採集民が生活しているようにもみられるが、そうではない。地域的な特徴に応じた、フレキシブルなパターンが観察されるが、パターンを詳しく検討すると、フォリジャー的な要素とコレクターとしての特徴を、うまく組み合わせた生活をみいだすことができる。人口の増加や、集団間のもめごと、気候変動などによって、フォリジャーがコレクター化する場合もある。

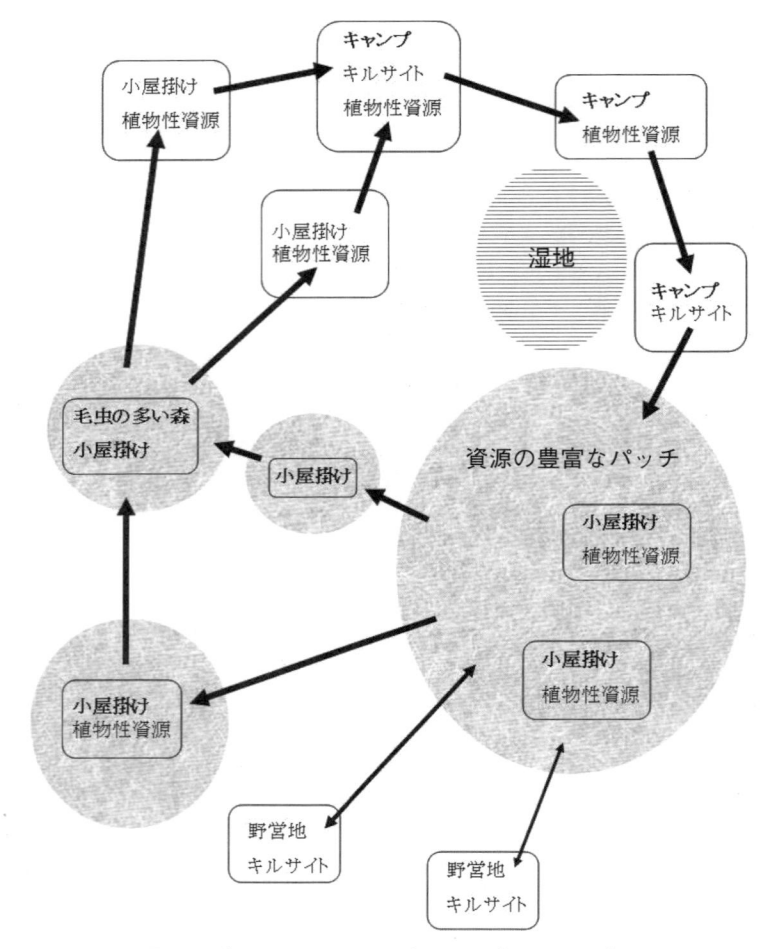

図17　ビンフォードのえがくフォリジャーのモデル

(12)考古学的にみると、フォリジャーの場合、イェレンも指摘したように、乾期のキャンプしか補足されない可能性がある。そこでも、僅かな遺物しか回収できず、一過的なキャンプ跡、といった誤った解釈がされる危険性もある。土地利用の歴史を考古学的に究明することには、大きな制約があ

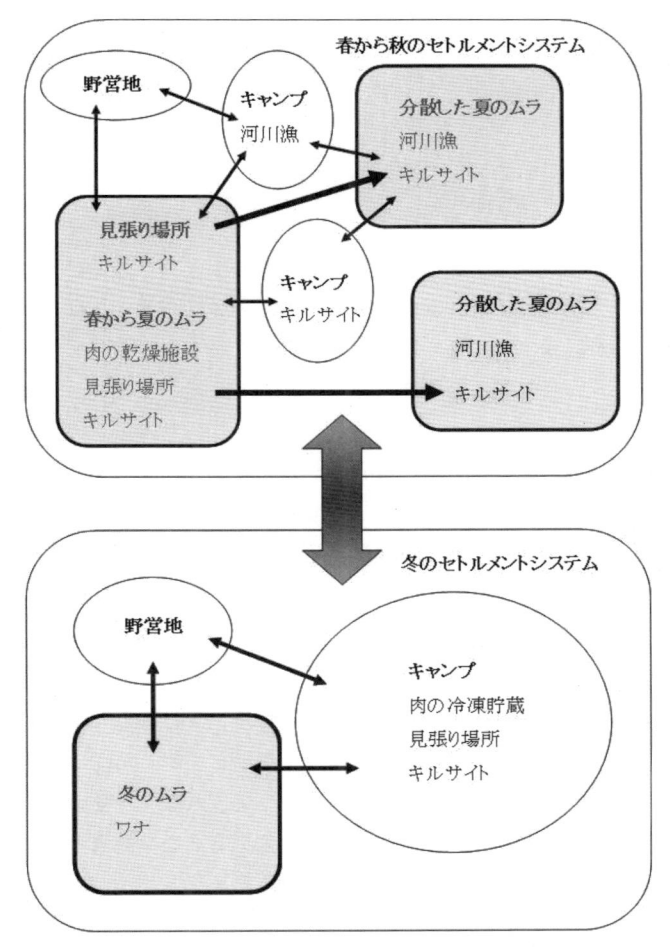

第3章 古民俗誌叙述のための基礎固め　93

図18　ビンフォードのえがくコレクターのモデル

る。全体的なセトルメント・パターンはつくれないことが多いばかりか、誤ったモデルの提示に陥る可能性も高い。一方、コレクターでは、フォリジャーと較べて、遺跡の解像度は高い。遺跡ごとの廃棄物のちがいは、「文化」の違いでなく、行動のちがいに起因する。考古学者が、いくつかの遺

跡から掘り出した石器の形や製作技法が異なっていても、そこに文化や伝統の違いを思い描くことは誤りである。これは、ビンフォードが昔から主張していたことである。

トッド・ホワイトローは、多くの民族誌を引用しながら、キャンプ・レイアウトの問題を考えた。ムラやキャンプ内での居住行動には、いろいろな要因が働くが、彼はキャンプを構成する人びととの社会的な関係、コミュニケーションを重視した。イェレンやビンフォードは生態学的な条件を議論の柱にしたが、キャンプ内の居住行動には、親族組織や、生活のさまざまな局面で発生する軋轢や緊張関係が影響することを示した。ビンフォードも、ホワイトローの指摘を受け、くわしい民族誌的な研究から、イェレンやホワイトローの仮説を検証している。

(13) ヌナミウト族のグループにはいくつかの種類がある。たとえば、生活をともにする集団、友好関係にある仲間たち、世代間の横のつながり、そして仕事仲間といった、レベルを異にするグループがある。各グループの、さまざま結びつき方は、キャンプ・レイアウトにも反映する。ムラにはいくつかのキャンプが並んでいるが、キャンプ間の距離は、相互の親密さを反映している。たとえば、仲のいい狩り仲間は軒を接するようにキャンプをつくるが、マタ従兄弟や義理の息子のキャンプは離れたところにつくられる。また、従兄弟同士が一つの居住ブロックをつくることも多い。年齢をかさねるにしたがい、世帯を経済的に支えきれなくなるが、老人層は若者に生活知を伝える役割を担う。この役割を終えた高齢者は、祖父とよばれ、子どもたちのキャンプに引き取られる。キャンプ・レイアウトにも変化が生じる。

ビンフォードの提案に反対する研究者はいない。これほど幅の広い視野で、全世界の狩猟・採集民を分析した研究者はいないからだ。ただし、批判の声もある。ポリー・ヴィスナーは、ビンフォードの狩猟・採集民の分類は、環境決定論だと批判する。狩猟・採集民は、自分たちの生活圏を構成している、さまざまな生態学的な条件とうまく折り合いをつけている。このことを生態適応という。そして、生態適応が、究極的には(5)によって決定され、巨視的に(6)

のような傾向を生じる。こうビンフォードは考えた。接近してみると、(11)の留保条件をつけながら、(7)というパターンがみえてくる。ヴィスナーは、この論理は生態学的な制約条件からすれば首尾一貫しているが、社会的な制約条件からみると、とても不十分だと批判する。理論の枠組みをひろげて、社会適応についても考えよう、というわけである。

　ヴィスナーの意見は正しい。もちろん、ビンフォードも誤っていない。私たちもそうだが、狩猟・採集民は、自分たちの生活を維持し、子孫を繁栄させるために働かなくてはならない。私たちは愛する家族や仲間たちのために働いているのだ。狩猟・採集民の労働のプロセスを考えてみよう。狩猟・採集民はさまざまな道具を駆使して、動物をつかまえたり、森の恵みを享受したりする。彼らにはイエがあり、そこには血族や親族たちがともに暮らしている。イエは隣のイエや、周辺のイエ、さらに遠くのイエともなにがしかのつながりを維持している。また、何らかの社会的な役割分担とか、協力関係とか、もっと人間くさいつながりがある。さらに何となく従っている規範、伝習されていく約束事も重い意味をもっている。そうしたもろもろの関係のなかで、はじめて労働が可能となるのではないか。社会のなかでの人間、という枠組みのなかで、狩猟・採集労働は成立している。

　こうして、労働のプロセス、ここでは狩猟・採集行動は、自然との関係であり、同時に、社会との関係であるという二重性・重層性をもつことは、誰の目にも明らかだろう。この二重性は、地域ごとにちがうし、長い歳月の間に変化することもある。生産様式という概念は、この二重性と完全に一致している。したがって、今後の課題は、ヴィスナーとビンフォードのモデルを、人類にとって不可避の二重性として理解し、双方の関係を組み立てることになる。生産様式の仕組みを解きあかし、変化を記述することである。社会が重層性をもった、一つのまとまりである以上、まず、二重性の基盤である生態的な分野を検討する。次いで、もう一つの基盤としての社会関係を解明する。さらに、そこに、歴史という時間軸を挿入する。ヴィスナーはそのような筋道を思い描いた。彼女は、狩猟・採集民の経済生活を分析して、それが二つの側面からなっていることを指摘する。

(14) まず、①各世帯は、1年間をとおして、生活の維持に必要な所得を得なければならない。生計は過不足なく維持される必要がある。しかし、さまざまな要因によって、1年間の平均的な所得は一定ではなく、僅かに、あるいは大幅に変動する。そこで、②所得の年ごとの変動幅をできるだけ抑制する必要を生じる。狩猟・採集民にとって切実な経済的な問題は、食料資源をいかに獲得するのか、という①ではない。むしろ、獲得目標が達成できなかった時のダメージ、すなわちロスをできるだけ抑制する、という②なのである。前節でもふれたが、平均的な資源量を獲得できずに、いくばくかのロスが発生することをリスクと定義しておく。リスクがある限度を超えるとき、世帯は維持できなくなる。社会も立ちゆかなくなる。

(15) そこで四つの方策が工夫される。①できるだけロスが生じない工夫をすること。これには、呪術や儀式の活発化、焼き払いによる環境の改変、テリトリーの防衛などがある。②ロスを転移すること。これは少しわかりにくいかもしれないが、食料資源を蓄えておき、困窮した集団に救いの手をさしのべること。逆に、他の集団を閉め出して資源を独占することも含まれている。③貯蔵によるリスクの自己管理。④リスクのプールと分散をおこなう。集団を構成する人びとは、分け隔てなく食料資源の分配にあずかる。互恵的な関係が隅々にまでゆきわたり、中長期的なロスの変動を全員が引き受けることによって、集団の継続がはかられる。これらは、まとめてリスク低減戦略とよばれる。フォリジャーも、コレクターも、等しく、多様なリスク低減戦略に従って動いている。

　リスク低減戦略は、状況、コンテクストに応じて運用される。リスク低減戦略によれば、(15)④によって、リスクを広く共有する集団、すなわちリスク・プール集団が想定されている。リスク・プール集団を考えるには、狩猟・採集民の集団編成に関する基礎知識が必要なので、ここで簡単に解説しておこう。

　アメリカの人類学者ジュリアン・スチュワードは、狩猟・採集民の社会的な単位をバンドという名称でよんだ。バンドとは、普通ポピュラー音楽の楽団の意味だが、ある信念を共有するグループ、という意味でもつかわれる。スチュワードは、バンドの系譜が維持される仕組みに注目して、父系、母系、双系と

いう分類をおこなった。スチュワードは、民族誌を参考にして、狩猟・採集民では、父系バンドがもっとも一般的であることをみいだした。このグループは、父方の系譜を重視し、ある程度自立性のある社会的なまとまりで、一定の地域を活動領域としている。集団規模は40〜100人程度で、出自系譜が語り伝えられている集団はリネージとよばれた。

スチュワードは文化と生態との関係こそが、狩猟・採集民理解の基本だと考えた。1966年にシカゴでおこなわれた国際シンポジウムには、「マン・ザ・ハンター」という名前がつけられた。ここでは、狩猟・採集民の生業と環境との関係が議論され、5項目からなる一般的なモデルが提案された。①階級的な区分の希薄な、平等な社会であること。②食料資源の制約と、これに対応する移動生活によって、人口密度が低く抑制されていること。③明確なテリトリーが認められないこと。④食料資源の貯蔵はないか、あっても最低限であること。⑤集団編成は流動的であること。この要件を満たす集団がバンドであり、最少の社会的単位と考えられた。

スチュワード以来のバンドが、リスク・プール集団であることはみやすいだろう。日常的に行動をともにする人びとの間では、いつもすでに、リスクは互恵性を仲立ちに共有され、自己管理され、分散されなくてはならないからである。ヴィスナーはこう考えた。ある地域に居住する人びとが話し合いや、ネゴシエーション、協働労働などの関係をつくりあげていくことと、親族としてのつながりによって、より強い絆が育まれていくことによって、バンドをこえたネットワークが形づくられるのだ、と。

(16) かれらは、お互いに助け合う手段を工夫した。難しくいうと、遅延的互酬性というが、それは、私が苦しいときはあなたが援助し、あなたが厳しいときには私が手助けする、という相互協力体制のことをいう。遅延的というのは、相互の扶助に時間差があることをいう。遅延的互酬性とともに、比較的自由な資源へのアクセス権が保証されている。ネットワーク内に居住する、どのグループでも、いきあった動物を狩ることができ、森で木の実を採集することができた。ヴィスナーは、こうしたネットワークを形成しているのが、リスク・プール集団なのだという。これはとても奥行きの

ある定義である。

　ここから、もう一つの問題が派生する。狩猟・採集民が日常生活をともにしている集団は、決して大規模なものとはいえない。しかし、婚姻や親族関係、そしてリスク・プールという関係によって結ばれたネットワークは、非常に幅広く、階層的な構造をもっている。これは社会学的な視点からみた構造である。では、考古学という窓からながめると、そこにはどのような風景がみえるのだろうか。この窓はモノという物質によって、世界を読み解こうというもくろみをもっている。ところで、私たちは身体技法という立場からモノを把握するのだから、この視点は考古民俗学の窓というべきだろう。リスク・プールというネットワークを支える身体技法とは何か。命題をこういいかえることができる。

　川田順造は、身体技法とは、モノに媒介され、身体感覚と一体化し、人びとに共有されている「おこない」であると定義した。「おこない」が相互に関わり合い、共有されているとすれば、それをスタイルということができる。この場合、モノは媒介、エージェンシーとして機能している。

(17)　ヴィスナーは、クン族の鉄鏃というモノを媒介として、鉄鏃のスタイルが特定集団によって維持され、伝習されていることを指摘した。各集団は独自のアイデンティティーをもつが、それをリスク・プール集団と考えた。また、装飾用のガラス製ビーズも、鉄鏃と同じようなアイデンティティーを表現する。だが、ビーズはハロという広域的交換網によってより広い範囲に分布している。鉄鏃よりも更に鞏固なアイデンティティーから構成されるリスク・プール機能をもったネットワークの存在を示しているといえるだろう。

　リスク・プールが、ネットワークを必要とする以上、それを支える社会的・政治的条件が変われば、その範囲も大きく変動する。1970年代以降の急激な社会変動によって、クン族の社会も激変した。貨幣経済が生活の隅々まで浸透し、農業協同組織ができ、食糧事情は好転した。つまり、それ以前のリスクは遙減し、生活が商品化され、イエごとの経済格差も拡大した。ふるいムラのかたちも改まった。しかし、僅かにつくられ続けた鉄鏃には、めだった変化は認めら

れなかった。つまり、新しいアイデンティティーとのかかわりを失った鉄鏃は、本来の意味を失い、製作は惰性化してしまったのである。しかし、まったく変化がないわけではない。鉄鏃の計測値にはあらわれないが、つくりが粗雑になった。

鉄鏃の場合、かつて、そのかたちが担っていた、アイデンティティー、あるいは社会的な情報を、もはや表現する必要がなくなったからだ、と指摘されている。同じような道具を、つくり続けれていたとしても、その社会的な意味は時間とともに変化していく。そのことを、考古学的に説明することは難しい。手抜き、あるいは粗製化という現象を、社会的変化や変動の兆候として読み取ることである。

3　最適捕食という考え方──進化生態学の理論的射程

最適捕食という考え方は、進化生態学という、自然淘汰からいっさいの生態適応を解釈しよう、という分野から移植された。とても割り切った考え方なので追従する研究者は多くないが、基本的な考え方が誤っている訳ではない。狩猟・採集民の行動は、長い間、文化や歴史という視点で研究されてきたが、生態学的にやってみよう、という研究者が現れた。鳥や昆虫の行動からえられたモデルを、高等動物であるヒトに適用するなどとんでもない、という批判も多い。とはいえ、ヒトの進化も鳥や昆虫と同じように自然過程である。逆に、歴史や文化だけで、何がわかるか、という説得力のある反論もあるし、そもそも自然淘汰による進化という枠組みは否定しようもない。前節でふれたリスク理論も進化論に立脚していた。進化論、あるいは進化論的な思考は考古学にとって不可欠である。

ここでは、中尾央の指摘にしたがって、進化論的な考え方について要約しておきたい。現在、考古学の分野で応用されている進化論は、社会生物学や行動生態学などを基盤にしている。人類は選択によって生物学的に進化を遂げてきた。したがって、人類の形質である行動も選択による進化を遂げてきた。ある行動が長期間、安定的に維持されているのは、その行動が最適化されているか

らであり、最適化された形質の収支をモデル化することが可能である。これが最適化論の基本的な骨格である。このモデルでは、また、最適化された行動は社会的な学習によって身につけられたものであり、学習プロセスの究明が重要なテーマになる。いうまでもなく、行動生態学のモデルは、遺伝的な背景をもたない。

　最適化を旗印にする行動生態学については、大きく二つの分野から異議が提示されている。一つは、行動生態学は、矛盾に満ちた現代社会を最適化されているとみるのか？　それは狩猟・採集民社会のような、相対的に複合化されていない社会にしか適応できないのではないか？　という、一見、もっともな批判である。この批判は、人類行動を、最適化を尺度として分析できるのか、ダーウィン主義的な原則を導入することが適切なのか、という根本的な問題にまでおよんでいる。確かに、複雑で複合化の顕著な現代社会を分析するのは難しいが、本来進化論とは長い射程での行動の進化を議論する分野であり、現状分析の手段なのではない。また、最適化論は物質的な再生産の基礎的な領域を対象とする、いわば下部構造の経済原則をモデル化するものであり、そこに批判される瑕疵はない。

　もう一つは、人類行動生態学では行動よりも認知論的な領域が重要であるという批判である。進化心理学とよばれる分野が形成されている。進化心理学は、さまざまな心理的なメカニズムを適応論的に説明しようとする。その際には、個々の心理的メカニズムが、同じ遺伝子をもつ他者にとって適応的であるか（包括適応度）とか、利他行動の遺伝的な意味（血縁選択）などがかならず参照される。さらに、ヒトの認知論的なメカニズムとして遺伝的な「心のモジュール」がもちだされる場合がある。だが、個々の心理状態に対応するモジュールとは何か。モジュールは自然選択によって進化するのか。これはきわめて疑わしい大脳還元論のように思われる。今なお、人間行動の前提に心理的メカニズムを想定しようとする、いいかえれば、行動とは脳をふくむ身体の全体的な表現であることがわからない「心理学者」がいること自体驚きである。

　先に指摘した学習プロセスの重要性については、ジョーゼフ・ヘンリッチ（彼はすでに序章にも登場している）らの文化的学習のメカニズムについて紹介し

ておこう。ヘンリッチらの立場は二重継承説にもとづいた進化心理学といわれる。二重というのは、遺伝子による生物進化とともに、文化もまた遺伝と類似したメカニズムによって継承されると考えることをいう。文化的に獲得された信念によって世界観がつくられ、そのもとでいろいろな意志決定がおこなわれる。したがって、安定した文化は文化的な適応形態であり、それは進化し、進化する遺伝子とともにうけつがれていく。ところが、文化的な伝達の場合、①文化情報のもつ内容や、②伝達プロセスのおかれた環境、コンテクストによって、伝達は円滑にすすんだり、大きくゆがめられたりする。このゆがみを生態学ではバイアスという。

　①はダイレクト・バイアスともよばれる。ここに三種のポップコーンがあるとしよう。ひとつには塩が、もう一つには砂糖が振りかけてある。最後の一つには、チョークの粉がまぶしてあるとすれば、当然、最後のポップコーンを選ぶ人はいない。それはこの意志決定に自然選択によるバイアス、つまり文化的な学習を媒介とする内容によるバイアスがかかっているからである。

　②では、教えを受けたり、手本となる人物によっていろいろなバイアスがかかることになる。この手本をモデルという。モデルがよければ、学習者も首尾よく知識や技量を身につけることが可能である。それは悪い手本にしたがったものや、試行錯誤によるものよりもずっと適応的である。この場合、模倣の手引きとなるバイアスは、技量と、成功度、そして特権性（力のあるもの）という三者である。これについては本書の序章でも触れている。

　自然環境に存在する食料資源を獲得する行動を捕食（foraging）という。狩猟・採集民が、どのような集団を編成し、いかなる環境で、何を、どのように捕食するのか、といった問題に関する理論的なモデルが導入されている。これを最適捕食理論と総称する。最適な捕食を実行するものが有利であり、多くの子孫を残せる、ということが前提となっている。エリック・ピアンカは「自然淘汰および競争こそ、有限な環境での遺伝的繁殖の必然的結果である」と述べている。また、「自然淘汰は繁殖のために資源の利用を最適化する労働監督官」なのだ、ともいっている。少子化の進む現代人には理解しがたいことだが、厳しい環境に生きる狩猟・採集民にとって、必要最低限の子孫を次世代の担い手

として残すことは、確かに最大の課題であった。

　最適捕食戦略の基本的な研究方法は、三つの段階から構成されている。①通貨を選択する。通貨とは理解しがたい用語だが、流通している貨幣によって価値がはかられる、という事態を想定すればわかりやすい。通貨とは判断基準、あるいは物差しと考えておこう。たとえば、時間やエネルギー（カロリー）が相当する。②通貨による収支を観察する。これは交換というプロセスが想定されているので、通貨によってどのくらいの商品を買えるのか、支払った通貨に見合うものが手にはいるのか。できるだけ多くの見返りがあることが、最適化とされる。③この観察結果から、最適収支バランスが引き出せるが、これが最適化モデルとなる。リスク遁減戦略を具体的に考える際には、この最適化モデルが運用される。

　用語について、補足的に説明しておこう。生態学ではパッチという用語が多くつかわれる。パッチとは、周囲とはあきらかに異なる特徴をもつエリア、と定義される。和訳はないのでパッチという。あきらかに異なる特徴とは、草原や森林といったカテゴリーでもいいし、樹齢とか棲息する動物の数量といった量的なちがいでもいい。それらを組み合わせて区別することもある。環境は複数のパッチから構成されるが、パッチは反復してあらわれるので、モザイク状の構成となる。

　この分布状況に注目して、二つの環境が識別される。①捕食者の求めるパッチが、小さく、かつあちこちに分散している環境を細区画的環境（キメの細かい環境）という。逆に、②捕食者の求めるパッチが、その行動範囲にくらべて大きい場合、これを粗区画的環境（キメの粗い環境）という。また、捕食者の環境利用についても、この基準が適用され、細区画的な利用（キメ細かい資源利用）と、粗区画的な利用（おおざっぱな資源利用）を区別する。細区画的な利用とは、パッチ内の資源を幅広く、悉皆的に利用することをいう。一方、パッチ内の特定資源のみに的をしぼり、これを選択的に利用することを粗区画的な利用という。

　最適捕食モデルは、簡単なグラフによって最適収支バランスを求めるが、ここでは、ブルース・ウィンターハルダーにしたがって、数学的なモデルによっ

て予測される結果のみをいくつか列挙しておく。

(1) 同一パッチ内で、どのような食料資源が選択されるのか。ここでは獲物の捕獲を想定する。捕獲にいたるまでには、①獲物の探索と②獲物の追跡が必要である。探索時間は、パッチ内の資源数の増加に従って減少するが、追跡時間は増加する。両者の間で均衡が維持されている。高いランクの食料資源が減少すると、この均衡の維持も崩れ、狩猟・採集民は大きな危機に直面する。氷河時代の気候変動を頭に浮かべてみよう。

(2) 複数のパッチはどのようにして選択されるのか。パッチ利用には二つのタイプがある。細区画的な環境をうまく利用するのは「何でも屋」であり、粗区画的な環境を有効に使うのは「専門家」である。いろいろな環境が広がっていれば、各環境の資源を有効に使う。縄文時代の森と海の使い方が典型である。一様な環境が広がっていれば、特定資源に集中する。上部旧石器時代のトナカイ猟が典型である。

(3) 次に、パッチ内での狩猟時間と、パッチ間の移動時間を考える。使うことのできるパッチ数が多ければ、パッチ間の距離が減少するので移動時間も低減する。しかし、狩猟に使うことのできる時間は、その分減少する。同一のパッチ内にとどまると、獲物の数量は次第に減っていくので、いつかは別のパッチに移らなければならない。こうして、狩猟時間と移動時間も均衡をとらなければならない。そして、重要なことは、パッチからパッチへの移動に際しては、そこに決まった道が残されることである（第2章6節参照）。資源の密度が増加すると、当然、狩猟に多くの時間を費やす必要はなくなるので、その分、パッチ間の移動時間が増える。これによって、旧石器時代人の移動がパッチ内・間の移動であることが明確になる。

(4) 食料資源には、植物のように毎年同じ場所で開花と結実をくり返す種類と、移動性の高い動物のように、居場所の把握が難しい種類とがある。つまり、予測可能性が高い資源と、可能性の低い資源に分けて考えることができる。予測可能性が高い場合、資源は均等に分布し、静止していることが多い。低い場合として、不均等に分布する、移動性の高い資源を想定する。それぞれの事例について、資源を獲得するまでの平均的な距離を求め

ると、予測可能性が高い場合には、分散して捕食した方が効果的である。予測可能性が低いときには、特定の場所に集合した方がいいことがわかる。狩猟・採集民の分散と集合については、クン族のように水場との位置関係が問題となることもあるが、資源の予測可能性も大きな鍵をにぎっているらしい。分散の場合、集団規模は小型化し、集合の時には大きくなる。

(5) 食料資源は誰の手を経由して、私の手許に到達するのだろう。狩りには不猟の時も多いし、たくさんとれすぎることもある。狩りという行動には、二つの前提がある。まず、①どのようなかたちの狩りであれ、獲物はキャンプやムラに持ちかえられる。狩りは個人的なスポーツではなく、社会的な行動であるとみなされている。また、獲物の種類は多種多彩だが、いずれにせよ、運搬しなければならないパッケージとなる。狩人は、パッケージを背負って、帰還するのである。問題は、このパッケージが食卓にのるまでの過程である。いくつかの選択肢がある。一般的なものには、①おねだりや、②互恵性による分配がある。狩猟・採集民社会で、このようなメカニズムが発達する理由は、構成員が常に飢える危険性にさらされているため、お互いに支え合う必要があるからである。いわば、リスク低減戦略として暗黙裏に了解されている。

これ以外に、③性の問題がある。狩猟・採集民社会の大きな特徴として、性的な分業体制があげられている。男性は狩りに、女性は採集に、という区別がされている。男性狩人は、よりよき射手であることを、社会的な構成員全員にアピールしなければならない。食料資源である大きめのパッケージを持ちかえることによって、立派な男であると認められ、女性を手に入れることができるチャンスが増す。一方、女性には、出産と育児という、大きな仕事があるので、キャンプやムラの近傍での仕事がふさわしいとされている。こうして、性的な分業体制が社会的に認知され、定着した。

性の問題は、さらに大きな広がりをもっている。女性は男性射手が持ちかえる肉の分配にあずからなければ生きていけない。また、子を産み、育てることが女性の生活史の大きな部分をしめている。ということは、この2点に大きな淘汰圧が作用するであろう。カミラ・パワーやイアン・ワッツ、クリス・ナイ

トたちは、性的な領域に大きな進化論的な意味をみいだす。ヒト以外の動物には繁殖期があり、メスはこれを誇示することによって、オスを引きつけようとする。だが、解剖学的な意味での現代人には繁殖期はない。いや、むしろ、排卵という繁殖のシグナルは隠されている。また、子を産める女性は、29.5日という、月の満ち欠けと一致する月経周期をもっている。また、多くの動物に観察される、発情期も失われている。これは不思議なことではないのか。そして、もっと不可思議なのは、同じ場所で生活をともにする女性たちの月経周期が、だいたい同じサイクルをもつようになる現象である。ムラやキャンプの女性は、同じようなころあいに月経となり、排卵する。そして、これは月という時計によって、正確に計られている。

　男たちの狩猟スケジュールも、この排卵周期に同調する傾向をもつ。新月に月経があり、満月に排卵がある。満月には、男たちの持ち帰った肉を全員が食べ、舞踏がおこなわれる。性的な分業が社会的に定着するためには、まず女性たちが団結し、男たちと向き合う共通の絆をつくりだす必要があった。月経の遅れた女には赤色顔料がつかわれた。こうして、一つの象徴的な関係がかもし出され、儀式としての性、という世界がつくりだされた。女性たちが多くの肉を、どん欲に欲しがるのは、自分の食欲のためではない。大切な子どもたちを育てあげるという、母性的な欲求があった。女たちの流す血は、獲物の流す血と入り交じり、狩人の禁忌、タブーの源泉になった。このシナリオは、象徴という現代人最大の特質が、どのようにつくりあげられていったのか、何に由来するものなのかを語っている。いいかえれば、後期旧石器時代の起源に関する、きわめてエキサイティングで説得力のある議論ということになる（図19）。

　労働の性的な分業については、いわゆる「おばあちゃん仮説（Grandmother Hypothesis）」を逸するわけにはいかない。ナイトらのモデルは繁殖可能な女性集団についてのモデルであったが、おばあちゃん仮説は閉経後の女たちに関する進化論的な仮説といえる。このモデルは非常に強力であり、ナイトの「セックスストライキ・モデル」と接続する。ここでは、クリステン・ホークスとジェームス・オコンネルらの論文から概要を紹介しておく。『ネイチャー』誌第428巻に、ホークスのわかりやすい解説もあるので、あわせて参照していただきたい。

だれでも知っているように、女性の寿命は男性よりも長い。この現象は現代社会に特有なものではなく、民族誌でも、歴史的な資料においても同じ傾向が抽出されている。ジョージ・ウィリアムスは、この現象をはじめて進化論的に解釈した。ウィリアムスは、おばあちゃんが幼い子の世話をすれば、彼・彼女らが生き延びるチャンスが増えるので、みんなのためになる（これを包括適応度が増加するという）、と解釈した。おじいちゃんよりもおばあちゃんの方が育児経験もあるので、幼児の養育にはふさわしい。この解釈では、若年層が老人たちを養うという、現代的な考え方はしりぞけられる。

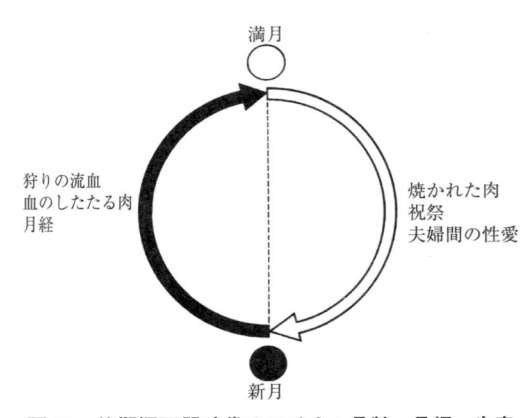

図19　後期旧石器時代のエチカ：月齢・月経・生産活動のサイクル（後期旧石器時代の世界は、日々の巡りや季節の移り変わりなど多層的なサイクルを内在していたが、月の運行は社会の構成原理としてもっとも重視されていた。2週間を一単位とするリズムが社会を律していた。月の半分は狩猟による流血と女性の出血、生肉の分配といった生産のサイクルであった。残りの半分は、肉が焼かれ、儀式と舞踏がおこなわれる安息と消費のサイクルであり、肉はことごとく消尽された。セックスと生肉が交換されていることに注意したい。ここからジェンダーが出現する。ナイト原図）

　民族誌による人口統計にもとづいた、エネルギー収支も見積もられている。ここで詳しく紹介する必要もないが、狩猟・採集民女性の多くは20歳前に初出産し、40代後半の閉経までに、おおよそ4年の間隔で子を産む。繁殖期間を20年間とすれば、4〜5人の子どもをもうけることになる。男性がキャンプのメンバーのためにエネルギーを供給し続けるのに対して、50代以降の女性は自身のエネルギーを養育に振り向け、3〜4人の子どもたちの面倒をみる。クン族の事例では、人口を維持していくためには、この程度の養育が必要であり、この値を超えると人口はわずかに増加に転じる。育児の手間が減れば、生業や家政に多

くの時間とエネルギーを割り振ることができる。

　ホークスらは、おばあちゃんによる養育がはじまったのはホモ属が出現した時代、およそ190万年位前からだろうと推定している。社会脳仮説（第4章3節参照）によれば、この時代に大脳が発達をはじめ、次第に身体の男女間較差が減少し、子どもの成長期間が遅延しはじめた。こうして、ほぼ50万年前には、おばあちゃんによる養育構造の原型ができあがったといわれている。いいかえれば、この時代に男女が力を合わせて、お互いの身体能力におうじた協力体制、すなわち性的な分業体制ができつつあった、ということになる。血縁関係と世代交代を原理とする集団編成（第4章3節で解説するテトラディック社会）ができあがったのもこのころであった。

第4章　後期旧石器時代の成立

1　後期旧石器時代の時期区分

　数年前、私は関東地方にある、武蔵野台地、相模野台地、下総台地の後期旧石器時代遺跡の時期別の出現頻度を比較したことがあった。相当大雑把な比較だったが、各台地ともに、ゆるやかなM字型のプロフィールをしていた。終末期の相模野台地にちがいがあったが、それ以外の時期は、各台地ともに、同じような傾向を示していた。時期区分の方法にちがいはあるが、武蔵野台地の地層の分け方を基準とすれば、Ⅸ層とよばれる時期と、Ⅳ層からⅢ層の時期に遺跡が多く残されている。両者の間、Ⅵ層で人口は急激に減少する。また、Ⅲ層上部以降には、これ以上の規模で遺跡数が減少している。それは、激減という表現があてはまる。後期旧石器時代、遺跡の形成には二つのピークがあり、ピークの間、および第2ピーク直後に遺跡数が減少する時期が認められた。

　これは、遺跡の帰属する地層にもとづいた統計である。しかし、地層のつくられた年代巾は一定ではないので、遺跡数の比較としては不十分である。ある一定の年代巾に入る遺跡数が比較されなければならない。また、統計の基本ともいえる遺跡数は、多ければ多いほど実態を反映した傾向が把握できる。前回、私はおおよそ、各地域100遺跡を目安として、統計をとったが、やや少なすぎる。また、遺跡ではなく、遺跡を構成している、遺物集中地点を単位とした統計がのぞましい。このため、私たちは、房総半島にある1,600か所以上の石器集中地点を調査し、細かなデータを収集した。

　集中地点の地層ごとの状況は、すでに指摘したとおりであり、M字型のグラフになった（図20、第1章・図7と比較せよ）。これを単位時間あたりの数に変更したいが、これには目安になる時間軸が必要である。幸い、放射性同位元素による年代測定技術の進歩と、較正曲線をつかって、その年代を容易に暦年に

第4章 後期旧石器時代の成立 109

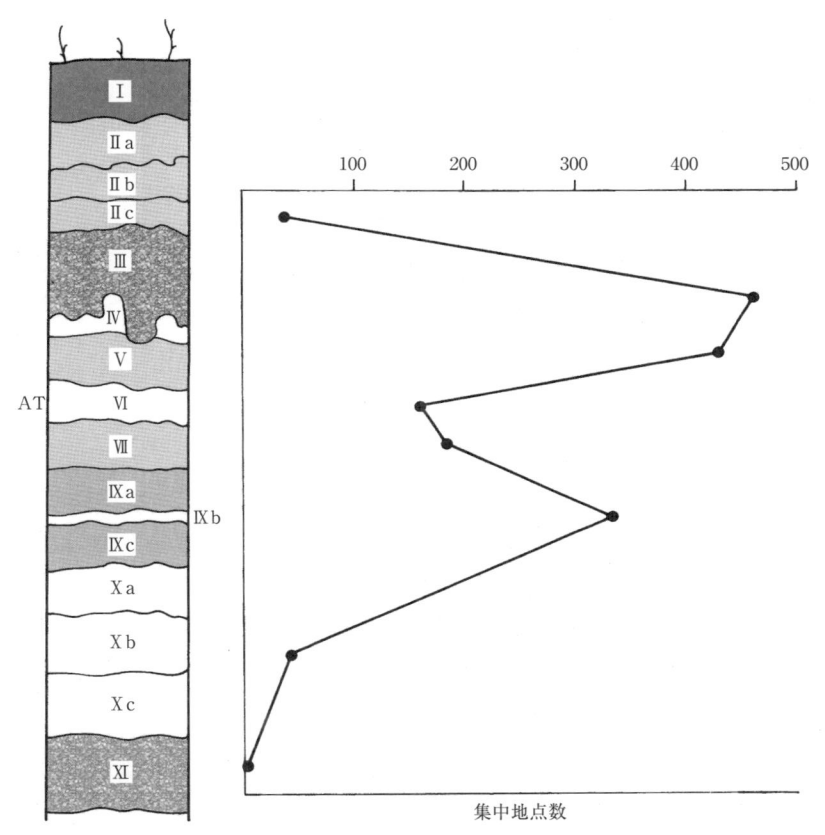

図20 房総半島後期旧石器時代遺跡数の地層別変化

変更することが可能になった。この方法は、同位元素の増減による影響を少なくする手段として広く採用されている。こうして、おおよその年代的な目安がえられた。この較正年代によれば、Ⅸ層は3万4,000年前から3万年前、Ⅶ層は3万年前から2万9,000年前、Ⅵ層は2万9,000年前から2万7,000年前、Ⅴ層・Ⅳ層が2万7,000年前から2万3,000年前、そしてⅢ層は2万3,000年前から1万6,000年前と割り振られるという。もちろん、この想定年代は古くなるほど正確でなくなるし、地層の堆積も地域的に一様でないが、何事も比較

には物さしが必要である。

　これをもとに、1,000年間に形成された集中地点数をプロットすると、左右非対称な一山型凸グラフがえられる（図21）。遺跡数から導かれた傾向と、一致しているといえないこともないが、細かくみるとちがうところも多くある。Ⅹ層からⅨ層にかけて集中地点数が急にふえる。この傾向はⅦ層まで続くが、これ以降やや減少に転じる。Ⅴ層からⅣ層では集中地点数が急激に増える。しかし、増加傾向は短期間に終息し、やがて減少に転じ、長期間にわたり、ほぼ横ばいの傾向になる。そして、2万年前頃から、ふたたび減少する傾向が読みとられる。

　単位時間あたりの集中地点数の増減は、人口の増加と減少に対応するとは限らない。そこには、人口動態も含め、環境の変化による土地の使い方の変化などといった、自然的な、あるいは社会的な原因があるのかもしれない。事実、最終氷期最寒冷期という後期更新世最大のイベントを介在した変化であり、また、石器群や生業・居住形態の変化と密接に関係していることから、大きな社会的な変動が背後にひかえていた。しかし、こうした大きな変動局面において、地域人口が均衡を保っていたと考えることは、むしろ不自然である。人口はある局面で増加し、別な条件のもとでは減少した。遺跡数、集中地点数の増減を

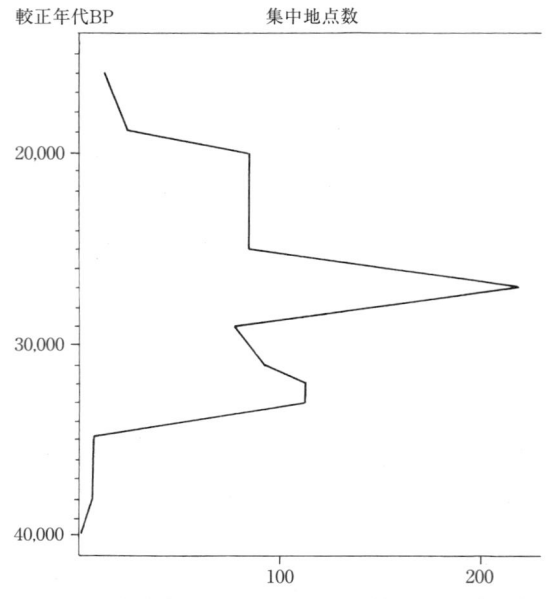

図21　房総半島後期旧石器時代遺跡数の時間的な変化（較正年代と2区間移動平均によって図20を改変）

示すグラフから読みとられる一般的なパターンによって、後期旧石器時代の時期区分をおこなっておくことは誤りではない。

　時期区分についてはさまざまな試みがあるが、すでに述べたように、本書では安斎の大別にしたがっている。①中期旧石器時代／後期旧石器時代移行期、②後期旧石器時代前半期、③後期旧石器時代後半期、④後期旧石器時代／縄文時代移行期という4期に分ける。それぞれの時期の境界は、武蔵野台地X層中部、同V層、同Ⅲ層上部となるが、これは一般的な目安にすぎない。後期旧石器時代後半期は前半と後半に分ける必要があり、前半はⅣ下・Ⅴ層石器群と一括されることが多い。この時期は最終氷期最寒冷期で、南関東では遺跡数／地域人口が急激に増加する時期で、まさに後期旧石器時代の画期である。なお、各時期のおおよその特徴は下記のとおりである。くわしくは次章以下で解説する。第1章1節で紹介した武蔵野台地の時期区分説と比較されたい。基準のちがいによって、まったく異なった結果がえられることがわかる。

　(1) 中期旧石器時代／後期旧石器時代移行期　　中期旧石器時代の生業、居住形態を踏襲する。必ずしも石器群の様相は明らかにされていないが、剥片製小型石器の一部が端部整形石器というまとまりを形成する。

　(2) 後期旧石器時代前半期　　居住範囲が拡大し、地域集団が形成される。中期旧石器時代の大型カッティングトゥールは両面加工石斧に統合化される。剥片製小型石器は、剥片素材の一群に、石刃素材のものがくわわり、二項化する。

　(3) 後期旧石器時代後半期前半　　南関東に地域集団が集中し、広域的なネットワークが模索される。黒曜石と非黒曜石という石材循環が定着する。

　(4) 後期旧石器時代後半期後半　　資源構造が徐々に解体し、地域人口も次第に減少する。ついにはボトルネック現象が発生した。ボトルネック効果については、本章6節で説明する。

　(5) 後期旧石器時代／縄文時代移行期　　地域人口は偏在化し、多くの地域集団は存亡の危機に直面した。特異なデザインによる呪物が出現し、アイデンティティーの確認がおこなわれる。長者久保―神子柴石器群がこれに相当する。

　これから、この時期区分にしたがって、後期旧石器時代前半期以降の人口、社会、技術などをくわしく検討する。本章では、何をもって後期旧石器時代成

立期を定義するのか。この問題について考えてみよう。キーワードはモジュール（module：道具の部品）である。

2　石器群のモジュール化・細石器化(1)

1973年、富山県城端町（現南砺波市）ウワダイラIおよびL遺跡の発掘調査がおこなわれ、前例のない石器が多く出土した。その石器の特徴は三点にまとめられている。①鋭い刃部を一側縁に残している。②2次加工は素材を切り取って形を整える軽微なものである。③素材には、一般的な剥片と石刃の両者がある。調査にあたった橋本正は、これらは柄に埋め込まれる細石器だと判断し、立野ヶ原型細石器という名称を与えた。この石器は、一地方の特徴というよりも、全国的な意味をもっていた。本節では、立野ヶ原型細石器およびこれに関連する石器について考えてみよう。

後期旧石器時代石器群の基本的な性格については、第1章4節で解説した。後期旧石器時代前半期の石器群には、石器群の細石器化という重要な特徴があった。モジュール化、細石器の端緒が、原人段階にまでさかのぼる可能性も指摘されているが、後期旧石器時代開始期以降、剥片石器のかなりの部分がモジュールとして使用されていた可能性がある。細石器という用語の定義は明確でない。長さ30ミリ以下の組み合わせ石器という、一応の目安はあるが、これをはみ出すものも少なくない。ある地域で製作されていた石器類の平均的な大きさよりも、あきらかに小型の一群が相対的に分離できれば、細石器だという場合もある。

アフリカでは、中期旧石器時代に平行する中期石器時代（MSA）にさまざまな技術革新が相次ぎ、後期石器時代（LSA）にかけて細石器化が加速する。ヨーロッパでは、オーリニャシアンという上部旧石器時代前半期の石器群に、細石器が含まれている。デュフール型小石刃という、非常に小さいナイフ形石器状の石器が大量に生産されている。小石刃の生産は、その後も途切れることはなく、中石器時代まで継続する。幾何学的なかたちの細石器は、マグダレニアンという上部旧石器時代後半期に確立するが、幾何形の細石器も小石刃と並存す

第4章 後期旧石器時代の成立　113

る。北アジアやシベリアでは、最終氷期最寒冷期以降、2万数千年前以降に細石刃石器群が整うらしい。北海道では、恵庭a火山灰におおわれた細石刃石器群の放射年代が2万年よりも古くなるので、大陸とほとんど時間差はない。小型の石刃を組織的に生産するのは、東北アジアの大きな特徴とされている。中国の細石刃石器群の発生を、この枠内におさめようとする意見がある。

　わが国の後期旧石器時代初頭の石器群にも、細石器が確実に組みこまれていた。長野県日向林B遺跡の調査によって、立野ヶ原型細石器説は補強された。長野県野尻湖の南西岸には、後期旧石器時代の遺跡が密集している。これは、この地域が季節的移動の焦点であったことによる。日向林B遺跡からみつかった、日向林Ⅰという石器群は30か所の遺物集中地点から構成され、9,000点の遺物から構成されている。ドーナツ状に石器が分布する環状ブロック群と、その外側の集中地点からなる。報告者は、各ブロックは同時期につくられた、と考えているが、相当期間、居住が反復された結果であるかもしれない。環の中央部には、折り重なるように集中地点が重複し、とても短期間につくられたとは考えられない。

　日向林Ⅰ石器群の主な石器は、貝殻状刃器1,176点、掻器状石器276点、スクレイパー類140点で、局部磨製石斧60点、台形様石器59点などである。スクレイパー類のうち、厚刃掻器と分類されているものは、私には理解できなかったので除外した。他に、加工痕や使用痕のある剥片が499点ある。私が注目するのは、掻器状石器と貝殻状刃器と分類された石器である。これらの石器が、石器群の中核となっていたことは、この数字から明らかだろう。ほとんど使い捨てなので、数が多いのだろう。黒曜石製で、板状をした石核の側縁から、連続的に剥離された小型貝殻状の剥片を素材としている。大きさについてのくわしい情報がない。刃部長25ミリ以上で、厚みのある大型のものは、使用痕・加工痕付き剥片と区別できないので除外する。刃部長が10ミリほどの一群、20ミリ程度のより大きめの一群など、いくつかのまとまりが識別される。いずれにせよ、非常に小型で薄手の石器といえる（図22）。

　掻器状石器と貝殻状刃器は、細部加工のちがいはあるが、私の設定した端部整形刃器に含めることができそうである。端部整形刃器には五つの特徴があ

114

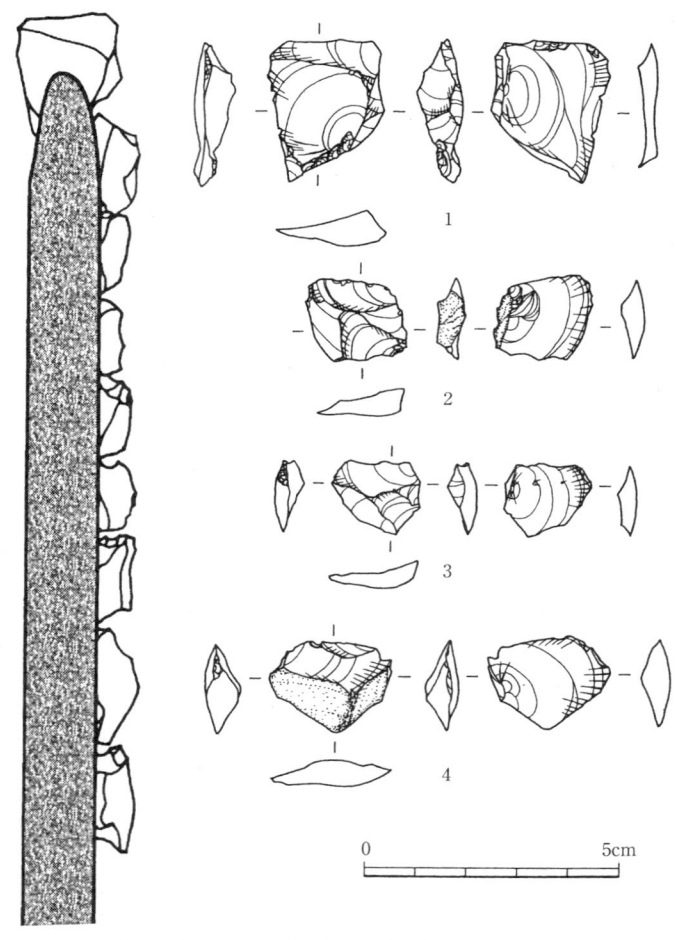

図22 石器群のモジュール化(1) (長野県日向林B遺跡出土貝殻状刃器)

る。①素材には貝殻状の剥片あるいは小石刃が選択される。②素材の一側縁を未加工のまま残して刃部とする。刃部は剥片素材の場合には凸型、石刃素材の場合には直線型になる。③加工は機能縁を断ちきり、形態を整えるためにおこなわれるが、部分的で軽微である。④細部加工には、グランシング（glancing：

チョンチョンとたたく軽い剥離)、ブランティング（bulunting：切り立った連続する剥離)、スナッピング（snapping：端を折りとること）の三者がある。⑤一般に刃部の長さ30ミリ未満の軽量小型石器で、世界的なスタンダードをあてはめれば、ためらうことなく細石器に分類される。世界基準では細石器、国内基準では非細石器というダブルスタンダードでは話が通じない。同時に端部整形尖頭器が製作される。この特徴は以下のとおりである。①素材は二側縁が収斂する小型の剥片で、小さめの打面を残す。②剥片の打面周辺や、側縁部の一部を整形し、やや幅の広い尖頭器をつくる。③加工はやはり軽微だが、腹面加工が認められる。④細部加工にはグランシングとブランティングがつかわれる。⑤やはり細石器と分類する必要がある。

　日向林Ⅰ石器群に多く含まれている局部磨製石斧をみると、大型のものから、非常に小型のものまで、その形は連続的に変化している。局部磨製石斧がさまざまな機能をもった石器であることから、その大小には機能的な意味があったはずで、機能的には一括できないだろう。一方、台形石器は、比較的斉一性が高く、石斧とは別な多機能な刃器であったと考えられる。両者が着柄された工具であることはいうまでもない。同時に、厳選された素材を使い、入念な製作過程を経た石器であり、信頼性重視というデザイン戦略にしたがっている。この対極にあるのが、貝殻状刃器で、同種多量の小型剥片が、ほとんど未加工のまま使われている。石器のデザイン面では対極にある。しかし、刃部の鋭利さは精製された台形石器と遜色はない。柄に差し込まれ、並べてはめ込まれれば、非常に効果的な道具として活用されるばかりか、刃の交換も容易である。貝殻状刃器が大量に生産されたのは、頻繁な破損と交換が予測されたからだと考えられる。

　ウワダイラ遺跡や日向林Ｂ遺跡と比較される遺跡は、房総半島にもある。四街道市御山遺跡第2ブロックからは、はじめにふれた、立野ヶ原型細石器とほとんど区別できない石器群が出土している。第2ブロックはⅩ層上部から出土している。石器類は、日向林Ｂ遺跡と同じような環状に分布している。石器総数は487点。使用痕のある剥片が石器群の主体であるが、端部整形石器が24点含まれていた。端部整形刃器には、貝殻状剥片を使うものもあるが、縦長の

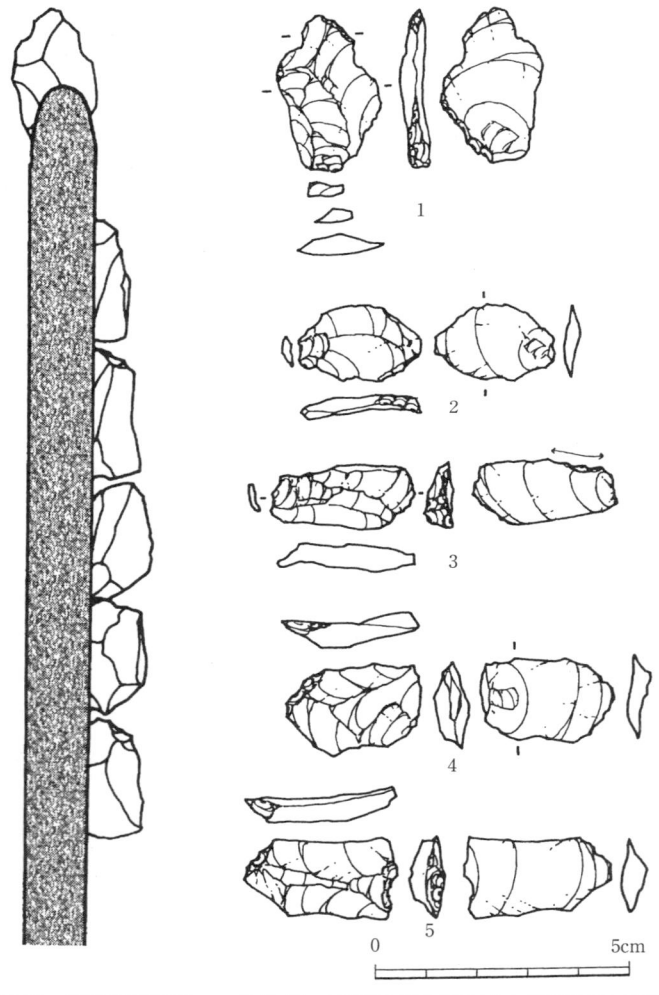

図23 石器群のモジュール化(2) （千葉県御山遺跡出土端部整形石器）

剥片縁辺を利用する小石刃状の刃器が多くある（図23）。同一石材でつくられたもの16点について、刃部長を測ると平均16.5ミリ（標準偏差4.7）、幅13.3ミリ（同2.8）であった。厚みは平均3.6ミリで、ほぼ一定している。偏差値か

らわかるように、幅の規制が強い。石刃が8点あり、同時に、石刃の組織的な生産が開始されたことがわかる。石器群の使用石材は、下野—北総回廊北部、高原山周辺地域から搬入されている。

ともに環状ブロック群である御山遺跡や日向林遺跡の事例は、複数の射手から構成された狩猟パーティーが、一定期間滞在するキャンプと解釈されるだろう。このような集合キャンプが形成されるためには、確実性の高い環境情報、とりわけ獲物についてのホットな情報があること、地域内に分散したキャンプを統合するためのネットワーク・システムの存在が前提となる。簡単にキャンプが設営されるわけではない。綿密な景観の観察に立脚した狩猟情報と、端緒的につくられはじめた地域集団どうしのつながりがなければ、環状ブロック群は形成されない。

地域集団の集合的なキャンプの形成にあたっては、多岐にわたる入念な準備が必要であった。特に、共同狩猟の集中的な運営にとって、どのような狩猟具が、どれほど必要とされるのか、という問題はいうまでもないが、手許にある狩猟具が破損したり、滅失した場合、いかなる代替案が想定できるのか、また、そのリスクを回避する方策などが検討されたはずである。これを道具のデザインということはすでに指摘した。事前に多数の狩猟具を準備することだけでは不十分である。むしろ、狩猟具がひんぱんに破損することを前提とした管理体制が重要なのであり、ロスによるリスクの最小化がはかられた（第3章2節参照）。この最適解として、狩猟具を中心とした石器群のモジュール化があったのでる。これは信頼性とメンテナンスの容易性を、巧みに組み合わせたリスク低減戦略といえる（第3章1節参照）。日向林B遺跡や御山遺跡第2ブロックに残された、まとまった量の端部整形石器は、このような状況を背景につくられた道具の一部であると考えられる。日向林B遺跡では、事前に信州和田峠から多数の黒曜石角礫が搬入され、御山遺跡には、高原山周辺から各種の石材が運び込まれている。

この石器を手持ちのカミソリであると理解し、大型台形石器は着柄されたが、簡単につくれる小型の貝殻状刃器は着柄されなかったという意見もあるが、リスク低減戦略からは、まったく異なる解釈が可能である。そもそも、長さ、幅

とも20ミリもない、ツメ先のような黒曜石のカケラを手にもち、はたして、どのような仕事ができたのだろう。むしろ、細かな石片にこそ、それを支持する柄が必要であった。ニューギニア高地人は、手持ちの剥片をさまざまな加工仕事につかう。剥片は未加工で、小型のものが多い。ポール・シルトゥラの民族考古学的な研究によれば、平均的な長さは59.9ミリ（標準偏差　25.8）で、幅が52.4ミリ（標準偏差　25.1）というデータがえられている。矩形で貝殻状刃器よりもかなり大型であり、これくらいの値が手持ち刃器の標準的なサイズと思われる。

　紹介した遺跡には、動物の遺体が残されていなかったので、狩猟行動にまで踏み込んだ議論はできない。廃棄物が環状に捨てられていたことから、この場では反復的に、くり返し居住と廃棄がおこなわれたと考えらる。日向林B遺跡の事例では、数年間にわたり、同じような構成の地域集団によって維持された集合キャンプ跡であった可能性が高い。数多くの局部磨製石斧や台形石器が残されていたのは、何シーズン分かの蓄積の結果であろう。集合の契機は、ほぼまちがいなく、食料資源の分布情報の交換と共同狩猟であった。集合的な狩猟キャンプでは、何種類かの槍と解体具が準備された。それには、狩りにそなえて製作された木槍も含まれていたはずである。木槍に刻まれた溝には、その場で多量に供給された貝殻状刃器が挿入された（図22・23左復元図参照）。刃器製作用の黒曜石も用意されていた。予備の替え刃も蓄積された。木槍の素材は容易に入手できたが、入念緻密なメンテナンスを要する狩猟具であった。先にふれた、リスク低減戦略という視点に立つことによって、端部整形石器の技術的な位置づけが理解される。

　麻柄一志は全国的に端部整形刃器の類例を収集し、この特殊な細石器が、後期旧石器時代初頭〜前半期に、日本海沿岸に沿うように分布していたことをつきとめた。後期旧石器時代後半には、細石刃石器群が出現するが、それ以前に企画性の高い端部整形石器群が、列島各地にモザイク状に分布していた。このモザイク形成過程は次のように解釈される。端部整形石器は、中期／後期旧石器時代移行期以前の剥片製小型石器を母胎としていた。技術とは、個別要素の集合ではなく、さまざまな個別要素や技術的な工夫が一体となった、パッケー

ジのようなものと考えることができる。端部整形石器は、すでに確立していた着柄技術、モジュール化と共進化し、剥片製細石器石器群を構成した。この技術的なパッケージは、ほぼ同時に、列島的な規模で共有化されたはずである。つまり、多くの集団の技術的な選択肢となり、さまざまなコンテクストにおいて、長期間、再生産されていった。

　パッケージを構成する多くの技術的な体系は、地域的、歴史的なコンテクストにおいて運用されたり、潜在化したりする。つまり、技術の運用や潜在化は、コンテクストに依存しているので、複数の地域にわたって足並みをそろえるわけではない。地域的な変異が生じたり、既存のパッケージから抜け落ちたりすることもあっただろう。社会・生態学的な条件付けによって、特定の石器が生産されたり、別の石器が消費されたりする。この結果、モザイク状の分布が形成されたと考えられる。石器群を特徴器種を基準として横断的に配列することがしばしばおこなわれているが、編年操作としては原理的に破綻している。

　私は、この現象をマトリクス効果とよんでいる。技術は技術知として社会的に蓄えられる。この文化的な領域を技術的なマトリクスとよべば、特定のコンテクストで発揮される身体技法は、いつもすでに、このマトリクスに埋め込まれている。特定の石器製作という身体技法が、それだけで受け継がれたり、伝播することは絶対にありえない。マトリクスが地域間で共有され、世代間から世代へと伝習され、時に変形され、忘却もされるからである。端部整形石器は、広範囲に、断続的に製作された。いいかえれば、様々な生態系で、いろいろなコンテクストのもとでつくられ、消費された。この結果、モザイク状の分布を示すことは、ここで指摘したマトリクス効果が効いているからだと考えられる。マトリクス効果とそのバイアスは、のちにふれる発生システム論（DST）に依拠するものである。

3　石器群のモジュール化・細石器化(2)

　正確な日時は記憶していないが、1985年ごろ、ある方から「横芝にピエスばっかり出る遺跡がある」というお話をうかがった。当時、私はピエスばかりで構

成された石器群を知らなかった。後に、遠山天ノ作遺跡として知られる遺跡の第一報だった。本節では、この遺跡の石器群にまつわるさまざまな問題を検討しようと思う。

　横芝とは、旧横芝町、現在の千葉県横芝光町をさす。ピエスとは聞きなれない用語だが、海外でピエス・エスキェ pièce esquillèe（écaillée）（破砕された石片という意味）とよばれている石器のことである。この石器は、大きめの台石に、剥離したい素材を直立させ、これをハンマーでたたくことによってできる、一種の石核である。素材は礫のこともあれば、剥片のこともある。上側はハンマーでたたかれ、下側は台石にあたって、上下両端に対向する剥離痕が生じる。ほぼ垂直に、礫の一端が加撃されることによって、薄い剥片が次々に剥がされることになる（図24）。日本語では両極石核とか、楔形石器といわれる。本書では両極石核としておこう。両極石核から剥がされた剥片を両極剥片という。両極石核や両極剥片は人類による石器製作の開始とともにつくられ、世界中に分布している。これは、一般的な剥片剥離についても同様であり、両者が剥片製作のためのもっとも基本的な方法であったことを示している。

　一般的な剥片剥離は、すでに指摘したように、打点の位置、加撃角度、打面角、そして加撃力といった、さまざまな要素に規定された技術体系である。石を適当にたたいても、思うようなカケラをはがすことはできない（剥片剥離の原理については第1章2節参照）。これに対して、両極加撃は単純である。あまり細かなことを気にしないでも、両極剥片はとれるし、最後に両極石核が残される。簡単に剥片がとれるのだから、まことに結構な方法である。だが、この方法

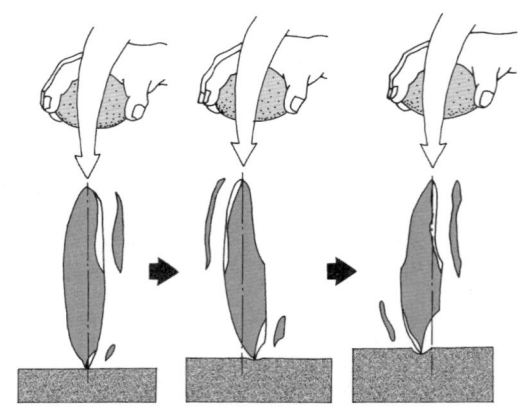

図24　両極石核から剥離される両極剥片（台石上の両極石核の角度のちがいに注意）

第 4 章　後期旧石器時代の成立　121

には大きな欠点がある。それは、剥片製作をうまくコントロールできないということである。思うような大きさやかたちをした剥片をつくることが難しい。台石上に置かれた石核の角度を微調整しながら、ある程度の工夫は可能だが、それにも限界がある。どのような剥片が剥離されるのか、予測が難しい。この制約を克服することが課題になる。

　遠山天ノ作遺跡の石器群は、128 点の両極石核と、904 点の両極剥片、476 点の小円礫から構成されている。小円礫は楔形石器の材料だと判断されている。礫種には、チャート、凝灰岩、安山岩の 3 種が多い。礫の大きさは、長径 30～50 ミリと報告されている。石器類の集中地点は 4 か所で、何回かの集中的な石材消費の痕跡をとどめていた。集中地点は立川ローム層Ⅶ層に含まれていた。この石器群を理解するためには、遺跡周辺の地理的な情報がどうしても必要になる。

　太平洋を背にして、九十九里平野から北を望むと、低い台地が横一線に広がっている。下総台地、土気─銚子分水界に沿う台地である。下総台地は、下総層群という古東京湾を埋めた地層を骨格としている。下総層群は何枚かの地層に分かれるが、泥の層と砂礫層とが交互に重なるシーケンス（sequence）というサイクルからなる。砂礫層を構成する礫の種類には、チャート、砂岩、溶結凝灰岩の 3 種が多く、ほかに安山岩、泥岩、ホルンフェルス、玉髄などが混在する。礫種は、供給源である北関東の岩体と対応している。礫は小粒のものばかりだが、遺跡出土の礫の分布範囲はカバーしている。このことから、遠山天ノ作遺跡の石器素材は、基盤の砂礫層であると判断していいだろう。

　1987 年に、私は、千葉県佐倉市南志津地区にある複数の遺跡から出土した石器類をくわしく観察する機会をえた。大林遺跡のⅦ層に遠山天ノ作遺跡と関連しそうな資料を見いだした。両極石核が 27 点含まれていたが、小型円礫を消費するタイプではなかった。近くにある大堀遺跡Ⅸ層下部石器群もこれに類似していた。だが、何といっても驚かされたのは、芋窪遺跡Ⅸ層上部石器群だった。総数 1,055 点の石器群が、相接する 10 か所以上の集中地点から出土しているが、その大半が両極石核と両極剥片であった。しかも、大林遺跡や大堀遺跡のように、小型円礫を消費するのではなく、通常の石核から剥離された素材

が使われていた。

　1995年から翌年にかけて、千葉県山武市赤羽根遺跡の発掘調査が実施された。遺跡は、台地の下に帯状に延びる下総下位面という段丘上に立地している。土壌層の下層は、すぐに砂礫層になるので、近傍で容易に礫を採集することができた。IX層下部に含まれる単一文化層とされているが、正確ではない。相当長期間にわたり石器製作がくり返された場所であろう。楔形石器257点、剥片4,145点、礫（原石）9,471点が、調査区全面をおおうように分布していた。分布は調査エリア外にも広がっているらしい。この遺跡の発見によって、下総層群産小型円礫が露出する低位段丘面上で、集中的な石材消費、両極剥片の生産がおこなわれていたことが明確となった。

　両極石核の大きな制約条件として、剥片剥離のコントロールの難しさを指摘した。赤羽根遺跡では、足下の礫層から無尽蔵ともいえる小礫を採集し、これを次々に消費していた。その結果、大量の両極剥片が生産されたはずである。コントロールの困難は、大量の生産物から、適当な剥片を選別することで解決される。両極石核から剥離された剥片から、目的とする剥片を選り抜き、それを使えばいい。では、目的とする剥片とはどのようなものだったのだろう。これはなかなかわからない。選抜された剥片は、すでに遺跡外に運び出されているので、それがどのようなものであったのか、把握することが難しい。さらに、生産された剥片のかなりの部分が、発掘調査に際して回収されていない可能性が高い。排土を水洗すると、細石刃と同じように、膨大な小剥片が出てくるはずである。

　一応の目安がないと困るので、千葉県栗焼棒遺跡石器集中2の例をみると、長さ16ミリ、幅14ミリ、厚さ4ミリ位の両極剥片が残されていた。興味深いことに、この値は御山遺跡の端部整形刃器とほぼ完全に一致する。香取市出口遺跡（図25）では、長さ50ミリまでの連続的な分布が観察されるが、長さ、幅ともに20ミリ以下のものが多い傾向は変らない。ここから、端部整形刃器と両極剥片が同じ機能をにない、互換性があるのではないか、という疑いが生じる。また、少数ではあるが、使用痕とみられる小剥離痕のついている両極剥片がある。たとえば、大林遺跡第41ブロックに7例、出口遺跡に8例ある。少例

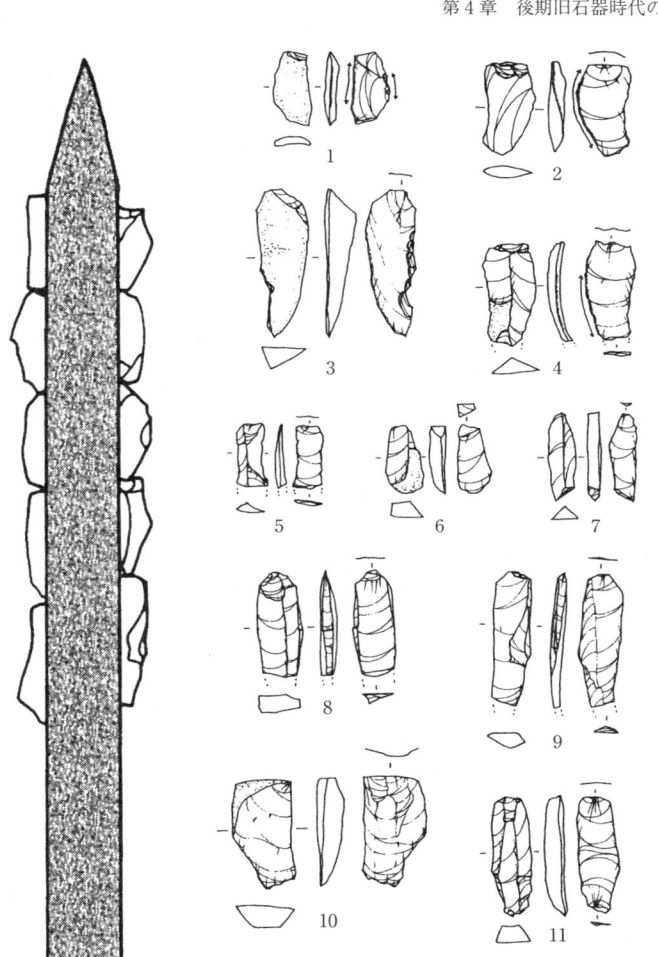

第4章　後期旧石器時代の成立　123

図25　石器群のモジュール化(3)（千葉県香取市出口遺跡の両極剥片）

しかないが、あること自体が問題だろう。出口遺跡で示された一群は、小石刃と分類することができる。

　すでに簡単にふれたが、細石器と考えられている小型の両極剥片の生産は、

わが国にとどまるものではない。中国では、安陽小南海遺跡にまとまった資料がある。この資料を実際に観察した加藤真二は、両極石核からの小型石刃の組織的な生産を改めて認めた。柄に埋め込まれた細石器あるいは細石刃として使われていることを確認している。小南海遺跡の年代は2万年前前後とされる。この時代、北方では、すでに細石刃石器群が出現している。問題は、小南海遺跡で中国伝統の両極石核が採用されていることである。小南海遺跡よりも古く、3万年以上前といわれる峙峪遺跡についても再検討が必要である。公表されている石器が少なく、くわしいことはわからない。両極石核には石英製の扁平なものがあり、昔からの伝統を感じさせる。扇形石核とよばれた石器は、やはり扁平な両極石核であり、側面に数条の縦に長い剥離痕がみられる。この剥離痕も両極剥離によるもので、細石核という意見と、楔形石器であるという意見が対立している。楔形石器であるとしても、両極石核として小型石刃が生産されていた可能性がある。

　水洞溝遺跡第2地点は、厚く堆積した砂質のレス層中にいくつもの炉跡が重なっている。これらの炉跡の周辺からは、両極石核と、それから剥離された細石刃状の両極剥片が多数発見されている。同種石器を伴う2号炉跡の年代は、今から2万6,000年前と測定されているので、小南海遺跡と峙峪遺跡の中間におかれる。小南海遺跡の石器群とほぼ同じような石器群の出現時期が、かなりさかのぼることを示している。第1地点から多く出土した石刃と比較される資料もあるが、簡素なものが多いらしい。第1地点の石刃の多くは珪化石灰岩だが、第2地点では灰色のクォーツァイト（石英化した砂岩）が多い。3万年以降、中国北部の遺跡から出土する両極剥片の一部が、機能的に細石刃と同じであった可能性は否定できない。賈蘭披らの仮説は、部分的に修正が必要だが、基本的に正しかったと考えられる。

　ヨーロッパでも、同じ問題が議論されている。両極石核は、ヨーロッパでは、20世紀のはじめ以来、ピエス・エスキェとよばれてきた。この石器が石核なのか、それとも何らかの機能をもった石器なのか、長く議論されてきた。今も議論は継続中である。特に、上部旧石器石器群には、両極石核を多数含む石器群が知られていた。地中海沿岸には石器群の過半数がピエス・エスキェによって

占められている事例もある。これにはいくつかの解釈が提案されている。①両極石核から剥離された両極剥片は、細石刃として柄に差し込まれてつかわれた。石核説である。②楔として木材加工などに使われた石器である。これは石器説である。③石材資源に恵まれない地域で剥片を生産するための石核であった。石材制約説といえる。④石核として使われることもあれば、石器としても機能する多目的な道具と考える。コンテクスト依存説である。特定の遺跡のピエス・エスキェが石核でないことを証明しても、①③④などの仮説を否定することにはならない。逆も同じである。

　石核か、石器か、問題を水掛け論から、もう少し生産的なレベルに引き上げる必要がある。ハロルド・ディブルとシャノン・マクフェロンは、フランスのペシュ・ドゥ・ラゼ遺跡の中部旧石器石器群から、小型の剥片を多数抽出し、それが柄に埋められて使われた複合石器、細石器である可能性を指摘した。ディブルらがいいたかったのは、従来の型式という枠組みでは理解できない重要な石器が標本箱に埋もれている可能性である。これまで無視されてきた、小剥片にこそ、新しい技術的な体系を検討するための手がかりがあるにちがいない。ディブルらは、このように遠慮がちに主張している。細石器が、どの地域や時代で、どれほど、また、どのように使われていたのかは、今後の研究にゆだねられているが、古い型式学的な枠組みによって、私たちの視野が大きく制限されてきたことは事実である。

　ホアン・シルヤオらは、西ヨーロッパの上部旧石器時代、後期グラベッティアンからソリュートレアンへの移行期石器群を分析した。これまで知られていた石刃製尖頭器以外に、小石刃を埋め込んだ槍の存在が指摘されている。小石刃は、プリズム状の石核と、厚手の竜骨型とか鼻状などと分類されてきた掻器から生産された（図26）。竜骨型石器や鼻状掻器が小石刃生産用の石核であることは、長い間無視されてきた。後でも触れるが、同一石器群に複数の石刃生産技法が共存していることが、石器群認識の足かせになっていたのである。西欧での石器群認識の根底には、生物分類学から借用した硬直的な型式学があった。その杓子定規な運用によってオーリニャシアンⅤ石器群といった、架空の石器群が生みだされてきた、シルヤオはこのように主張している。

厚味のある剝片の選択

消耗した石核

小石刃生産用の石核

端部調整

小石刃の生産

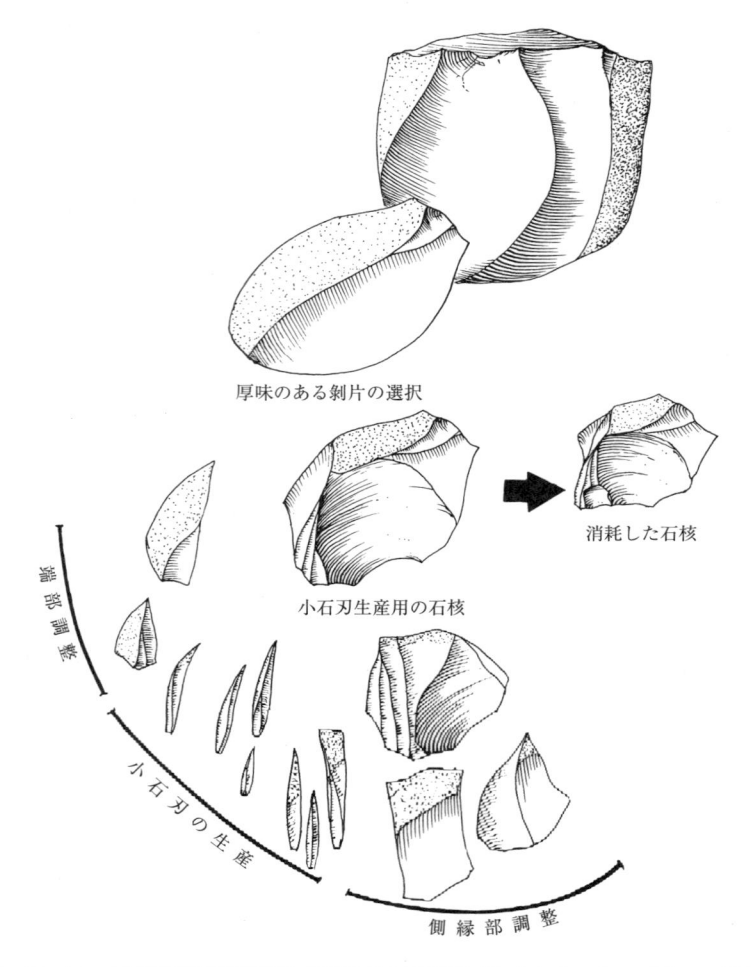

側縁部調整

図 26　ヨーロッパ上部旧石器時代の小石刃の生産過程（シルヤオ・オーブリー・アルメイダ原図）

　石核と石器に関する議論も同様ではないのか。ピーター・ヒスコックは、この問題を、より徹底的に議論している。ヒスコックは、伝統的、因習的な型式学を次のように要約している。①石器の分類は現に、そこにある石器群を合理的に分類するものなので、妥当な分類は一つしかない。②分類作業とは、分類

項目を比較し、各項目の贅肉をそぎ落とすことである。③このためには、項目の一般的な傾向に焦点を当てなければならない。④それは、わかりやすい、しかし、石器群の、ほんの一部分の特徴しかみようとしない。⑤そのために、2次加工の形や頻度などが、ほとんど普遍的ともいえる基準となる。⑥こうしてつくられた石器のかたちは、特定の目的をになっていると考えられている。ヒスコックはこのような分類を伝統的な分類学とよんでいるが、わが国にも同じような分類基準があり、石器群の理解を妨げている。

　伝統的な型式学的分類は、理念的な分類である。「〇〇形石器」、「〇〇型石器」という理念的カテゴリーが天下り的にあって、これに忠実に従うことが求められる。伝統的な型式学は、私たちが石器群を相互に比較するための基準として、必要不可欠な存在といえる。台形様石器と書けば、付帯する多くの情報を伝えることもできる。だが、ディブルらが指摘したように、もはや、これだけでは石器群を説明することができない。伝統的な型式学の限界が、あちらこちらで露出してきた。両極石核か、楔形石器かという問題も、伝統的な型式学のなかにいては解決できそうもない。そこで、ヒスコックはモノに即した分類を提案する。天下りの理念的な分類は捨てて、捨てないまでも、とりあえず横においておいて、このコンテクストにおかれた、このモノからはじめよう、という提案である。

　ヒスコックは、モノに即した分類を次のように要約している。①分類基準は自分たちがつくるものなので、いくつもの分類システムが考えられる。②伝統派は分類項目を比較することを目指すが、モノ派は分類項目の是非を問い、項目間の比較にすすむ。③一般的な傾向ではなく、変異と分散に注目する。④伝統派のように、石器製作者の意図を問題とするのではなく、石材剥離と、石器の使用といった行動面から分類基準をつくる。2次加工の形や頻度ではなく、刃部再生や石器石材の性質、石器石材の利用の仕方、そして、着柄の有無や方法などについて考える。⑤したがって、モノ派は石器の形と特定の目的が対応するのではなく、個々の石器に対応するのは、それがうみだされた過程や仕組みである。もっともな提案というべきである。

　ディブルらが指摘したのは、伝統派の分類学に、無批判にしたがうことの危

うさであった。ムステリアン石器群にはどのような狩猟具が含まれているのか。従来、尖頭器の一部が候補とされてきたが、別種の狩猟具がたくさんつくられ、使われていたのではないか。このような可能性を教えてくれる。両極剥片についても、同じようなことがいえるだろう。伝統的な分類体系では、ナイフ形石器や台形石器が生産用具の筆頭にあげられてきた。両極石核や両極剥片は周縁的な存在にすぎなかった。私は、両極剥片が柄にはめ込まれ、生産用具の一部、しかも重要な部門を担っていたと考えている。それは、下総層群という、小礫しか入手できない環境のもとで工夫された、地域的な石器群であるかもしれない。だが、この石器群は、後期旧石器時代の開始期以降、全国的に進行していた、モジュール化、細石器化現象の一翼をになっていた。砂礫層の露出する河畔で大量に生産され、一定の地域内で消費された細剥片が組織的に生産された。これが技術的マトリクスとコンテクストの関係にほかならない

4　石刃石器群の成立

　多くの概説書には、石刃には、一般的な剥片に較べて、多くの利点がある、と書かれている。確かに、石刃1点と、不定型な剥片1点をくらべてみると、この指摘が誤っていないと納得できる。石刃は企画性に富み、鋭く、長い刃部をもち、さまざまな石器の材料としても汎用性のある性質をもっている。石刃をつくるための基本技術については、第1章3節で解説した。打面角とリッジ双方の管理技術がなければ石刃はつくれない。また、石刃には割りやすく、緻密な塊状の原石が必要であり、このような石材は限られたエリアに分布していることも指摘した。もちろん、南関東各地域の地層からとれる石材から、石刃をつくることは可能である。事実、後期旧石器時代後半期には、そうした石材から、さかんに石刃がつくられた。

　後期旧石器時代が成立したころの石器群をみると、少量の石刃が持ちこまれている事例が多い。このことは、一般的な剥片の生産と石刃の生産が、別な時期に、別な場所でくり返されていた、という石材循環があったことを示している。別な場所とは、石刃生産に好適な石材産地の近傍である。一般に、このよ

うな場所は山間部の沢筋であるため、石刃生産の痕跡をとどめないことが多い。山梨県都留市一杯窪遺跡は希有な事例と考えられる。遺跡は桂川支流菅野川上流、標高900メートルの急斜面にある。珪化凝灰岩の礫から、多量の石刃が生産されている。遺跡の近くには珪化凝灰岩礫を含む礫層が露出していた。残念ながら、自然災害によって、この露頭は失われてしまったという。木炭の放射年代から、遺跡がつくられたのは後期旧石器時代初頭であったことが判明している。

　後期旧石器時代がはじまる頃、ここで指摘したような循環が維持されていた。石刃づくりは、一般的な剥片や両極剥片などの生産と結びつけられ、技術的マトリクスを形成していた。循環現象から、石刃生産が、集団の移動と関連していることも明らかである。集団の移動が生業と関わることも、民族誌をあげて説明した（第3章1節・2節）。石器の生産は、狩猟・採集民の生業や、居住地の移動パターンと切り離すことはできない。石器の製作は、こうしたさまざまな領域で課された制約に対応しなければならない。このプロセスをデザインと規定した。デザインは分野ごとの条件付けを調整し、折り合いをつけながらマトリクスを形成するが、このプロセスを重層的な決定という。

　一杯窪遺跡を残した人びとは、どこか別のエリアから石刃生産におとずれ、石刃をもちかえった。後期旧石器時代の成立は、このような資源パッチ間の移動の開始と軌を一にしていた。一杯窪という珪化凝灰岩資源のパッチと、別な資源パッチとの間に、踏分を残しながら、循環的な移動が開始された。石刃生産は、石器製作技術という一分野での技術革新なのではない。また、石刃が生産され利用されて、生活が革まったわけでもない。石刃生産から読みとられる身振りは、食料資源の獲得行動という基盤の上で成り立っていた、パッチ間移動という行動の痕跡以外のなにものでもない。

　私がはじめて、房総半島にも本格的な石刃石器群が存在したことを知ったのは三十数年前のことだった。当時、芝山町にお勤めだった戸村正巳さんは、芝山仁王尊として有名な観音経寺の近くで一群の石器群を採集されていた（図27）。天地返しされた畑からまとまった石器群が表面採集されたのだという。ここは後に西之台遺跡とよばれることになる。採集資料なので、本来含まれて

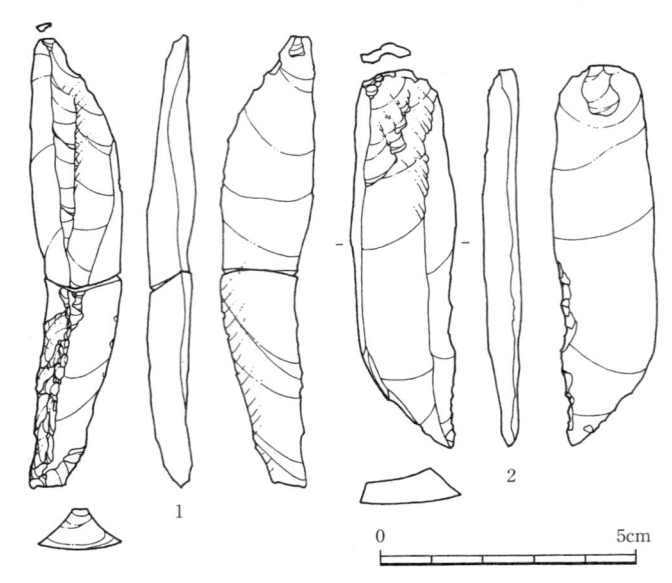

図27　千葉県芝山西之台遺跡の石刃　(戸村正巳氏採集資料)

いた地層は不明だったが、ハードローム層という硬質のローム層の固まりから取り出された石器もあった。そのころ、篠原さんたちは、富里村周辺の旧石器時代遺跡を何か所も把握されていたが、ハードローム層から出土した例はほとんど知られていなかった。篠原さんから、この石刃は古そうだ、というご意見をうかがった。

　ガラスのふたのついたドイツ箱風の標本箱には、真綿にくるまれた異様な石器が入っていた。真綿を取りのけながら、一点ずつ石器に見入った記憶がある。その箱には端正な石刃が大切に納められていた。石材は淡褐色～暗褐色の風化面をもつ珪質頁岩ばかりであり、だれでも東北地方の石器群を思いうかべる石器群であった。当時、私も、東北地方の文化が伝播したか、東北南部の集団が南下して残した遺跡だと考えた。この考え方は後に安斎さんたちから厳しく批判された。

　石器群には、消耗した石核も二点含まれていた。これには、石刃と同一の母

岩があった。当時、房総半島で知られていた石刃石器群に、木苅峠遺跡第1ユニットという石器群があった。この石器群は、西関東との比較から、ナイフ形石器文化終末期という位置づけがされていた。篠原さんの考え方とどちらが正しいのだろうと思った。残念ながら、当時も東北地方の石刃石器群の変遷は不明であり、房総半島の石器群と比較できなかった。

　石刃を観察する場合、いくつかの留意点がある。①石核の打面管理を知るために有効な打面の状況。②石刃剥離に用いられた方法を知るために有効な腹面加撃点周辺の状況。③リッジ管理を知るための背面構成。④石刃の使われ方を知るための刃こぼれや2次加工の状況。こうした観点から、西之台遺跡の石刃を観察すると、打面管理、リッジ管理のいきとどいた石核から、柔軟なハンマーか、タガネを使って石刃を一点ずつ剥離していたらしい。また、石刃の大半がそのまま、あるいは、分割されてナイフとして使われているが、少数は2次加工を加えて、ナイフ形石器など別の石器の素材となっている。ナイフ形石器は、石刃の打面側基部に加工を施した石器で、全体の形が柳葉形をしている。他に、厚みのある石刃を折り取り、折れ面から側縁部に沿った剥離をくり返す石器がある。

　1975年、島根県大山山麓で、当時関東地方で知られていた丹沢パミスという火山灰層が確認された。この発見が広域火山灰、始良Tn火山灰の認定につながった。始良Tn火山灰は、鹿児島県始良カルデラの噴火によって広い範囲に降下した。鹿児島ではシラスという火山灰や軽石の層になっている。上下の火山灰層の測定年代から挟み撃ちにして、おおよそ2万8,000年前に降灰したと推定されている。この火山灰を鍵層として、遺跡の形成年代を議論することが可能になった。私が西之台遺跡の石器群を拝見したのは、ちょうど、始良Tn火山灰の発見が大きな話題となっていたころだった。房総半島では、1975年に発掘調査が開始された佐倉市星谷津遺跡で、いち早く、始良Tn火山灰の層準が確認されている。始良Tn火山灰は、立川ローム層下部にある黒色帯のすぐ上の部分に点在していた。

　1978年、東京都小平市鈴木遺跡の報告書の刊行がはじまり、始良Tn火山灰を含むⅥ層に黒曜石製の石刃石器群が含まれれていることが確認された。同じ

ころ、私も白井市復山谷遺跡Ⅵ層で黒曜石製の石刃を使ったナイフ形石器を掘り出した。後に、流山市若葉台遺跡Ⅵ層で、信州産黒曜石製の石刃石器群を再確認した。1980年に、神奈川県寺尾遺跡の報告書が刊行され、武蔵野台地Ⅵ層に相当する地層から出土した多くの石器が提示された。黒曜石製で、非常に小型のナイフ形石器がたくさんあり、鈴木遺跡Ⅵ層石器群とのちがいに驚かされた。1985年には、芝山町香山新田中横堀（空港No.7）遺跡が報告され、待望久しかった芝山西之台遺跡石器群の比較資料がえられた。このころ私は、上守秀明君のお手伝いで、松戸市野見塚遺跡のⅦ層石器群を整理していた。そこで、はじめて房総半島にも、利根川産黒色頁岩と黒色安山岩を使った石刃石器群があることを知った。

　1980年代後半までに、北関東の石材を使った石刃石器群、東北地方のチョコレート頁岩を使った石刃石器群、そして主に信州産の黒曜石製の石刃石器群と小型ナイフ形石器石器群などが次々と確認されていった。しかし、佐倉市向原遺跡第6地点Ⅵ層石器群のように、この時期には、石刃石器群とはいえないような石器群も少なからず存在することを忘れてはならない。

　後期旧石器時代成立期以降、南関東では、平野周辺の地域でとれる堅硬緻密な石材産地周辺で、集中的に製作された石刃が循環していた。西関東では珪化凝灰岩や中生代の珪質な石材産地で石刃の製作がくり返しおこなわれた。東関東では、高原山周辺の珪化泥岩と利根川中流域の黒色頁岩や黒色緻密質安山岩が大半を占めていた。時々、別な地域の石材がもちこまれることはあったが、この状況は、Ⅶ層でも大きくかわることはなかった。大きな変化がはじまるのは、Ⅵ層が堆積をはじめるころであった。この状況はⅤ層まで、およそ2,000年間続いたらしい。もっとも大きな変化は、北八ケ岳〜筑摩山地にある黒曜石産地への往還がはじまったことである。今から2万9,000年位前、南関東の地域集団による定期的な筑摩山地への定期的な移動行動がはじまった。

　筑摩山地産の黒曜石の消費状況をみると、東京都鈴木遺跡や堂ヶ谷戸、瀬田遺跡などで黒曜石角礫の消費がおこなわれている。これらの遺跡は、筑摩山地から持ちこまれた黒曜石原石の一次消費地と考えられる。一方、東関東の遺跡では、角礫の一般的な消費は稀であり、八千代市権現後遺跡のようなナイフ形

石器製作遺跡を含め、石刃の２次消費地ばかりである。黒曜石産地から離れるので、石刃の大きさも、西関東よりも小型になる。筑摩山地・原産地遺跡、一時消費地、２次消費地という消費の連鎖があり、房総半島の遺跡はその末端に位置することになる。だが、消費集団の中心が西関東にあったと考えるのは誤りであり、筑摩山地とターミナル・エリアを含む広い範囲を移動するいくつもの集団が存在したと考えるべきである。もちろん、この範囲は固定されていない。収縮と拡大が反復されたはずである。

　もう一つの変化は、東関東を中心に、チョコレート色の珪質頁岩を材料とする石刃が多数運びこまれはじめたことである。この珪質頁岩の多くは、後に山形県南部、福島県との県境山脈沿いに分布する矢子層産と判定された。運びこまれた量は、筑摩山地産黒曜石にほぼ匹敵する。黒曜石よりも大型の原石をふんだんに手に入れることができるため、珪質頁岩製石刃は黒曜石石製石刃よりも大型のものが多い。黒曜石と同じように、山形県南部と東関東とを含む広大な領域を往き来した集団がいたはずである。

　現在の千葉市と矢子層分布域とは、直線距離で250キロある。フェブロ・オグスタンは、上部旧石器時代のヨーロッパ大陸での集団移動距離を公表している。これによると、西欧が100〜150キロ圏、中欧が160キロ圏、東欧が200〜250キロ圏となっている。この数字は平均的な移動距離なので、東欧の場合、300キロをこえる事例は枚挙にいとまなく、700キロ以上という例もある。西から東に行くにつれて、気候は大陸的になり、季節的な移動距離が拡大する。移動距離ばかりではなく、交流圏という社会的なネットワークの大きさも石材の分布と関係する。ダウン・ザ・ライン（down-the-line）にしたがう石材交換網が想定されている。ダウン・ザ・ラインにはいろいろな意味がある。考古学では、集団から集団に連鎖していく交換網のことをいう。東欧の場合、リスク低減戦略として社会的なネットワークが発達していたと解釈できる。チョコレート頁岩の分布から知られる移動距離は東欧並みということになる。黒曜石産地である長野県和田峠と千葉市との直線距離は180キロなので、西欧の平均的な移動距離よりも少し大きい程度である。

　房総半島のⅥ層石器群が形成された背景として、ここが二つの移動エリアの

交差する地域であったことが判明した。この交差の結果、ある石器群に黒曜石と珪質頁岩とが共存することが頻繁に生じた。共存資料の多くは、ダウン・ザ・ラインにしたがうものであったかもしれない。重要なことは、遠隔地を結ぶ二つの移動パターン以外に、第3の移動エリアが認められることである。房総半島の場合、半島南部の石材産地を取り込んだ移動パターンが認められる。向原遺跡についてはすでにふれたが、押沼第1遺跡第2文化層の場合、黒曜石やチョコレート頁岩のほかに、多数の房総半島南部産の石材が消費されている。房総半島の内部で完結する消費サイクルが基盤としてあり、これに筑摩山地や米沢盆地を含む長距離移動サイクルがかぶるような構成になっている。この現象には、さまざまな解釈が可能であるが、フォリジャー的な移動戦略とダウン・ザ・ライン交換との複合効果であると要約することができる。

5 石刃の刃部再生と小石刃の生産

　流山市市野谷二反田遺跡第3文化層第4・第5ブロックは、山岡磨由子の再検討によって、Ⅸ層中部〜上部から出土した石器群であることが明確になった。この時期にはすでに完成された石刃技法が、すべての地域集団に共有されていた。市野谷二反田遺跡では、高原山産の黒曜石が多量に消費されている。黒曜石角礫を分割し石刃を生産するが、この過程でいろいろなサイズと形をした剥片が剥がされる。石刃生産という視点からみれば、石核の調整剥片ということになるが、小型のナイフ形石器や刃器の素材となっているので、副産物という位置づけは誤りである。石刃と大きめの剥片は未加工のまま、ドメスティック・トゥール（domestic tool：家政用石器）としてつかわれている。ナイフ形石器の素材とされることはまれである。

　遺跡内では、石材消費の一部しか観察できないので、消費過程を完全に観察できない。石刃生産が困難になった段階で、石核を回転して、新しい打面が選択される。この過程が反復されて、石核は次第に小型化する。最終段階では、小型剥片や小石刃しかつくれなくなる。1個の原石を消費する過程で、大型、中型、小型とつくられる剥片が変化していく。報告書の精細な分析から、長さ

20ミリ程度の小型刃器が組織的に生産されていることが読みとれる。小型刃器には細かな2次加工の介在する場合がある。ここで注目したような、小型刃器については十分に検討されることなく、埋もれている場合が少なくないのではないだろうか（前節ディブルらの指摘参照）。

　私は、この石器群と同じ特徴をそなえた石器群を報告したことがある。それは、千葉市荒久遺跡下層石器群で、Ⅸ層の中部から出土している。信州産の良質な黒曜石を消費する。大きめの剥片はドメスティック・トゥールとして使用され、細かい剥片から長さ30ミリ未満のナイフ形石器が製作されている。最終的に石核は1辺20ミリ程度のブロックになるまで消費され、小型刃器を生産している。また、長さ30ミリという小型の剥片を、両極剥離で薄く分割している事例がある。この手法は以後も、長く使われることになる。

　房総半島では、Ⅶ層からⅥ層にかけて、石刃がさかんにもちこまれるようになる。筑摩山地の黒曜石を材料にする石刃は、あまり大きな黒曜石角礫が採集できなかったこと、房総半島が石材消費の終着点であったことから、比較的小型のものが多い。石器のサイズやかたちには、原石の状態と、消費過程の両者が関係している。もともと小さめの原石からは、小型の石器しかつくれない。大きな原石でも、不均質であれば石器も小型化する。チャートや中生代珪質頁岩といった、石器素材としてよく使われる石材の場合、ジョイント面を境にブロック状に破砕する。大型の原石でも、加撃すると角状に分割される。ジョイント面は節理面とよばれることが多い。本来節理というのは、火成岩の冷却にともなう割れ目のことをいう。用語として不適切だろう。黒曜石角礫は、良質な部分を取り囲む砕けやすい部分が取りのぞかれた状態であり、小型化している。このため、黒曜石角礫を素材とする大型石器は稀である。ここで指摘した様々な現象を原石効果とよんでおく。

　チョコレート頁岩の場合、多少状況が異なる。チョコレート頁岩の原石を主に供給した米沢盆地南縁の矢子層の場合、地層自体が珪化しているので、地層の露出する沢筋では大型で均質な原石がふんだんに採集できた。岩体を離れると、原石は急激に小型化するが、他の石材とは根本的に異なる原石効果が予測される。黒曜石よりも、はるかに大きい原石が採集可能であり、したがって、

より大きな石器をつくりだすことができた。房総半島で発見されるチョコレート頁岩製の石刃にも、長さ100ミリをこえる大型のものが含まれている。

　黒曜石の場合、原産地と消費地との関係は、搬入される原石サイズと、石核の消耗度によってはかることができる。2次消費地に運びこまれる黒曜石製の石器には、石刃・剥片と石核の両者がある。石刃と剥片には、相対的に大きめのものがあるが、石核はあきらかに小型化し、接合資料も多くない。チョコレート頁岩製の石刃の場合、持ちこまれるのは圧倒的に石刃が多く、黒曜石のように原石や石核が移動することはほとんどない。これは、原産地との距離が格段に長く、搬送のためのコストが影響しているからだ。重量のある原石や石核を運ぶよりも、製品である軽量な石刃を運ぶ方が効率的だろう。これも原石効果から説明される。房総半島には、ところどころで、石刃ばかりが集められた遺跡が形成された。このような遺跡から出土する石刃には興味深い現象が確認されている。

　新田浩三は、芝山町香山新田中横堀遺跡の石器群を再検討し、下総型石刃再生技法という技術的システムを考えだした。これは、「石刃の縁辺を頻繁に再生し、新鮮な縁辺あるいは、刃部の作り出しをおこなうもの」であり、「再生の際に剥離された剥片・小型石刃も（中略）副次的に」利用するもの、と定義された。石刃の刃付けをくり返しおこなうこと、が主な目的とされた。これに対して、矢本節朗は、小型石刃の組織的な生産に力点をおき、石刃の刃部再生も考慮するとともに、両極石核消費との技術的な連続性を強調した。この視点は新田にもあるが、主題的に取りあげたのは矢本である。矢本は、こうした石刃の特殊な消費過程を千田台効果とよんだ（図28）。

　本来、はじめて着目した新田の分類名称にしたがうべきである。だが、小石刃の生産を副次的と考える刃部再生技法という呼称はやや幅が狭い。小石刃の生産と、刃部再生のいずれが主体的かといった議論は不毛である。主体と副次とはコンテクストに依存している。主客が相互転換する、ゲシュタルト心理学でいう「地」と「図」という仕組みなのだ。それらは一つの技術的マトリックスを構成している、と理解される。本書では、矢本の提案にしたがい、千田台効果としておく。なお、千田台とは千葉県多古町千田台遺跡にちなんだ名称で

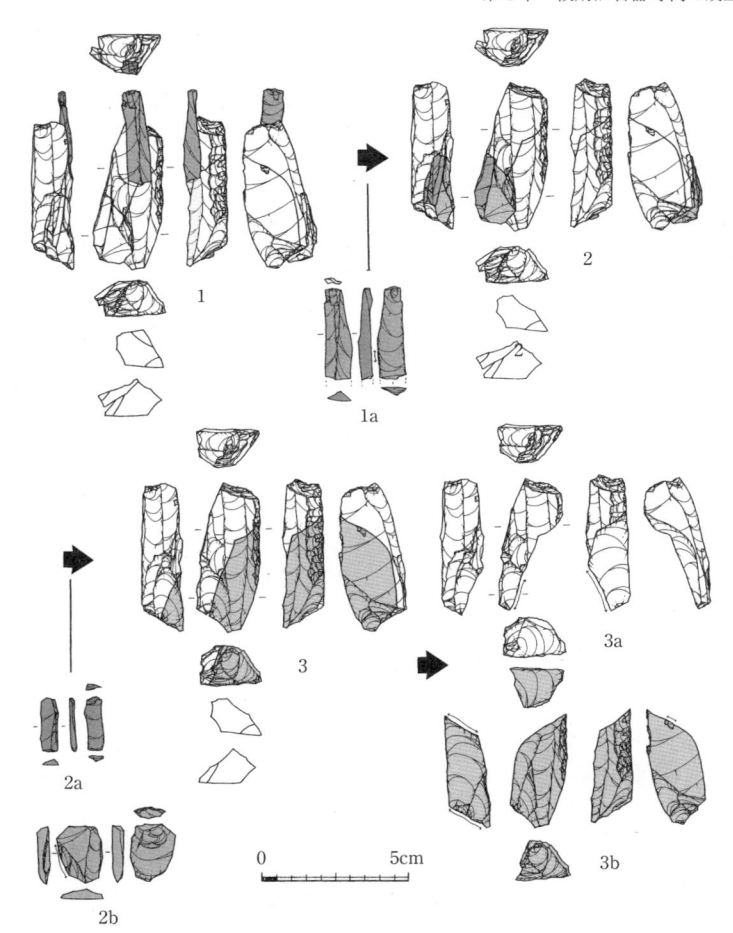

図28　千田台技法による大型石刃の消費過程（新田浩三原図）

ある。

　旧石器考古学では、昔から彫器という特別な石器が識別されてきた。剝片あるいは石刃の一端から、細長い小型剝片を剝がし、新たに刃部をつくりだす石器を総称する。溝彫り仕事に使う道具に似たものが含まれていたため、慣用的に彫器といわれてきた。実際には、彫刻以外にさまざまな用途をもっていたが、

面取り剥離という、細長い剥離による刃部づくり、という技術的な特徴をもつ石器を一緒くたにした分類である。彫器には非常に多くのタイプがある。そのなかに、多面体彫器ともいわれる一群がある。北海道に多く分布する。これは、石刃の側縁部にそって、何条もの細長い面取りがおこなわれている石器である。昔は、これは彫器の1タイプと認識されていたが、鶴丸俊明によって細石刃核の一種であることがあきらかにされた。白滝型という細石刃核も昔は彫器の仲間に分類されていた。

多面体彫器に類似した石器は、ヨーロッパにも多数知られている。その一例として、上部旧石器時代の特定の時期につくられたレイス型彫器 burin du Raysse がある。この石器は、ハラム・モヴィウスによって注目され、彫器だと認定された。最近、ローラン・クラリックが再検討をおこない、小石刃剥離用の石核であると認定した。細長い面取り剥離が石刃側縁部に並行する場合、ここで紹介した事例のように、小石刃を生産する石核として機能した場合があった（図29）。ここでは、従来の彫器か石核か、という固定的かつ硬直的な分類が崩壊し、石器の機能するコンテクストに応じて、その分類も流動化する可能性が指摘されている。古典的な分類の解体を示唆する事例については、すでにくわしく紹介したとおりである。小石刃の生産に関して、もう一例あげておこう。

上部旧石器時代前半期のオーリニャシアンという石器群がある。オーリニャシアンの石器と骨角器の基本構成は、①大型の石刃、②剥片製の舟形の削器や掻器、③骨角製尖頭器の三者からなるとされていた。③は少数なので、主体は①と②となるが、それらはいずれも世帯内で使われるメンテナンス用の道具である。本書では、ドメスティック・トゥール domestic tool（イエやその周辺で使う道具）とよんできた。これに対応する、イクストラクティブ・トゥー

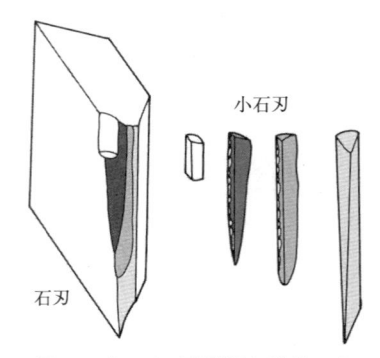

図29 「レイス型彫器」技法による大型石刃の消費（石刃端部から連続的に小石刃が剥離されている。しばしば打面調整が介在する。図27と比較せよ。クラリック原図）

ル extractive tool（狩猟・採集などイエの外で使う道具）としては、③があげられるが、これだけでは不十分であろう。そこで、フランソワ・ボンが石器群を細部まで見直すことになった。ボンは、②が石器として使われると同時に、小石刃を大量に生産する石核として機能していたこと、この小石刃が小型軽量な投げ槍の部品として使われた可能性を想定した。そして、①が遺跡外のフリント産地近傍で生産され、遺跡内では②が消費されるという二つの連鎖があったこと。また、時間的な経過とともに、石刃用石核から小石刃用石核まで、二つの連鎖の統一がおこなわれたことをあわせて指摘した（図 26 再度参照）。

　千田台効果の対象となる石刃は、本来ドメスティック・トゥールである。動物の解体や調理、加工などに使われた。基部加工のある石刃については、着柄された石刃であるが、一部で根拠もなく主張されているように、その機能は狩猟具に限定することはできない。千田台遺跡には剥片素材の小型ナイフ形石器があり、狩猟具の一部を構成しているが、遺跡の規模からみて決して十分な数ではない。石器分類の網の目をすり抜けるものがあるのではないか。矢本は小石刃の一部がナイフ形石器の素材になっていることに注目している。また、小石刃の多くは遺跡内に残されていない。僅かに残された小石刃の大半が横に折られている。くわえて、使用痕付きの小石刃がある。こうした特徴から、小石刃自体が石器として使われていた可能性は否定できないだろう。これは、ヨーロッパ上部旧石器時代の石製狩猟具の伝統に、大型の重量級尖頭器と、小型石刃を埋め込んだ軽量な組み合わせ槍の 2 系統があったことと照応するようにみえる。小石刃は継柄とともに遺跡外に廃棄されたのだろう。

　千田台効果の重要な特徴として、石刃の縦割りとともに、両極石核化があげられる。黒曜石製石刃石器群においても、最終局面として両極石核化する場合がある。そして、すでに、くわしく検討したように、房総半島東部には両極石核による細剥片、小石刃の量産体制が確立していた。こうしてみると、両極石核による小刃器の大量生産が、生業部門の基盤にあったことが改めて浮上する。石刃は、黒曜石製であれ、チョコレート頁岩製であれ、ドメスティック・トゥールであるとともに、生産基盤である小刃器を製作するための素材として認識されていた。そればかりでなく、石刃と剥片の両極剥片化は、これ以外の石材に

も及んでいる。使えそうな剥片は何でも石核として使うという動作の連鎖が定着していたからである。

6　まとめ

　現代人のアフリカ起源説については、かつてのような単純拡散説はもはや支持を失っている。拡散モデルは、人種や民族の移動を文化的変動の原因だと考える、伝統的な欧米の思想のリニューアル版であった。適応能力に劣る旧人が、アフリカで進化したすぐれた能力をもつ現代人と置き換わる、というシナリオはわかりやすく、大勢に支持された。しかし、クロアチアのビンデヤ、レヴァントのカフゼー、ケバラー、オーストラリアのレイク・ムンゴ、南アのクラシーズ・リヴァー、フランスのサン・セゼールといった遺跡から、単純な拡散・置換仮説に不利な証拠が次々に発見され、妥当性が揺らいでいる。

　いくつかの対案が提出されている。小集団による長期的かつ累積的な拡散モデルや、ボトルネックがくり返し反復されながら、地域的な生態系への適応がすすめられていったと考えるローリング・ボトルネック・モデルなど多くの対案が提示されている。ネアンデルタール人を含め、解剖学的に古い要素をとどめる人類は世界各地に、小規模な人口を維持していた。彼らが、ダーウィン的な選択圧にさらされていたことはまちがいない。しかし、忘れてはならないのは、生物の個体群は、選択圧と無関係な偶発的に生じる遺伝子レヴェルでの変化にさらされていることである。これを遺伝的浮動というが、集団が小規模な場合、その影響は大きく、ボトルネックを誘発する。こうした遺伝的浮動モデルにしたがって、地域的な生態適応を考えることが重要だろう。

　ジェフリー・ブランティンガムとクリストファー・キューンのモデルにしたがえば、移行期とは、中部旧石器時代の行動的なマトリクスに上部旧石器的なマトリクスが付帯している状況をいう。時間的な経過とともに、二つのマトリクスの大きさが逆転し、中期旧石器時代の行動マトリクスが従属する段階をもって、上部旧石器の成立と定義される。二つのマトリクスの間には、かつて喧伝されたような、革命的な不連続や飛躍は存在しない。行きつ戻りつしなが

ら、ゆるやかに変化する流れがあるだけだ。とすれば、日本列島における後期旧石器時代の成立も、私たちのえがくマトリクス像にかかっている。

　中期旧石器時代の技術的マトリクスの基本は、大型カッティング・トゥールと剥片製小型石器群の製作に収斂した。一方、後期旧石器時代のマトリクスは多次元的であった。多次元的なマトリクスを、ある視点で切りとれば、二項性となり、見方を変えて観察すると、石器群の細石器化が顕在化する。中期旧石器時代には、石材産地を取りこんだ限定的なエリアが開発され、長期反復居住の形跡を残した遺跡がつくられた。同じ石材産地で、くり返し同じような石器がつくられた。後期旧石器時代、移動範囲は石材産地を離れ、広い範囲にわたる居住地移動がおこなわれるようになる。関東平野周辺の石材産地が次々に開発された。石刃生産用の細粒緻密な石材産地が移動エリアに組み込まれることによって、石刃生産と一般的剥片生産という二つの身体技法が生まれた。また、移動範囲の拡大に応じて、小型軽量な装備が求められ、石器群のモジュール化が促進された。

　関東平野の全域が、複数の集団の移動範囲におおわれたが、分散した集団は自分勝手に移動し、捕食をおこなっていたわけではない。中期旧石器時代には、低人口密度で、定着的なテリトリーを維持する集団間に、ゆるやかな絆が形成されていた。そこには、地域的に独自のライフスタイルを主張する余地はなかった。集団の移動範囲が広がり、移動頻度も増すにつれて、恒常的な紐帯の維持が難しくなる。地域集団の独自性が高まる条件が次第に整えられていった。しかし、テリトリーは固定されず、地域集団の間には定期的な情報交換をになう紐帯が張り巡らされ、この広大な紐帯のなかで、生業のスケジュールが練られ、居住行動も規定された。このことは、各地域固有の石材選択と石材消費パターンが定着することからうかがえるだろう。ここにも移動戦略にまつわるマトリクスがあり、技術的マトリクスと対応している。

　これに付帯して、環状ブロック群とよばれている現象についてコメントしておきたい。環状ブロック群は後期旧石器時代前期の大きな特徴だといわれている。環状ブロック群の性格に関しては多くの議論がある。狩猟のためにつくられた一過的なムラというのが定説化している。この考え方は、狩猟・採集民の

離合集散行動を前提としており、この場で石材や情報が交換され、時には祭儀がおこなわれたことも想定されている。これに対して、稲田孝司は、排他的なテリトリー防衛としての円陣キャンプ説を主張している。稲田は、後期旧石器時代の前半期と後半期では集団の性格が大きく異なると考えている。後半期の部族的な集団構成とちがい、前半期には排他的な集団が一定の範囲を遊動していたと推定する。部族という用語は、現代では忌避されているので、いいかえよう。稲田説では、後期旧石器時代前半から後半にかけて、他の地域集団は「よそ者」から「身内」へ変化したのだという。

　大きく一くくりされる集団の離合と集散なのか、それとも、異なる集団が資源の領有を主張するものなのか、相容れない議論が対立している。まず、よく知られた民族誌を紹介しておく。アフリカのクン族には、N!ore という包括的なネットワークがあり、水場の利用をはじめ、土地の領有に関する権利を保証する。N!ore の範囲はおよそ径 150 キロ位で、まれに 500 キロ以上にも及ぶ。ここには排他的な感情は認められない。また、xaro という交換網によって、集団間には、モノやパートナーが頻繁に往き来する。民族誌によるちがいはあるが、xaro の大きさは直径 40〜200 キロ位だという。この範囲がおおよそキャンプ（バンド）の移動エリアにかさなる。こうして、クン族は階層的なネットワーク内で柔軟にテリトリーを維持し、人びとの離合や集散がくり返される。その内部には排他性は存在しない。

　人類を含め、テリトリーのない動物はいない。一般にテリトリーには経済的テリトリーと、社会的テリトリーがある。両者は明確に異なるものではないが、経済的なテリトリーとは、土地と資源の領有をめぐる権利関係を定める。社会的なテリトリーは、土地や資源ばかりでなく、集団間の関係を規定するメカニズムを包括する。理論的に、排他的なテリトリーが形成されるのは、資源、特に主要食料資源の予測可能性が高い場合である。また、テリトリーを維持するためのコストが低く抑制されるという条件が付く。旧石器時代の動物性食料資源の場合、予測可能性は高いとはいえないだろう。資源の密度が低ければ、一層の分散化が促進される。資源密度が高くなるにつれて、集団間では情報の共有化が進み、相互関係が緊密になる。

社会的なテリトリーについては、ウィンターハルダーのモデルがある。社会的なテリトリーは、ある生態系を利用している集団が階層化している場合に顕在化する。特に、集団間の相互関係が密な場合には、排他的なテリトリーが固定化される。資源の変動と、境界防衛が密接に連動している。集団関係が希薄である場合、社会的テリトリーが維持される。資源の短期的な、あるいは長期的な変動に対応するため、一般に食糧の貯蔵がおこなわれ、近隣集団との互酬的な交換が継続される。一方、社会的に均質な集団の場合には、テリトリー意識はあまり発達しない。相互関係の緊密で、均質な集団は、移動範囲も広く、排他的な関係は形成されない。地域集団間の関係が深まるにつれて、集団間にはさまざま交換網が発達し、ゆるやかな社会的テリトリーが張られる。

　後期旧石器時代前半期の地域集団は、①予測可能性の低い動物性食料資源に依存していた。②彼らの形成した集団は、非階層的な集団であった。③広域的に類似する石器群が広がっているところから、地域集団の独自色は薄い、と判断されている。ここで紹介した、民族誌的な事例と、これにもとづいた理論的モデルにしたがうかぎり、条件①～③によって規定される集団間に、経済的に排他的なテリトリーが形成されることはないし、明確な社会的テリトリーがつくられることもなかったであろう。したがって、排他的なテリトリー防衛を前提とする円陣キャンプ説は成立しそうもない。むしろ、逆に、情報の共有化が進み、集団間の交換網が発達する「身内」社会が展開していたのではないだろうか。

　定説のとおり、環状ブロック群とは、地域集団間の離合集散を契機とする、モノと情報の交換の場であった。大型動物の共同狩猟とか、石材交換とか、お祭りなどといった具体的な行動も議論されている。可能性を議論するのは大いに結構だが、それが個別的なコンテクストに強く依存していたことを忘れてはならない。環状ブロック群形成の本質は、後期旧石器時代という互酬的世界における、人びとを結ぶ絆の再確認であった。

第5章　最終氷期最寒冷期のころ

1　高原山黒曜石原産地遺跡群の発見

　2005年7月23日は蒸し暑い土曜日だった。午後4時35分、私は世田谷区内にある大学からの帰途、JR錦糸町駅のホームで電車をまっていた。突然、ホームの時計が振り子のように踊りはじめた。体に大きな振動は感じなかったが、大規模な地震が起きたらしかった。揺れはすぐに収まったが、都営地下鉄をのぞく公共交通機関がストップし、身動きがとれなくなった。のちに、千葉県北西部地震と命名された、マグニチュード6、震度5を記録した中規模な地震であった。いつまでまっても復旧のめどの立たないJRをあきらめ、地下鉄と京成線を乗り継ぎ、深夜の帰宅となった。明朝は、早起きして、栃木県高原山に調査にいく予定であったのだが、しばし逡巡した。

　私が高原山調査をおこなうきっかけは、当時日本学術振興会特別研究員であった国武貞克君から有力な黒曜石情報を得ていたからだった。この年、国武君は単身自家用車に寝泊まりしながら、高原山の黒曜石産地を探索していた。高原山で黒曜石がとれるという事実は、1960年代前半から判明していた。1980年代半ば、栃木県立博物館の上野修一さんたちは、黒曜石産地を探索され、八方ヶ原の近くの沢で黒曜石原石を確認していた。国武君は、上野さんの調査経過を参考にしながら、黒曜石のくわしい分布範囲を把握するとともに、なんとか黒曜石の露出する岩壁を発見しようとしていた。そればかりでなく、すでに、千葉県立房総風土記の丘の矢本節朗さんによって、石器らしい黒曜石の破片も採集されていたので、原産地遺跡発見も射程に入っていた。国武君の調査範囲は塩原温泉寄りの甘湯沢から、八方ヶ原をこえて、鹿股沢最上流域に及んでいた。後で知ったのだが、ちょうどこの頃、矢板市教育委員会でも黒曜石調査をおこなっていた。しかし、二組の調査隊が高原山中で遭遇することは最後まで

なかった。

　国武君はネット上の高原山情報もぬかりなく収集していた。大半は登山情報だったが、気になる記事が掲載されている、という連絡を受けたのは7月の上旬であった。高原山のある矢板市を中心に山好きが集まって、矢板岳友会という山岳同好会が結成されていた。充実したウェブ・ページが公開されていて、そこに大入道登山コースの紹介記事があった。矢板岳友会では、1999年暮れから翌年にかけて、大入道を通過する登山コースをボランティアで整備した。起点は大間々という登山口で、標高1,590メートルの矢板市最高点を通過し、尾根道に沿って標高1,402メートルの大入道にいたるルートである。大きな起伏もなく、ミツバツツジやシロヤシオの群生する快適なハイキング・コースである。あまり展望には恵まれないが、花時には訪れる人も多い。

　次のような文章があった。「下りきると、快適な尾根道となる。左側は深く切れたスッカン沢、その向こうに前黒山が眺められる。この道には、シロヤシオの大木が多い。花咲く6月には、ヤシオの花のトンネルとなる。いくつかのピークを越えるが、途中には、昔の矢じりに使用したと言われる黒曜石の原石がある」。くわしい場所はわからないが、文章からは、剣が峰（1,540メートル）と大入道の間に黒曜石の原石が露出しているらしい。これまで、沢筋中心の調査をおこなっていたが、この紹介記事によって、尾根筋を重点的に踏査しなければ駄目だ、ということになった。

　7月24日、日曜日、昨夜は遅い帰宅だったにもかかわらず、早朝に目覚めた。曇天であったが、5時半ころ出発した。首都高、東北道を経由して、登りはじめたのは9時半ごろだった。晴れていれば見晴らしのいい八海山神社をすぎたあたりで、黒曜石の小さな破片を拾った。周辺を探したが、原石といえるようなものはみあたらない。雲が厚く、主峰釈迦ヶ岳はみえない。剣が峰をすぎてからは、はうようにすすんだが、なかなか黒曜石がみえない。標高1,446メートルのピークを過ぎ、黒蛇に驚いたりしながら、しばらくすすむと、登山道の地表に細かな黒曜石片が散っている場所をみつけた。登山道脇のスッカン沢側急斜面を降りると、ミヤコザサの間に大型の黒曜石角礫や、黒曜石を薄く挟む流紋岩巨礫があった。矢板岳友会が注目した場所はここだと確信した。そればか

りではなかった。急斜面に夥しく散布する黒曜石片を1点1点拾って検討していくと、あきらかに人類によって加工されたと思われる剥片が含まれていた。高原山の尾根上に、黒曜石原産地遺跡があるとは想像もしていなかった。くわしい調査は次週におこなうこととして、その日は下山した。

　第2回調査は翌週7月30日、土曜日におこなった。国武君と吉野君の3人で登った。細い山道にはアブが群がり、餌食をまちうけていた。真夏の日射しのなか、行きかう人もない山道を、大汗をかきながら登った。遺跡まではたっぷり1時間半以上を要した。ダケカンバの疎林をはい回り、昼ごろ、登山道脇で、きれいに調整された両面加工の尖頭器を拾った。何ともあっけない発見だった。近傍では、多量の遺物が土壌浸食のため流出していた。このなかには、後期旧石器時代中頃に多くつくられた角錐状石器も含まれていた。土器は一点も採集されず、石器はすべて旧石器だろうと判断した。帰途、激しい雷雨に遭遇した。逃げまどうシカをみながら慎重に下った。それからは、ほぼ毎週のように遺跡に登り詰め、分布状況を少しずつ究明していった。矢板市教育委員会に遺跡発見の報告をおこない、今後の共同調査を希望した。

　翌年から、国庫補助事業として発掘調査が開始された。険しい山中の発掘であり、遺跡までは往復3時間ちかく歩かねばならない。発掘調査の結果については、今後くわしく報告されることになるが、概要をまとめると次のようになる（写真7）。

　(1) 高原山の黒曜石は、大入道から、標高1,446メートル峰にいたる稜線を中心に分布している。甘湯沢の礫層にも黒曜石の円礫が混入している。この原石がどこからきたものなのか、人類によってどのように利用されたのか、現状では不明である。

　(2) 斜面および沢筋に分布する黒曜石角礫の量は、本州では他に例をみないほど濃密である。黒曜石岩体の一部が露出しているが、大部分は埋没しているらしい。沢の源頭部には黒曜石の大型角礫が多数転落している。

　(3) 遺跡は2か所の遺物密集範囲と、沢筋に沿った散布域から構成される。深い山林にはばまれ、詳しい分布状況を把握できない。遺跡の広がりは数万m^2に及ぶものと推定される。山域の北に広がる八方ヶ原という高原に

も遺跡があるらしいが、詳細は知られていない。
(4) 黒曜石原石の利用は後期旧石器時代初頭にはじまり、縄文時代に及ぶ。後期旧石器時代／縄文時代移行期に、大型両面加工石器の集中的な製作がおこなわれた場所が発見されている。この地点では、細石刃石器群も出土しているが、これは斜面の崩壊土層に含まれていた。
(5) 縄文時代の膨大な量の剥片と石核が斜面に厚く堆積している。どれほどの量か、見当もつかない。古そうな縄文土器も少量採集された。しかし、平野部での消費状況との対応関係はよくわかっていない。定型的な石器が、まったくというほど含まれていないことは大きな謎である。ひたすら黒曜石を割ることが目的のようにもみえる。多数のハンマー・ストーンを伴う。
(6) 発掘調査の範囲は非常に限定されている。このため、後期旧石器時代における、黒曜石角礫の消費状況はほとんど究明されていない。表面採集では、後期旧石器時代中葉の石器群も確認されているので、将来はさまざまな時期の旧石器時代石器群が発見されるだろう。
(7) 山体斜面部の土壌堆積は不安定であり、崩壊や地滑りによって、遺物包含層が大きく攪乱されている場所がある。土層堆積の解釈が難しい。堆積の安定している部分では、砂礫層の上に、遺物包含層である土壌層が認められた。灰白色の砂礫層には、大小の黒曜石角礫が含まれている。
(8) この土壌層中には、年代を考えるうえで手がかりになるそうな火山灰が含まれている。(4)でふれた大型両面体石器群の出土した地層には、浅間山の噴火によってもたらされたAs-YP（浅間板鼻黄色テフラ）という火山灰が含まれていた。この火山灰が降下したのは、今から1万5,000～1万6,500年前のことであった。
(9) 高原山の黒曜石には、漆黒、灰色、赤褐色などいろいろな色調のものがある。含まれる球顆・パッチというつぶつぶの量もさまざまである。一般には、球顆が多く、黒みが強い。不整に破砕する性質があり、シャープだが、加工しにくい。ある程度、量的にまとまっていれば、他の産地の黒曜石と肉眼で分離することは可能である。

(10)高原山の黒曜石を含むマグマが噴出したのは、今から32万年位前のことであり、高原火山の噴火活動史では、中期に相当する。

　関東平野では、高原山の黒曜石は、すでに後期旧石器時代初頭から使われていた。房総半島では、後期旧石器時代前半期初頭の成田市東峰御幸畑東遺跡や富里市古込Ⅴ遺跡などで、高原山産黒曜石の大型の塊をもちこんで、石刃がつくられている。後続する流山市原山遺跡や鎌ヶ谷市五本松No.3遺跡でも、大量に消費されている。これらは、高原山山麓の塩谷町鳥羽新田箒根神社遺跡の石器群と対応している。栃木県内のもっとも古い事例は小山市寺野東遺跡であり、移行期にまでさかのぼる可能性がある。群馬県や武蔵野台地の後期旧石器時代前葉の遺跡からも出土しているが、消費量の多い遺跡は少ない。始良Tn火山灰降下期の前後では、筑摩山地産の黒曜石が多くなり、高原山産黒曜石は目立たないが、我孫子市石揚遺跡や佐倉市池向遺跡、千葉市馬ノ口遺跡のように、少数ながら、継続的につかわれている。

　ところが、最終氷期最寒冷期ごろになると、房総半島では高原山産黒曜石が激増する。後期旧石器時代前半期を開発期とすれば、この時期以降は消費期と位置づけることもできる。西関東では、伊豆・箱根などの黒曜石がさかんに消費され、関東平野周辺の黒曜石産地への頻繁な往還が想定される。武蔵野台地にある東京都下戸塚遺跡では、高原山、箱根、筑摩山地などの黒曜石が拮抗している。大宮台地には上尾市殿山遺跡2次調査分や大和田高明遺跡で、やはり、複数地域の黒曜石がもちこまれている。相模野台地でも、海老名市柏ケ谷長ヲサ遺跡や、綾瀬市吉岡遺跡などから高原山産黒曜石が出土しているが、少量のもちこみである。高原山でとれる黒曜石の過半数は房総半島に移動している。特に、房総半島北部、下総台地西部分水界地域には、膨大な量の黒曜石が高原山から搬入され、廃棄された。これは、Ⅴ層にはじまり、Ⅳ層にまで続く地域的傾向である。

　ここで、房総半島内での状況を確認しておきたい。複数の集中地点が形成され、大量の高原山産黒曜石が消費されている遺跡をあげてみよう。

　(1)下総台地西部分水界　　流山市市野谷入台遺跡、同市野谷二反田遺跡、船橋市向遺跡、八千代市ヲサル山遺跡、同北海道遺跡、白井市一本桜南遺跡、佐倉

市大林遺跡、四街道市本山遺跡
　(2) 分水界収斂部　　千葉市バクチ穴遺跡、同小金沢古墳群、同有吉城第16地点、同観音塚遺跡、大網白里町大網山田台No.8遺跡
　(3) 土気―銚子分水界　　香取市中山遺跡、横芝光町上仁羅台遺跡、芝山町岩山中袋遺跡
　(4) 房総丘陵南部分水界　　袖ケ浦市八重門田遺跡、同美生遺跡
　すべてが網羅されているわけではないが、列挙した分水界の順に遺跡数が減少する。この現象は、房総半島南部の石材産地の利用頻度と逆の関係を示している。第2章で紹介したように、南部分水界から土気―銚子分水界にかけての地域は、万田野・長浜層産硬質円礫や保田層産珪質頁岩産を多く消費する地域であり、その分高原山産石材の消費量は少ない。さらに、南部分水界では、高原山産黒曜石よりも、伊豆・箱根産黒曜石の利用頻度が高い。西部分水界にも、柏市溜井台遺跡や印西市（旧本埜村）五斗蒔遺跡のように、南部産石材の消費遺跡が点在する。高原山など北部と南部の石材は、分水界沿いに南に北に運搬され、交差しているのである。
　最終氷期最寒冷期のころ、下野―北総回廊北部はどのような状況だったのだろう。現在まで報告されている旧石器時代遺跡が、どれほど実態を反映しているのか、という疑義はあるが、遺跡数は非常に少ない。石材消費が認められるのは、小山市寺野東遺跡と真岡市伊勢崎II遺跡など数遺跡があるのみである。このことは、最終氷期最寒冷期には、下野―北総回廊北部には、石材消費をおこなうような遺跡がほとんど形成されなかったことを意味している。そこは、房総半島と高原火山を連絡するルート上の通過地点にすぎず、活発な石材消費活動がおこなわれていた場所ではなかった。いいかえれば、黒曜石生産地点と、主要な消費場所であった房総半島北部とは、連絡通路によって結ばれていた。移動に伴う短期的な居住遺跡はたくさん分布しているはずであるが、これまで発掘調査によって捕捉されることはなかった。零細な集中地点が多数存在している可能性がある。

2　石器群の再構成

　最終氷期最寒冷期に使用された石器群はどのようなものであり、いかなる構成をしていたのか。この時期には、日本列島の各地域で、独自性の強い石器群がうみだされた。九州、瀬戸内海（瀬戸内回廊）沿岸、関東平野、東北地方、そして北海道と地域性が顕在化するのが、この時期の特徴である。はじめに、房総半島の実態を観察しよう。ここでは大きく4種の石材消費パターンが識別されている。

(1) 袖ケ浦市八重門田遺跡第10トレンチIV層石器群は、高原山産黒曜石消費遺跡である。ここでは石刃生産は認められない。黒曜石分割礫および厚手の剥片の消費過程が特徴である。分割礫の場合、打面転移が頻繁におこなわれている。分割礫は面構成が一様でなく、打面角と打点の選択、リッジの位置、生産される剥片のサイズと形状などを考慮しながら、最適面利用がはかられるからである。消費過程初期の相対的に大型の剥片は掻器や削器、角錐状石器などの素材となる。剥片生産はここでとどまるのではなく、徹底的な消費がすすめられ、小型の剥片、細剥片が生産される。剥片製の小型角錐状石器（尖頭器様石器）が多数ある。これは多機能な尖頭器であり、素材剥片からの変形過程をたどることができる。石器群は大型剥片―細剥片という2重構造で、IX層段階の市野谷二反田遺跡と構造を共有している。

(2) 流山市市野谷二反田遺跡第3文化層第6～第11ブロック、第12ブロック石器群は、おおむね最終氷期最寒冷期に形成された。安山岩や珪化泥岩、チャートなど非黒曜石系石材の消費過程を観察できる。円礫が採集され、複数の遺跡で少しずつ消費される。チャートは岩体直下で採集されているため、角礫である。円礫の消費は、第1章でふれたホワティカーの原則に従ってフレキシブルにおこなわれる。打面角の選択、加撃点の確保、リッジの管理によって、さまざまな石核がつくられ、遷移する。したがって、この過程でつくられる剥片の形、大きさは多様である。はじめから合目的

な剥片を生産するという方針ではなく、その都度、目的にあわせて剥片が選別され、多様性と機能性との折り合いをはかろうとする技術的体系、身体技法が形成されている。

石核は最終局面で小型剥片生産につかわれることがあるが、黒曜石のように徹底していない。やや厚手の剥片からは、腹面を打面として小型剥片の生産が組織的におこなわれている。(1)で注意した大型剥片—細剥片という2重性はここでも確認される。2次加工のある剥片と分類された石器の一部は石核とみられる。削器とか角錐状石器などと分類されている石器も同様である。このような石器をつくることを唯一の目的として加工がおこなわれたわけではない。剥片生産の結果を削器として利用しているのであり、削器ができることを了解しながら剥片剥離が進行している。石核と削器とは循環している。どの局面で循環を静止させるかによって、器種分類にも異同が生じるが、これは動態の静態化である。まことに恣意的な分類というほかはない。

(3) 山武市（旧松尾町）四ツ塚遺跡第3地点第4文化層第62ブロック石器群は、これまでの石器群とはだいぶ違うところがある。この地域は下総層群砂礫層の分布範囲であり、X層以降、連綿と両極石核による小剥片の生産がおこなわれていた。第62ブロックでつかわれている、小型で扁平な円礫も下総層群産である。石材消費は両極加撃と、これによってうまれた剥離面を打面とする、一般的な剥片剥離を併用している。小型の剥片が量産されているが、長さ20ミリ未満の剥片はほとんど回収されていない。第62ブロックよりもやや新しい、第5地点第25・26ブロックでは、一般的な消費にしたがう非下総層群産の石材群と、両極石核による小型剥片を生産する下総層群産石材群とが共存している。伝統的ともいえる両極石核の消費による小剥片生産が継続している。

(4) 袖ケ浦市関畑遺跡第Ⅴ文化層石器群はⅣ層〜Ⅴ層で出土している。文化層は、細かく分けられているが、本書では一括する。万田野・長浜層硬質円礫や保田層群産珪質頁岩産地に近い石器群としてとりあげる。ホワティカーの原則にしたがう一般的な剥離による石材消費がおこなわれている。

保田層群産のやや大型の珪質頁岩亜角礫が主に消費されている。剥片は大型のものが多く、剥片素材のナイフ形石器や2次加工された石器類も大振りである。石核は小型化せずに廃棄されており、黒曜石とは扱い方がちがう。ここでは、(1)で観察した黒曜石角礫の消費と、保田層産珪質頁岩や万田野・長浜層産硬質円礫の消費という2種の消費過程が循環していた。

　4遺跡の事例を簡単にみてきたが、房総半島という狭い範囲のなかにおいても、さまざまな石材消費方法が並存していた。この多様性は、石材消費という一つのマトリクスを構成しており、コンテクストに応じて適宜選択された。このマトリクスは石材採取から、最終的な廃棄までを完全にフォローしているので、隣接する地域に単純に適応できないことも明らかである。また、簡単に受けいれることもできなかったはずである。このことは肝に銘じておかなければならない。

　従来、石器製作技法が伝播する、などという、およそ現実とかけ離れた、安易ないい方がされてきた。モノが移動するのは簡単だが、技法が簡単に転移することはない。わかりやすくいえば、製作技法とは、いくつもの小包が連結された複合的なパッケージのようなものといえる。内部の小包を切り離したり、付けくわえたりして簡単につくりかえることはできない。長期間を要する、文化的なパッケージ全体の組み替えがおこなわれ、新しいパッケージができあがる。いかなるものであれ、身振りとは簡単に発生したり、変容したり、定着するものではない。それを遠くながめれば、伝播のようにみえるだけである。長期間といっても、旧石器考古学では一瞬のように受け止められてしまう。数年か、数百年か、それはケース・バイ・ケースだが、この「ように見える」錯覚が、誤った認識を育む温床となってきたのである。

　それでは、最終氷期最寒冷期前後の石器群の本質はどのあたりにあるのだろう。一般には、この時期の関東平野の石器群は、石刃石器群から一般的剥片製石器群への移行期だと理解されている。確かに、遺跡内はもとより、関東平野周辺の良質な石材を供給する産地でも、石刃が組織的につくられた痕跡は乏しい。また、信州、伊豆・箱根、高原山といった黒曜石産地の開発が本格的におこなわれ、石器群の相当部分を担うようになっていた。これも特徴の一つであ

る。また、切出形石器やナイフ形石器、厚みのある掻器や角錐状石器など、特徴ある石器の登場をあげることもできる。しかし、さまざまな要素を列挙しても、石器群をほんとうに理解したことにはならない。多くの要素が、どのような原則にしたがって結びつきあっているのか、これが問題であろう。

　房総半島という一地域内においてすら、高原山周辺、大宮台地・前橋台地周辺、下総台地東縁部、房総半島南部への周期的な移動を背景として、異なる石器群が形成されている。それぞれの地域の石材資源の特性にしたがって、石材消費のかたちがつくりあげられた。最終氷期最寒冷期の石器群とは、生業・居住パターンと連動した石材消費パターンが複合した石器群ということができる。石器群のもつ社会的な意味について、さらに検討を加えておこう。

　房総半島VI層石器群とは、チョコレート頁岩、信州産黒曜石、房総半島南部産石材という三者の消費行動が重複したものであった。それぞれの消費圏末端部が下総台地で重複していた。最終氷期最寒冷期、チョコレート頁岩産地と消費地を結ぶ阿武隈回廊が廃道になった。同時に、下野—北総回廊の往還が活性化する。このルートは高原山産黒曜石の搬入路として、以後、長期間維持された。また、大宮台地北方〜前橋扇状地周辺の諸河川の流路を取りこんだ径路が定着した。この径路からは安山岩と黒色頁岩が定期的にもちこまれた。筑摩山地から西関東を経由する黒曜石ルートも重要な径路と位置づけられた。房総半島南部の万田野・長浜層の硬質円礫と保田層産珪質頁岩については、その使用頻度が一段と増大した。このように、地域集団の移動パターンは、縮小をくり返しながら、固定化していった。筑摩山地との密接な関係が維持され続けた理由については、後でくわしくふれたい。

　居住地では、礫群という河原石を寄せ集めた構築物がさかんにつくられるようになる。礫群の礫は焼けているので、調理をしたり、暖をとるためにつくられたものといわれている。特に、南方の民俗を参考にした石蒸し料理やバーベキュー用の厨房具説は人気で、一般向けの本には、きまってこうした説明がされている。この説明は受け入れやすいが、まったく荒唐無稽な俗説である。北方狩猟民が石蒸し料理や、焼き肉ばかり食べているといった報告はない。私は、民族誌的な事例から、食料の主体は、生肉でなく、むしろペミカン（pemmican）

のような練り物や、乾燥肉、抽出脂肪などであったと考えている。やわらかい練り物がないと、幼児の離乳が難しい。ヨーロッパにはそれらしい出土品もある。貯蔵食である乾燥肉が、人びとの生存の鍵をにぎっている事例は多くある。遺跡から出土するハンマー・ストーンや礫片の多くは、骨髄や脂肪抽出のための長骨破砕用ではないだろうか。

　礫群を中心に石器も散らばっているので、礫群のまわりでさまざまな作業がおこなわれたことが考えられる。礫群は、人びとが日常生活をおくる空間の焦点となっていた。重たい礫を、時には数百個もあつめるのは重労働である。近所の河原に礫があれば問題はないのだが、礫がない下総台地北部でも、大量の礫が運びこまれ、くり返し使われている。礫群同士の接合から、割れた礫の使い回しが推定されている。私が注意したいのは、礫群が多くつくられ、長期的に維持されていた背景には、地域集団の定着性が増したこと、そして、礫群を中心とした生活スペースに、さまざまなドメスティック・トゥール（剥片製加工具）が蓄積されていったことである。礫群（火処）管理者としての、女性の社会的な役割が明確になった。家政を司り、ドメスティック・トゥールを駆使する女性の生業への参画は、これ以降の社会構造を考える上で、決定的な意味をもつだろう。

　ドメスティック・トゥールとしては、厚みのある剥片をつかった掻器、剥片の側縁部に鋸歯状の剥離を連続して加えた削器、そしてこの時期の特徴とされる角錐状石器がある（図30）。角錐状石器は、しばしば西日本に分布する角錐状尖頭器と同列に議論されている。すでに再三指摘しているように、関東地方の角錐状石器は削器にくり返し剥離が加えられ、変形されたものであり、西日本の尖頭器の仲間とは異なるものである。両者がもともと横長剥片を素材とする削器という、共通の石器であった可能性は否定できないが、比較的早い時期に系統的に分岐し、独自に発達したものである。反復して刃付けをおこない、石器を変形させるプロセスをリダクションという。厚型石錐と分類されるものも同様であり、削器が変形される一過程を示している可能性が高い。また、この変形の過程で生じる小型剥片は、刃器としてもつかわれている。剥片素材の石核ということにもなり、ダイナミックな型式学に依拠する立場から、石器群

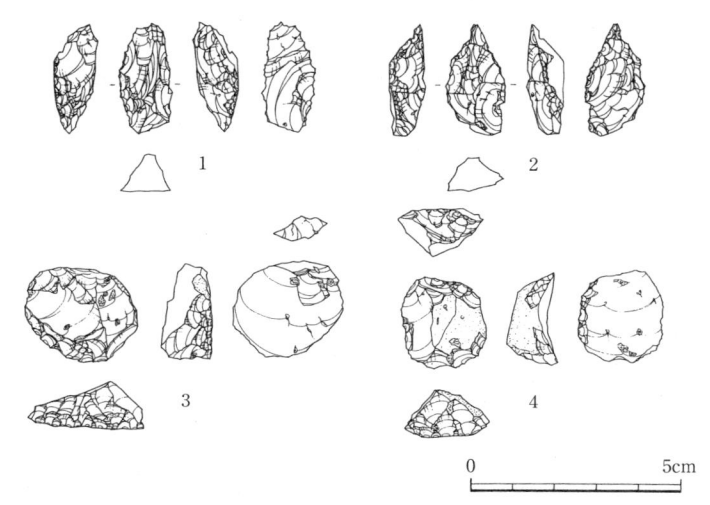

図30　後期旧石器時代後半期のドメスティック・トゥール（千葉県袖ケ浦市八重門田遺跡　1　複刃削器、2　錐状の尖頭部をもつ石器、3・4　掻器）

総体の見直しをおこなう必要がある。

　ロランドとディブルは、ヨーロッパの中部旧石器石器群を観察し、トナカイ主体の冬季のキャンプでは、石器群のリダクションがさかんにおこなわれたことを指摘している。寒冷な気候下での冬季キャンプでは、多量のトナカイの遺体が集積され、長期的な居住がおこなわれた。温暖で森林的な景観の広がる環境では、ウマやバイソンなど移動性の弱い動物群が狩猟の対象とされた。この場合、短期的なキャンプが多く営まれ、その石器群のリダクション頻度は高くないことが示されている。石器のリダクションは生業や居住パターンと密接に関係している。ブレイズはフランスのアブリ・パトゥーとラ・フェラシーのオーリニャシアン石器群の検討から、ビンフォードのフォリジャー／コレクターモデルを検討した。両者はビンフォードが予測したように連続的なものではなく、地形的な制約と、遺跡利用の季節性という要因から、パッチ状のモザイクを構成していることを発見した。これらのモデルによって、遺跡ごとに多様な石材消費や、石器の組み合わせのちがいなどを説明することもできる。

最終氷期最寒冷期には、集団の移動パターンが変化し、定着性が増大した。これに伴う石器群のドメスティック・トゥールへの傾斜は、当時の社会経済的な基盤にふれているという意味で、石器群の本質をついた変化といえる。イクストラクティブ・トゥールの一端を担ったナイフ形石器や切出形石器、そして細石器としての小型刃器などの生産は、かたちこそちがえ、後期旧石器時代初頭以来の累積的な歴史を背負っていた。双極的な道具立てという意味で、生産活動の要であった。石材産地ごとに異なるさまざまな石材消費は、いくつかの類型的なまとまりが認められる。しかし、このような変異の根底には一貫した構造があり、構造内での振幅の変化が観察されるだけである。

3　地域集団とは何か

　後期旧石器時代の地域集団が、どのような人たちで構成され、何人くらいの人口からなり、お互いにいかなる絆で結ばれていたのか。だれでも知りたいと思う疑問である。もちろん、直接観察できない対象なので、民族誌と人口理論から推しはかるしかない。私たちには、つくられたモデルを、考古学的なパターンと比較することしかできない。仮説検証などと難しいことをいう人もいるが、仮説との不一致は、仮説自体の誤りなのか、検証過程の操作上のミスなのか、それほど簡単にわかるものではない。特に、社会現象に関するモデルは、世界観というバイアスがかかっているので、検証できないことが多い。参考になりそうな意見やデータを渉猟してみたい。

　未開の集団についての議論は、スチュワードとサーヴィスたちの父系バンド理論にはじまる。これに対する、デヴォアとリーらの反論については、すでに第3章で紹介したとおりである。本項では、これに発する諸問題を系統的に紹介する。

(1) スチュワードは狩猟採集活動の基本的な単位を、ミニマム・バンドとよんだ。ミニマム・バンドは、十分な数の子孫を残し、過不足のない社会生活を享受するために、もっと大きなネットワーク組織に組み込まれている。このネットワークをマキシマム・バンドという。これは、環境情報や緊張

の緩和、相互訪問と物資のやりとり、共同作業などの基盤になっている。また、婚姻のための地域的な単位であり、さらに大きな婚姻網に組みこまれた結節となる場合もある。儀礼と交換によってネットワークは強化される。ネットワーク内部のコミュニケーション密度の大小によって、さまざまな生活上のスタイルが産み出される。後に紹介するウォプストのシミュレーションは、このバンド・モデルにもとづいている。

(2) 次に、「マン・ザ・ハンター」シンポジウムで発表された、ジョセフ・バーゼルのモデルを紹介しておこう。バーゼルがもっとも重視したのは、どの地域に居住している狩猟・採集民も、地域的な人口調整システムに適応していることだった。ある地域の人口は、細かな振幅はあるにせよ、極端に増加したり、縮小することはない。これは民族誌的な事実であり、人口、性比、年齢構成などの均衡が保たれることによって、捕食効率が一定のレベルを維持できるからだと考えられた。たとえば、彼らの民族誌的な調査によれば、同じような生態系のもとで暮らす、オーストラリアのアボリジニーのテリトリーは、年間降水量と強く関連していた。降水量という、生態学的にもっとも重要な要素によって、テリトリーの大きさが規制されている。テリトリーを維持する人口も、一定のバランスを維持しているのだと判断された。

(3) 旧石器時代、やはり地域人口は人口調整システムにしたがっていた。このシステムは生物学的な要因や、気候変動、技術的な適応などによって揺れ動くが、長期的には、大きな変動を経ることなく推移することが多い。人口が、環境の許容限度を超える場合、移住や、未利用地の開発がはじまる。柳田国男を震撼させた嬰児殺しも重要な人口調整手段であった。

(4) クン族のキャンプのように、移動と捕食行動をともにする、基本的居住単位を地域集団という。世界的に地域集団の人口規模を調査したところ、地域集団は、どこでも25人くらいのメンバーによって構成されている。食料資源が集中し、社会的な分配体制がととのうと、人口規模は増大し、数百人に達する場合がある。通常は、3〜5単位の家族に類似したまとまりから構成されているが、変異が大きい。かつては、父系的な外婚制を採用す

ると規定されていたが、実態ははるかにフレキシブルである。

(5) ある地域集団には、かならず別の地域集団と隣接している。地形的な条件にもよるが、複数の地域集団と隣接し合うことが多い。ちょうど蜂の巣のかたちになぞらえて、これを蜂窩配列（ほうか）という。蜂の巣の構成単位は、20ほどの地域集団から構成され、その人口は 500 人という数字に収斂する。この人口は、同じような言葉を共有している。同じ言葉を話すということは、濃密なコミュニケーションがはかられるということにほかならない。いわば、言葉のもつ機微を理解しあえる範囲ということになる。

ここでバーゼルが指摘した、蜂窩配列によるコミュニケーション均衡システム、というアイディアは、旧石器時代の社会を考える上で重要である。また、人口規模の平均である 25 と 500 という数字は、マジック・ナンバーとして知られている。どこでも通用する便利な数字なのだ。

(6) マーチン・ウォプストは、(5) を婚姻網 mating network と規定した。婚姻行動の前提であり、婚姻行動によってつくられる関係として、マキシマム・バンドを再定義したものである。ウォプストのコンピュータ・シミュレーションによれば、婚姻網の人口は、175 人から 475 人の範囲に含まれ、しかも上限値付近に集中する。上限の値はマジック・ナンバーとだいたい一致する。

(7) 低い人口密度のもとでは、地域集団が閉鎖的な婚姻網に組み込まれることなく、集団ごとに独自の婚姻網が模索される（図 31）。この結果、相互に重複した開放型の婚姻網が形成される。人口密度が増加するにつれて、蜂窩配列がつくられる条件がととのう。独自の言語圏の内部で、アイデンティティーが育まれ、固有の儀式が執りおこなわれる閉鎖的な婚姻網が形成される。ウォプストはこのような社会をバンド社会と定義している。上部旧石器時代の社会はバンド社会と規定される。

(8) バンド社会には内部矛盾が存在する。婚姻網を形成する地域集団は、その婚姻網内部での位置関係による不均等制の種をかかえている。たとえば、外縁部の地域集団は中央集団にくらべて不利な位置にあることから、独自の婚姻網を模索する場合で、婚姻網自体の変動をまねく危険性がある。

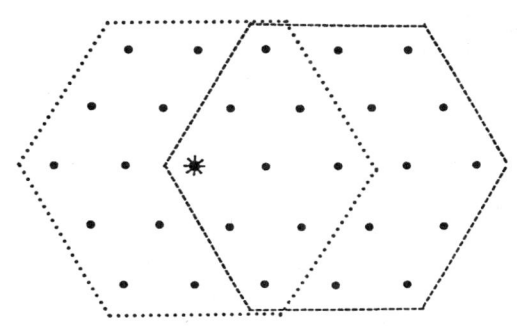

図31 低人口密度下での重複する開放型ネットワーク（ウォブスト原図）

資源の不均等分布も同様である。このようなアンバランスを回避するために、儀式や象徴的な行動が一段と強化される。ヨーロッパ上部旧石器時代の芸術品や工芸品もこのシナリオに沿って解釈できる。

(9) バンド社会の維持には、儀式や情報交換に大きなコストが必要である。このようなコストを負担してまで、既存の婚姻網が維持されるのは、地域集団をこえた作業グループが、季節的に形成され、十分な見返りを確保するためと考えられる。大型草食獣の移動に伴う追い込み猟はこの典型的な例である。

次に、婚姻網をつくり、維持している地域集団の実態について考えてみよう。地域集団とは、どのような人びとによって形成されているのだろう。誰でも知っているように、高等霊長類はムレあるいはバンドをつくって、生活している。ムレは一定のテリトリーを移動しながら捕食している。霊長類の大きな生物学的特徴として、複雑な社会的ネットワークをつくりあげていることが知られている。年齢や性別にしたがって、ムレの内部にはランクができあがり、血縁的なつながりも意識される。これはマウンティングやグルーミングといった日常生活の慣習を生み、ムレの移動にも活用される。いわば、霊長類の社会戦略であり、長期的な集団内、間の安定したネットワークが維持されている。

霊長類のネットワークのなかで、どのようにして人類特有の社会的なネットワークが形づくられてきたのか、ホットな論争が続いている。中心的な問題を一言でいえば、性を基軸とした紐帯が、どのように社会性を獲得していったのか、ということになるだろう。レヴィ・ストロースは近親婚の禁止という規則を導入して、この難問を解こうとした。バンド内で近親婚がくり返されている

かぎり、バンドをこえた社会的な関係はつくられないし、相互依存関係も、地域文化の発展も不可能だった、と考えた。バンド内での近親婚がタブーになることによって、バンド間を女性が交換されることになり、バンド間での相互依存関係が成立し、言葉が交換され、文化的な行動がうみだされた。

女性交換モデルには多くの批判がある。たとえば、近親婚の禁止と、バンド構成員間の肉の分配をめぐる議論がある。バンド内の母と姉妹が食料資源を安定的に獲得し、子どもを養育するためには、父や兄弟とのルーズな性的な関係は忌避しなければならない。男たちからみれば、安定した性関係を維持するためには、性的な倫理性にもとづいた、強力な狩猟パーティーを形成する必要があった。この対立軸にしたがって、バンド内には禁忌、タブーという規則が定められた。長い進化の過程で、タブーに依拠する文化的な基盤が確立し、バンド間の社会的な関係にも途がひらかれた。近親婚のタブーに関するレヴィ・ストロースの見解については、(11)でさらに有力な対案を紹介する。

いずれにせよ、社会的なネットワークについては、次のようなロジャー・キージングの指摘（キージング 1982：22頁）は重要である。

(10) 狩猟・採集の技術ゆえに課せられた小規模な集団、希薄な人口、高い移動性、テリトリーのゆるやかな関係といった制約があるので、親族関係は限られた社会的目的にのみ有効であった。父と母を通じてたどられる親族関係は、バンド内の結束および諸個人や集団との平和的な関係を育むことによって、同じバンドにいる人びとと別々のバンドにいる人びとを結びつけた。

(11) 図32は、ニコラス・アレンによって親族組織の原型と考えられたモデルである。このモデルは、自分の親、シブリング（兄弟姉妹など同じ血縁によって結ばれている人）、子ども、配偶者の四項からなるところから、テトラディック・モデルという。テトラディックというのは四つの要素から構成された、という意味である。テトラディック・モデルは人類社会の原型を示している。図32は次のように読まれる。

　タテの細長い枠が2個一対ある。左側を半族A、右を半族Bとしよう。半族というのは、一般的には双分制の氏族単位（婚姻交換をする二つの氏

族）のことをいうが、ここではさらに抽象的に、「私の生活する集団のメンバーと結婚する相手が生活するグループ」程度の意味になる。私（ego）は黒いひし形で示される。四角とひし形は性が異なる。私を含む人物の属している半族Aと半族Bとは四本の線で結ばれているが、人物の上の線はシブリング（兄弟姉妹）関係、下の線は婚姻関係を示している。私の別性シブリングは半族Bのメンバーと結婚する。私は彼らの子どもと結婚するかもしれない（交叉イトコ婚）。同時に、この逆も

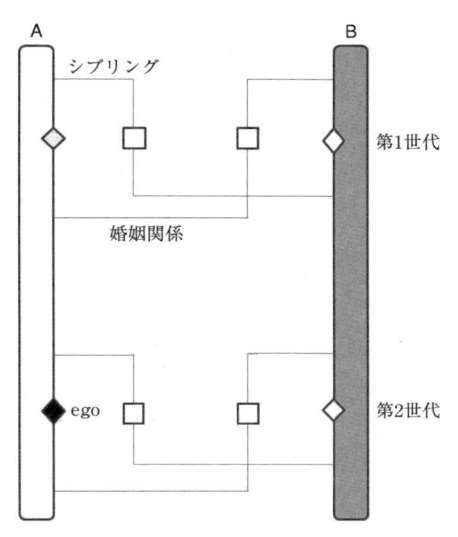

図32 テトラディック・モデル（図の読み方は本文参照のこと。ニコラス・アレン原図）

世代をおって反復される。簡単にいえば、この図は親子関係と世代交代をあらわしている。二つの柱が交叉し、親子関係とシブリング、婚姻関係の三者を媒介にして、血縁関係が遠くまで広がっていく。

　ここで、簡単のために、私が男である場合を想定しよう。図の左は父系半族、右が母系半族となる。父系半族にせよ、母系半族にせよ、血縁による半族は縦のくくりをこえて、外部に拡大していく。一方、各世代は、半族間に収束し、外部に拡大することはない。(9)において、レヴィ・ストロースによる、半族間に女性が交換されことが人類社会の礎であるという主張を参照した。しかし、交換されるのは、女性でなく、男性もふくむ子どもたちである、とアレンは主張する。子どもが交換されなければ、どのような社会も世代をかさねることは不可能なので、アレンの意見は妥当であり、レヴィ・ストロースの見解には大きな修整が必要である。
婚姻規則や親族体系が、このテトラディック・モデルから導かれることから、

その歴史がきわめて古いことが予測される。アレンによれば、このモデルはプリミティブな地域集団の儀式から発生した。地域内に分散居住している諸集団は共通の儀式や情報交換のために、定期的に集合し、儀式を執りおこなった。この場では、各集団は一定の持ち場をまもりながら、割り振られた役割を演じることになるが、この場の主な機能は二つあった。一つは、グループ間での性交であり、他は新規参入者や子ども達のイニシエーションであった。このアレンのモデルは、第3章で紹介したナイトのモデルと対照するとさらに興味深い。何らかの儀式を結節として未開社会が進化したことは確からしく思われる。

　前章で紹介した労働の性的分業に関するモデルとともに、親族組織の形成モデルは、地域集団の構成と、その動態を考える上で有効である。これまで漠然と、単位集団とよばれてきたさまざまな階層をもつ社会集団の構成は、この二つのモデルを基軸としてかなり具体的に考えることができるようになったのではないか。親族といい、労働組織といい、その根底には、血と性があり、言語を媒介とした象徴的な世界が存在した。それが明確な進化論的な背景をもっていることも明らかになった。次節では、地域集団の動態をはかる物さしの一つである、環境とその変化について検討する。また、環境のもつ進化論的な意味については、本書最終章でもふれる。

　(12)最後にダンバー数という一種のマジックナンバーについてふれておく。この経験値はロビン・ダンバーが発見し、進化論的に明快な裏付けを与えた。ダンバーの軽妙洒脱な説明を聞いてみよう。彼はまず、社会生活において、言葉がどのように使われているのかを検討する。およそ三とおりあるという。まず、「おはよう」、「ごきげんよう」、「雨だね」、さらにクラブでのちょっとした会話「よくいらっしゃるのですか」など、儀礼的だったり、ちょっとした慣習的な意味がこめられている会話がある。これをグルーミング言葉という。この対極に、複雑で高度にテクニカルな言語行為がある。文学作品が含まれることはいうまでもない。これをシェークスピア＝アインシュタイン・バージョンという。

　この両者にサンドイッチされて、第三の層がある。それは、儀礼的でもないし、それほどテクニカルでもなく、多くの人が理解することができる。

しかし、さまざまな情報が織り込まれており、自分たちの行動に影響を与えることもある。これをゴシップとよぶ。ダンバーの調査によれば、日常会話の 65 パーセントが社会的なゴシップによって占められていた。こうした事実から、ダンバーは、言葉とは人びとが社会情報を交換するために進化してきた、と考えた。

　ここでもう一つ、重要な事実が指摘される。レスリー・アイエロとダンバーによれば、大脳の新皮質サイズと、集団規模およびグルーミングに費やす時間との間には、正の相関があることが見いだされる。ホモ属の出現とともに、新皮質が増大し、集団規模も次第に拡大していった。ところで、新皮質には物語能力とでもいうべき情緒理解力や想像力があり、これも新皮質の増大に伴って高度化していった。ダンバーらは集団規模の増大と、物語能力の高次化とを密接にかかわりあっていると推定した。これを社会脳仮説という。

　ヒト以外の大型霊長類はグルーミングによって社会的な関係を維持していたが、ヒトが系統樹から分岐して以降、ムレ、あるいは社会集団の規模が次第に増大し、それまでムレの秩序を支えてきたグルーミング以上の何か、が必要になった。こうして、長い時間をかけて、グルーミング言葉からゴシップが生まれ、ホモ属の段階でシェークスピア・アインシュタイン・バージョンにまで到達した。ダンバーらは、ヒトの言語能力は、ある段階で急激に発達したのではなく、コミュニケーション・チャンネルの緩慢な段階的進化によって洗練されてきたと推定している。これは、メラーズらの急激な変化説（旧石器革命説）への強力な対案となっている。

　次に、ダンバーは民族誌や、社会調査の結果を広く渉猟して、150 人に収束する集団規模を見いだす。これはダンバー数ともよばれるが、本章(5)の数値と比較されたい。150 人という集団規模は、社会的なゴシップによって人びとが恒常的な社会関係を維持するための上限を示している。ダンバーはモルモン開拓団の事例を引用している。ブリガム・ヤングによって率いられたモルモン教の信徒は 5,000 名であったが、植民にあたっては、150 名編成の小隊が編成された。旧日本陸軍では、大隊、中隊、小隊、分隊

という構成となっていたが、実際の戦闘の基本単位は中隊であり、その規模はおよそ150〜200人であった。中隊は当時の家父長的な家族がモデルになっていたという。

　これを人類学の用語でいうと、①バンドやキャンプのレベルで、30〜50人の規模。②クランやムラのレベルで、150人ダンバー数。③トライブあるいは語族のレベルで、1,000〜2,000人の規模となる。社会進化論的な視点からは、それぞれにはグルーミング言葉、ゴシップ、シェークスピア・アインシュタイン・バージョンが対応する。これによれば、一つのムラを維持していくためには、一家族当たり5〜7人の子どもが必要であり、少なくとも4世代前までをふくむ親族関係が日常的に維持されている必要があるという。この数字はともかく、地域集団あるいは親族組織は、その集団内のファミリー・サイズと密接な関係にあることが重要であろう。

　興味深いことに、ダンバーによる人口レベルによる集団の分類は、クライブ・ギャンブルが提示したネットワーク構造と重複する部分が多い。ダンバーによるレベル①を、ギャンブルはモノの交換がおこなわれる日常的ネットワーク（Effective network）と定義し、レベル②を象徴交換の場である拡張されたネットワーク（Extended network）、そして③をグローバルなネットワーク（Global network）とした。レベル①の構成要素として、親密なネットワーク（Intimate network）があり、これは家族をベースにしたグルーミングの場である。集団規模や集団の呼び方には違いがあるが、旧石器時代の分析単位として、①と②をおくことに異論はないだろう。

　以上、11項目にわたり、地域集団の構造についてまとめておいた。従来、地域集団の基本的な単位として「世帯」からなる「単位集団」が考えられてきた。これは間違ってはいないが、世帯の内実や世帯間の結合原理については何も語っていない。また、「世帯」を現代世界に多くみられる「核家族」と同一視する研究者も多い。しかし、「核家族からなるムラ」という近世以降の社会をモデルとする旧石器時代社会像は民族誌的にも、親族理論的にも成立しそうもない。旧石器時代社会の原型はテトラディック社会以外にはなく、親子関係と婚姻関係によってむすばれた半族的な一対の結合関係による親族組織が地域集団の実

態である。この人口がおおよそ(4)でふれたバーゼルの地域集団、あるいは(12)のダンバーのバンドレベルの人口規模に相当するのであろう。ダンバー数は、この基準単位となる地域集団人口としてはあきらかに過大であり、むしろ地域集団相互の日常的なネットワークの規模を示していると考えてはどうか。日常的なネットワークが整備されたのは、あきらかに後期旧石器時代前半期であり、後半期にはこれを超えたネットワークである、婚姻網あるいは象徴交換の場が形成されることになる。

4　最終氷期最寒冷期の関東平野

　概説書によると、氷河時代の関東平野およびその周辺では、森林限界がほぼ標高1,300メートルあたりにあった。現在、北アルプスを登山すると、標高2,500メートル前後が森林限界なので、1,000メートル以上も低いことになる。標高1,300メートルといえば、高原山に残された黒曜石原産地遺跡の標高と一致する。筑摩山地では、鷹山や、東餅屋などといった黒曜石産地もだいたい同じくらいの高さにある。このことは、当時の黒曜石産地の多くが森林限界線付近にあったことを意味する。草地と裸地が広がり、土壌浸食が活発であったため、多数の黒曜石角礫が露出する環境であったとみられる。しかし、各産地の山麓には、深い針葉樹林帯が発達し、人びとの行く手をはばんでいた。

　氷河時代、広葉樹林と、針葉樹林の境界は、関東平野周辺では標高400〜500メートルとされている。この標高は現在の多摩川上流や、日光の市街地付近に相当する。この推定標高にはいくつかの留意点がある。まず、この境界は固定的なものではなく、波動的な気候変化によって、押し上げられ、押し下げられたりした。また、広葉樹林といっても、多くの花粉分析結果が示すとおり、必ず相当量の針葉樹を交える林相であった。広葉樹と針葉樹との割合も、気候変動に伴って周期的に変化したことが判明している。

　水面標高654メートル、長野県野尻湖では、花粉分析によって、非常にくわしく植生の変遷があきらかにされている。始良Tn火山灰が降下するのは、上部野尻湖層の上部である。降灰以前には温和な気候で、冷温帯落葉広葉樹林が

発達していた。コナラやブナの林で、ツガ属などを交えていた。気温が低下するのは姶良Tn火山灰直下のころで、トウヒ、モミ、ツガなど針葉樹林におおわれるようになる。カバノキが多少混じり、湖畔にはハンノキの茂みもあった。気候の寒冷化と乾燥化がすすみ、草本化石が非常に少なくなるところから、野尻湖の周囲は稠密な針葉樹林になったといわれている。花粉情報によれば、上部野尻湖層後半以降、気候が温暖化し、ふたたび、ブナとコナラの林に遷移する。関東平野周辺部の山麓部でも、林相に地域差はありながらも、広葉樹林帯の存在が確認されている。

東関東では、茨城県桜川低地の下大島層、栃木県二宮町原分などで、最終氷期最寒冷期の花粉や材が同定されている。落葉広葉樹を交える針葉樹林が、低地にまで進出している。約2万年前という年代がえられている泥炭層下部では、とりわけ針葉樹がおおい。草本花粉が多いのは、低地という地形的な特徴だと思われる。北関東、群馬県藤岡市矢場の扇状地では、最終氷期最寒冷期以降、マツやトウヒといった針葉樹が繁茂していた。ここは、標高100メートルくらいの場所で、関東山地山麓に接している。このように、最終氷期最寒冷期には、針葉樹林帯は北関東の山地を広くおおうばかりでなく、山麓部から、これに接する低地にまで及ぶ範囲に広がっていたことが推定される。南関東の環境については、すでに第2章でふれた。ここでは、北関東と異なり、最終氷期最寒冷期においても、針葉樹林の稠密な発達は認められない。

第2章で示した生態学的な背景に、最終氷期最寒冷期の植生の変化を加えて、簡単な地形区分・植生帯モデルをつくっておこう。関東平野を考古学的に意味のある、五つの地形・植生帯に分ける。

I帯　山岳部の森林限界付近である。最終氷期の関東平野周辺では、平均1,300メートルと推定されている。黒曜石など特殊な資源の開発域である。日常的に人は居住しない。今のところ、黒曜石原産地遺跡しか残されていない。II帯との境界は、気候変動によって、波動的に変化した。

II帯　森林限界以下にひろがる山岳斜面であり、樹木が繁茂する。石器石材を産出する岩体周辺の沢筋や、山麓に接する河川流域も含めよう。III帯には徐々に移行し、移行帯も気候変動で変化した。最終氷期最寒冷期には稠密な針

葉樹林帯におおわれた。人類活動は季節的かつ限定的であった。移動経路沿いに小規模な遺跡が形成された。石材産地周辺には石材消費キャンプがくり返し設営された。侵食によって大半は失われたものとみられる。

Ⅲ帯　　丘陵と台地。北関東では、落葉広葉樹を交える針葉樹林帯、南関東では、針葉樹を交える落葉広葉樹林帯となる。草原が発達していたという意見もあるが、ここでは、森と草原のモザイク状の景観を想定しておく。最終氷期最寒冷期には、Ⅱ帯の植生が標高の低いエリアに進出した。草食動物の主な活動場所であり、周年的に人類活動がくり広げられた。現在確認できる遺跡の大半がこのゾーンに属する。最終氷期最寒冷期には、北関東では、山麓斜面下部まで、針葉樹林におおわれるようになる。このエリアの人口は南方へ移動した。

Ⅳ帯　　関東平野低地部。海退によって生じた広大な低地と、平野部の河川流域の低地を含める。低層湿原、落葉広葉樹林、針葉樹林帯のモザイクとなるが、草本が優勢である。やはり、周年的に人類活動が展開されたとみられるが、その痕跡は埋没あるいは水没している。偶然、遺物が採集されることがあるが、実態は不明である。

　ここで、関東平野の時期別の遺跡分布について確認しておこう。北関東は、Ⅰ帯、Ⅱ帯、Ⅲ帯から構成されている。比較的調査がゆきとどいている群馬県の状況を観察する。群馬県では、利根川上流のⅡ帯と、藤岡台地・相馬ヶ原台地など南西部台地、赤城山麓・大間々扇状地など南東部のⅢ帯に遺跡が分布している。群馬県の旧石器時代は、前原豊が4時期に分けて解説している。南関東との比較に必要なので、要点を引用しておく。

群馬Ⅰ期　　約3万年前から約2万2,000万年前の時期。姶良Tn火山灰までの地層から出土する。石刃の先端と基部に加工した石器や、先端の尖らない台形様石器、局部磨製石斧などによって特徴づけられる。姶良Tn火山灰直下、暗色帯上部には茂呂型（石刃を斜めに切り取ってつくる尖頭器）というナイフ形石器が出土するようになる。群馬県の遺跡の多くがこの時期のものである。

群馬Ⅱ期　　約2万2,000年前から約1万7,000年前の時期。浅間板鼻褐色軽石群（As-Bpグループ）層中や、その下位の室田軽石層にかけて出土する。切出形石器や角錐状石器、掻器などによって特徴づけられる。遺跡が激減する

時期である。

群馬Ⅲ期　　約1万7,000年前から1万4,000年前の時期。板鼻黄色軽石（As-Yp）層から浅間板鼻褐色軽石群（As-Bpグループ）層にかけて出土する。ナイフ形石器を中心にする石器群から、槍先形尖頭器石器群に変化する。

群馬Ⅳ期　　約1万4,000年前から1万2,000年前の時期。細石刃石器群である。これには、円錐形のものと、削片系という両面加工石器を分割するもの、そして、舟底形のものという3種類がある。

これ以降、石山遺跡や房谷戸遺跡などから出土している大型尖頭器石器群が続く。これは後期旧石器時代から縄文時代への変革期と位置づけられている。各時期に割り振られている推定年代は未較正年代であり、現在ではもっと古い年代が想定されている。この年代は第4章1節でふれたが、Ⅰ期とⅡ期の境界が2万9,000年前、Ⅱ期とⅢ期の境界が2万7,000年前ごろになる。Ⅱ期とⅢ期の境界が2万4,000年前ごろになる。最終氷期最寒冷期に相当する群馬Ⅲ期で、遺跡数が急激に減少する傾向が指摘されている。これは、Ⅱ帯の遺跡がほぼ消滅すること、Ⅲ帯の遺跡も減少し、石材を多量に消費する長期・反復居住遺跡が認められなくなるからである。群馬Ⅰ期の遺跡分布がⅡ帯に深くくい込んでいることから、この時期にⅡ帯で石刃が大量につくられ、Ⅲ帯に運び出されていたことが推測される。

一方、南関東では、まったく逆の現象がおきていた。すでに紹介したが（第4章・図20・21）、私たちが集約した房総半島のデータによれば、遺跡数はⅩ層からⅨ層にかけて急激に増加し、Ⅶ層～Ⅵ層にかけて減少する。Ⅴ層・Ⅳ層では一挙に遺跡数が増えて、Ⅲ層では、横ばいかゆるやかに減少する傾向が観察される。これは、地層ごとの遺跡数の増減である。地層の堆積する割合は、必ずしも一定ではないので、簡単に評価することはできない。ただし、これまでえられている、地層の較正年代にもとづいて、改めて、遺跡数の時期ごとの分布を求めても、基本的な傾向に変化はない。Ⅵ層前後に遺跡数は確実に減少し、Ⅴ層段階から急激な増加に転じている。

遺跡数と人口の増減を短絡させることはできないが、ここには何らかの人口のシフトがあったことは確実である。移動性が高い集団は、ある期間を定めれ

ば、定着的な集団よりも多くの居住地をつくり、その一部は遺跡として考古学的なコンテクストに入る。すでに、これまで観察してきたように、最終氷期最寒冷期の人びとが、前後の時期よりも居住地移動頻度が高かったという事実はない。むしろ、礫群の形成にうかがわれるように、定着性が増したと評価するべきだろう。要するに、この時期に、房総半島では人口が急激に増加したのである。人口の急増は房総半島だけではなく、西関東でも同じだった。北関東の遺跡の減少を、積極的に、人口の大幅な減少と考えれば、北関東から南関東に人口が移動してきたと考えられないだろうか。

　群馬Ⅰ期をとおして、北関東の広い範囲に分散していた集団は、次第に南関東に居住エリアをシフトさせた。この背景に、最終氷期最寒冷期におけるⅡ帯の放棄と、Ⅲ帯・Ⅳ帯への人口の集中が想定される。これが最終氷期最寒冷期レヒュジア仮説である。レヒュジアとは、氷河時代に、気候変動の影響を受けることなく、動植物が棲息を続けているような場所をいう。群馬Ⅱ期、南関東がレヒュジアとなり、多くの人口を涵養した。相対的に多くの人口が、南関東の主要な台地にパッキングされるという社会現象が想定される。この先には、ウォプストが定義したバンド社会への道が準備されていたはずである。理論的な枠組みと、断片的な情報をつなげることによって、当時の社会が大きな変動の波にさらされていたことが次第に浮かび上がってくる。

第6章　予兆の時代

1　東内野遺跡の発見

　1978年にようやく開港した新東京国際空港の建設は、大きな政治・社会問題をひきおこした。空港予定地内に居住していた人びとは立ち退きを余儀なくされ、周辺地域への移転が検討された。1975年、移転先の一部として、富里村（現富里市）七栄東内野地籍が定められた。これ以降の経過は、献身的に東内野遺跡の調査と保護にたずさわった、篠原正の記録にくわしい。2001年に、千葉県立房総風土記の丘でおこなわれたシンポジウム「有樋尖頭器の発生・変遷・終焉」での篠原の記念講演から、当時を回顧しておこう。

　まず、移転先となった富里市東内野とはどのような場所なのだろうか。地図を見るのが一番わかりやすいが、千葉市南部から銚子市にむかって土気―銚子分水界が蛇行している。分水界といっても、馬の背ではなく、平坦な台地がどこまでも続き、わが国有数の畑作地帯となっている。特にスイカの生産は有名で、毎年おこなわれる富里スイカロードレースは人気を集めている。分水界によって、九十九里平野にそそぐ河川群と、印旛沼低地～旧鬼怒川にそそぐ河川群が振り分けられる。各河川のはじまる湧水点が分水界沿いに多く分布している。旧石器時代の遺跡は、この湧水点から流れる大小の河川に沿って、点在している。東内野は、印旛沼に注ぐ高崎川支流と根木名川との間にある。土気―銚子分水界から派生する無数の小分水界の一つということができる。

　遺跡の周辺の状況は、次のように紹介されている。「東内野遺跡の位置するところは、以前は大雨や台風の後は水が溜まり白海のようになり、子供達が筏を組み水遊びをしていた時も在ったと聞いているところである。私の知っている東内野も秋の長雨などで窪地になっていた畑が水にしたり落花生や里芋が水没していた状況を見ている。」（篠原2001：1頁）イメージとしては、ややぬかる

んだ窪地のまわりに、平らな畑地が延々と続く光景となるだろう。これまで発掘されてきた遺跡の大半は、谷津田をみおろす台地の縁辺につくられているので、東内野遺跡はたいへん異質な立地環境といえる。

　移転先の決定に伴って、その場所の埋蔵文化財の有無が調査された。1975年11月14日に現地踏査がおこなわれ、剥片が3点採集された。これでも確信がもてなかったのか、同月28日、29日両日に試掘調査がおこなわれている。9か所の試掘坑が設定され、このうち5か所から旧石器時代の遺物が出土した。こうして、移転先の全域が旧石器時代の遺跡であることが明確になった。空港建設という国策事業の一環であり、移転が急がれていたのだろう。住宅部分は盛土保存ということになった。これに隣接する道路部分は、掘削工事を伴うため、発掘調査の対象とされた。結果的には、遺跡核心部は保存されたが、調査は不可能な状況になった。道路部分の発掘調査は翌年の1～2月に実施された。発掘調査も大急ぎで、予算・期間とも、今では想像もできないほど厳しいものであった。当時をふり返り、篠原は次のように述懐している。

　「調査時は、寒く季節風が吹きさらし、チリトリ等は風に数メートルも飛ばされたり、ローム粒が頬に当たるとシビれるような痛さと鼻水が出て凍り付くような日々、毎日数百点という遺物の実測、3時を過ぎると霜が降りてローム面が白くなり遺物はロームと凍結してしまい、翌日の午後にならないと遺物は取りあげることができなかった。当初はコモを掛けて対処していたが十分では無かった。そこで排土を遺物に掛けて見たところ凍結を防ぐことができた。小春日和の日もあったが思い出に残っているのは、寒く手の凍るような調査の日々と感動の連続であった事が脳裏に残っている。」（篠原前掲：1頁）

　1978年、1979年には範囲確認調査が実施された。その後も断続的に調査がくり返されている。これまでの調査成果をふまえ、東内野遺跡について考えみることにしよう。東内野遺跡からは、複数の地層から石器群が出土しているが、本項ではⅢ層から出土した石器群に限定する。東内野遺跡が有名になったのは、東内野型尖頭器と命名された尖頭器が出土したからでもある。尖頭器というのは二つの側縁が一点に収斂する石器の総称である。側縁に加工があってもなくてもかまわない。尖頭器には多種多様な石器が含まれているので、細かく

分類するために「型」が区別されることになる。篠原は、東内野型を次のように定義している。①片面加工、あるいは両面加工のもとになる石器がつくられる。②この石器の一端から、側縁部を削ぎおとすように幅がせまく、平らな剥離がくわえられる。この剥離は、くり返しおこなわれる場合がある。破損と剥離が再三おこなわれ、次第に小型になった例がある。③細部に手をくわえて、形をととのえる（図33）。

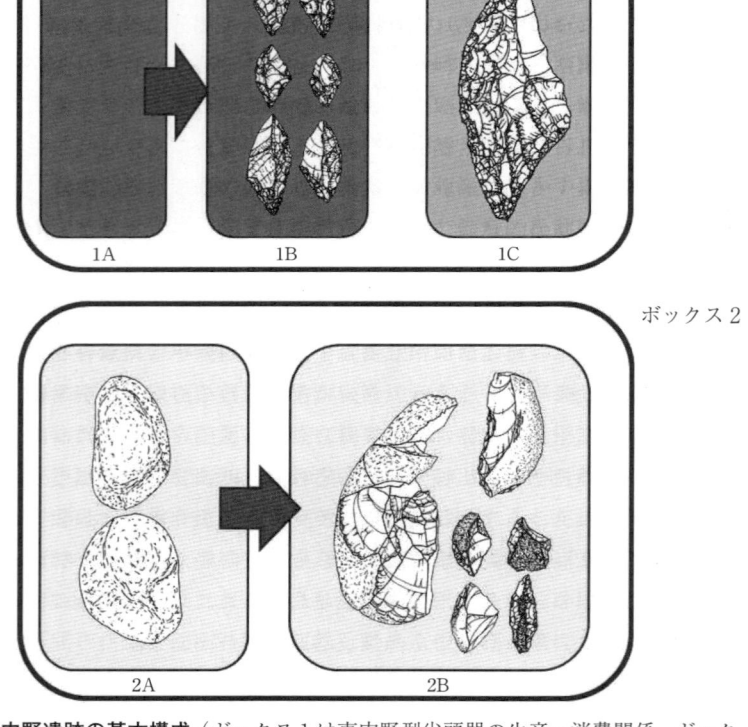

図33　東内野遺跡の基本構成（ボックス1は東内野型尖頭器の生産＝消費関係、ボックス2は安山岩製の一般的剥片の生産＝消費関係をしめす。1Aは石材産地周辺での粗割り段階（欠落）、1Cは下野―北総回廊北部からの搬入関係をしめす。2Aは万田野・長浜層産からの安山岩小型円礫の搬入。千葉県東内野遺跡）

第6章 予兆の時代　173

　一読、これは型の定義というよりも、つくりかたの定義になっている。そこで、型の定義をくわえておこう。東内野型尖頭器は有肩尖頭器の仲間である。有肩尖頭器とは、左右非対称で、片側に三角形の突出部をつくりだした尖頭器のことをいう。ヨーロッパでは pointes â cran（有肩尖頭器）という。世界各地で多くの種類が工夫されている。基部は片側がゆるく抉れるものと、ほぼ対象、三角形になるものがある。着柄のため、先端部以上に神経質に加工されている。破損品の再生や、シャフト（継柄）の付け替えのたびに微調整がおこなわれるためである。面取り剥離による刃部、肩あるいは爪をもつ左右非対称のかたち、入念につくられた三角形の基部、という三点が重要な特徴となる。
　有肩尖頭器は姶良 Tn 火山灰降下期直前に出現する。この時期のものは石刃製の尖頭器で、切り取り加工が駆使されている。切り取り加工とは、素材の形を変える剥離のことをいう。切り取り加工によって、急傾斜な背面がつくられることが多い。ナイフ形石器と分類されている石器の多くはこの方法でつくられている。姶良 Tn 火山灰降下期以降になると、剥片製の有肩尖頭器が増加し、切り取り加工のものと、東内野型と同じように、素材の厚味をへらす「うろこ状 en écaille」加工による片面加工のものが出現する。出現する順番では、石刃製切り取り加工、剥片製切り取り加工、片面加工となり、これらは系統的に理解しなければならない。東内野型はこの系統の終末に位置している。
　東内野遺跡の東内野型尖頭器の石材については、認識のプロセスを含めて、第2章で詳述した。その大半は保田層群産珪質頁岩であった。遺跡内にもちこまれた保田層群産珪質頁岩は4,000点以上ある。もともと何個体分の珪質頁岩があったのか、不明である。全体をながめると、少なくとも2,000個体分はありそうである。しかも、遺跡の核心部分は発掘されていないので、その数はさらに膨大なものとなるだろう。長期間、大量の石材がくり返しもちこまれた結果である。東内野遺跡で、東内野型尖頭器をつくり続けていた人びとは、定期的に房総半島南部におもむいた。そこで、石材を採集し、尖頭器のもととなる石器を生産し、予備の石材とともに、ふたたび東内野遺跡にたちかえった、と考えざるをえない（図33、1A → 1B）。保田層産珪質頁岩以外に、少量だが下野─北総回廊を経由して、高原山基盤岩、鹿股沢層産珪化泥岩製のものがある

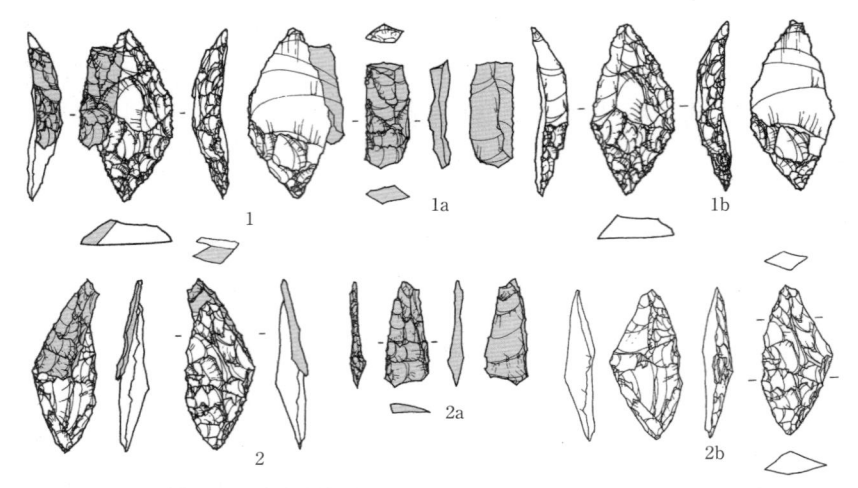

図 34　東内野型尖頭器の生産過程（図 33 のボックス 1B をしめす。千葉県東内野遺跡）

（図 33、1C）。これには、特別に大型のものが含まれている。

　保田層産珪質頁岩を素材とする石器には、東内野型尖頭器以外に彫器、削器、石刃など、加工具、ドメスティック・トゥールがある。しかし、東内野遺跡の石器群はこれだけではない。小型の安産岩円礫を素材とする一群があり、保田層群産珪質頁岩産製石器群とともに、生活を支えていた。安山岩の小礫は長径 70 ミリ程度で、最大でも 100 ミリをこえない。あきらかに万田野・長浜層産であるが、東内野遺跡がつくられたころ、房総半島中央部〜東部では、安山岩の小礫が特に多く消費される傾向が認められる。この時期に、最終氷期最寒冷期に台地や丘陵から大量の硬質円礫が流れ下り、古東京川に注ぐ湾口付近に堆積していた可能性がある。

　安山岩の消費方法は保田層産珪質頁岩とはまったくちがっていた。保田層群産珪質頁岩の場合、地層の露出している場所の近くで、大雑把な加工をくわえて、必要なもののみをもちかえる方法が採用されていた（図 33）。東内野遺跡の保田層群産珪質頁岩は、強くオパール化しているものが選ばれているので、非常に限定された場所との結びつきが強い。たとえば、第 2 章で紹介した、三

原川上流の保田層群前島模式地では類似した資料をえることができる。安山岩は円礫が採集され、この円礫が未加工の状態で運びこまれている。円礫からは、小型の石刃や剥片が剥離される。剥片類の大半は未加工のまま刃器としてつかわれている。剥片の一部は簡単に成形されて、幾何学的な形態をした小型尖頭器、あるいは斜刃のナイフ形石器になる。この石器は剥片製幾何形ナイフ形石器、幾何形刃器ともいうが、細石器と考えておこう（図33、2A→2B）。

　順番が逆になったかもしれないが、ここで東内野遺跡の遺物分布状況についてふれておきたい。（財）千葉県史料研究財団が編集した資料調査報告書に、くわしい図面が掲載されている。分布範囲は窪地沿いに長さ100メートル以上、幅15メートル以上に達する。この範囲の中央部分が特に遺物の密度が濃い。通常、旧石器時代の遺跡では、分布単位とでもいうべき集中地点が認定できる。ところが、東内野遺跡では、分布が重複しているため、個々の単位を認識できなかった。遺物は、第1次調査と第2次調査分を合計して、礫が約1万点、石器が約8,000点ある。実際に調査されたのは700平方メートル強なので、たいへんな分布密度だといえる。高原山のような原産地遺跡は別だが、このような広範囲・高密度な遺物出土状況は稀である。

　東内野遺跡のもう一つの特徴は、細かく砕けた礫が大量に出土していることである。礫群構成礫は長さ100ミリ以上の円礫を使うことが多い。高温で熱せられ、使用中に割れることも頻繁におきるが、礫片も再利用される。ところが、東内野遺跡から出土した礫片はそのようなものではなく、小指の先ほどの不定型な礫片ばかりであった。本来大型の礫が、くり返し使われて、次第に小型化していったと考えるのが普通だが、そうではない。確かに、もともと小型であったわけではないが、破砕した細礫が意図的に管理されていたのであろう。小型のブロックに破砕しやすい火山岩を素材に、炉床に敷くための破砕礫がつくられ、これを反復利用していたのだ（破砕礫床炉）。私は、千葉県白井市復山谷遺跡を調査した折、破砕礫ばかりでつくられた2基の礫群をみいだした経験がある。石質といい、大きさといい、東内野遺跡の例と区別できなかった。

　第5章で、最終氷期最寒冷期にさかんにつくられた礫群について考えた。礫群が、一般に説かれているように、石蒸し料理やらバーベキューのための施設

であるならば、なぜこのころから集中的につくられるようになったのだろう。調理方法が工夫された、などという場当り的な回答では話にならない。何よりも、礫群を焦点とする定着性の高い生活がはじまり、ドメスティック・トゥールを駆使する女性が、礫群のある家政の中央に登場したことを指摘した。その背景に、地形・植生帯の利用パターンに激変があったこと、くわえて、南関東への人口のパッキング現象が開始されたことも説いた。東内野遺跡の形成も、このような生態系と社会の変動のなかで、はじめて理解することができる。

2　東内野型尖頭器をとりまく諸問題

　最終氷期最寒冷期は、2万7,000年位前にはじまり、おおよそ2万4,000年前に終わる。この直後、気候はやや温暖化するが、激しい寒暖の振幅がくり返された。長野県野尻湖では、最終氷期最寒冷期のトウヒやモミの稠密な森林が後退し、カバノキや五葉松、コナラなどが次第に増加する傾向が指摘されている。関東地方では、これほどくわしく植生の変化をたどれる遺跡は少ないが、茨城県桜川低地では、最終氷期最寒冷期以降、ハンノキとカバノキの花粉が増加する。千葉県八千代市新川低地でも、針葉樹林から落葉広葉樹林への変化が報告されている。有名な、東京都江古田の植物化石層のカバノキ遺体も同様であろう。気候の温暖化と、落葉広葉樹林の拡大に伴って、群馬Ⅲ期では遺跡数が増加する傾向が指摘されている。栃木県でも下野─北総回廊北部で地域開発が再開され、規模の大きな遺跡が残された。Ⅲ帯の開発が再びはじまった。しかし、南関東では長期間、高い人口密度が維持されていたことも事実である。遺跡数が大きく落ち込むことはなかったのである。

　定量的なデータが少ないので、正確なことはわからないが、この時以降、ナウマンゾウやアカシカなど、後期更新世に繁栄したほ乳類の頭数が減少に転じていったといわれている。これは更新世に人類の主な食糧資源となっていたほ乳類であり、更新世末には絶滅してしまう。最終氷期最寒冷期以前には、北方からヘラジカやヤギュウ、ウマなどのムレが南下し、中部地方にまで到達していたらしい。北方系動物群も、わが国固有の大型草食獣と命運をともにしたと

第6章　予兆の時代　177

いわれている。こうした動物は例外なく、後期旧石器時代のハンターにとっては主要な食糧資源であった。最終氷期最寒冷期、主要な捕食動物が、南関東の環境に適応したことが、この時期の遺跡数増加の大きな要因であったと考えられる。動物もヒトも、一体となって南関東という資源構造をつくりだし、固有の社会をうみだしていった。更新世型動物群の絶滅に関しては、オーバーキル仮説というのがある。とりすぎによる資源構造の地域的な変化という意味ならば、支持できる仮説である。

　この時期に、関東平野ではどのような事態がおき、人びとの生活に影響を及ぼすようになったのか。東内野遺跡の形成過程をほんとうに理解するためには、この問題にこたえなければならない。はじめに、東内野遺跡がある房総半島の状況を観察する。房総半島の旧石器時代の遺跡を調査して感じるのは、立川ローム層の堆積が薄いことである。とりわけ上半分がうすい。武蔵野台地では１メートル以上堆積しているⅤ層・Ⅳ層は、房総半島では普通0.2メートル位しかない。相模野台地の同じ時期のローム層は厚さ２メートル程度なので、ほぼ十分の一ということになる。このうすいローム層中に、１万年間以上におよぶ遺跡がつめこまれている。このため、石器群の上下関係の把握には苦労させられる。逆に、相模野台地は、ローム層が厚く堆積し、特権的ともいえる条件をそなえている。

　堆積条件が悪いなかで、同一遺跡内部、あるいは近接地点間での微妙な差が重要な手がかりになる。堆積状況は遺跡ごとに異なる可能性があるので、慎重にすすめなければならない。私の発掘経験から、東内野遺跡で、東内野型尖頭器が出土する層準は、Ⅲ層の上半分のどこか、程度のことしかいえない。Ⅲ層の下部からも遺物は出土するが、次第に減少して、Ⅳ層の頭が出る面で終わる。包含層は、一つの面ではなく、0.2メートル程度の厚みをもった立体的な広がりである。産出層準の判断は、この立体的な広がりを一面に固定することなので、恣意的にならざるをえない。最頻値がとられることが多いが、これがほんとうに妥当な判断なのか否か、簡単にはいえない。比較のために必要なので、本書では、仮にⅢ層の中位としておく。

　東内野遺跡石器群の出自や由来を理解するために、房総半島のⅢ層の下部や

Ⅳ層にふくまれている石器群を検討しておこう。説明が煩雑になるので、細かな点にはふれないが、おおよそ次のようなことが判明している。

(1) 市原市武士遺跡　Ⅲ層下部～Ⅳ層上部から出土した第5文化層は、最終氷期最寒冷期終末期の石器群である。横長剝片製で、片側を切り取り、基部が平らになる斜刃のナイフ形石器、複刃削器（角錐状石器）、上ヶ屋型彫器、厚味のある剝片製掻器などが含まれる。上ヶ屋型彫器というのは、縦長剝片の両側縁に抉りを入れ、その端部に刃付けをした石器をいう。多数の礫群がきずかれ、保田層群産珪質頁岩がたくさんもちこまれている。この文化層の上には、石刃と石刃製切り取り加工の尖頭器を伴う第6文化層が重なる。Ⅲ層下部に集中する。この尖頭器は砂川型とよばれることがあるが、左右対称なものである。さらに、Ⅲ層の上半分の第7文化層からは、うろこ状加工の小型尖頭器が出土する。

(2) 千葉市南河原坂遺跡群　E地点下層が最終氷期最寒冷期の石器群である。B地点からは、高原山産とみられる黒曜石製の切出形石器、細石器と考えられる幾何形刃器、片面加工の小型尖頭器を主体とする。厚味のある剝片製の削器、掻器を伴う。基部加工のある石刃、うろこ状剝離による尖頭器が伴った。A地点のほぼ同じ地層には、武士遺跡第6文化層に比較される石刃石器群が含まれていた。上ヶ屋型彫器、うろこ状剝離による尖頭器を伴う。尖頭器には面取り加工が認められるが、東内野型の有肩尖頭器ではなく、男女倉型とよばれるものである。男女倉型については、このあと議論する。Ⅲ層の上半からは、D地点やE地点上層のような、うろこ状剝離と周縁加工による、変化にとむ尖頭器が出土している。

(3) 四街道市御山遺跡　Ⅳ層から、一般的な剝片を素材とするチャート製の斜刃ナイフ形石器、複刃削器、掻器などを伴う石器群が出土した。これは第Ⅶ文化層とされた。Ⅲ層の下部には、高原山産黒曜石製の男女倉型尖頭器と切出形石器、石刃などを含む第Ⅷa文化層が含まれていた、Ⅲ層の中位には、石刃製切り取り加工による尖頭器と上ヶ屋型彫器などからなる第Ⅷb文化層が含まれていた。石材には、ジャスパー、珪質頁岩などがつかわれている。

第6章　予兆の時代　179

(4) 印西市（旧印旛村）平賀一ノ台遺跡　東内野型尖頭器の出土する層準について、重要な資料を提供した。遺跡は、印旛沼に突出する尾根上にある。台地突端の中央には、埋没した窪地がある。58か所にのぼる集中地点は、この窪地に沿うように、東西 120 メートル、南北 20～40 メートルにわたり、帯状に分布していた。分布状況は東内野遺跡と非常によく似ている。しかし、東内野遺跡とちがうのは、集中地点が重複することなく、並存していることで、炉の配置から、少なくとも、4 単位くらいのキャンプが、隣接していた状況が推定されている。石材の大半が矢子層産チョコレート頁岩である。石器群は、このころ東北地方に広がっていた石刃石器群に特有なドメスティック・トゥールを過不足なくそろえ、これに東内野型尖頭器がくわわる。この構成は、東内野遺跡とはまったく異なっている。一ノ台遺跡は、東北地方の集団の南下と一定期間の滞在によって形成された遺跡であろう。産出層準はⅢ層下部と認定されており、東内野遺跡よりもあきらかに深い。興味深いことに、集中範囲の西端には、安山岩を消費する集中範囲が付帯していた。ムラの設営に、印旛沼周辺の集団が関与していたことを物語っている。かれらは集団の南下と居住のコーディネーター、手引きだったのではないだろうか。

　この 4 項目から、たいへん複雑な様相が浮上する。最終氷期最寒冷期の石器群は、一般的な剥片を素材とする切り取り加工による斜刃ナイフ形石器、各種のドメスティック・トゥール、そして、黒曜石製小型剥片石器を基本構成としていた。石材消費パターンには地域差がみとめられたが、基本構成は地域をこえて維持されていた。これをまとめて、Ⅳ・Ⅴ層石器群などともいう。

　Ⅳ・Ⅴ層石器群の最終末期には、① 保田層群産珪質頁岩を消費する片側切り取り加工ナイフ形石器をもつ石器群と、② 高原山産黒曜石製を消費する、小型尖頭器をもつ石器群が①と並存していた。①、②と一部並行して、③ 房総半島南部産石材と、下野―北総回廊北部産石材を地域的に消費する石刃石器群と、④ 高原山産黒曜石を消費する男女倉型尖頭器石器群の両者がモザイク状に分布する。⑤　③、④などと同じ時期に、矢子層産チョコレート頁岩を消費する東内野型尖頭器石器群が出現する。⑥　少数であるが、筑摩山地や、伊

豆・箱根産の黒曜石製の男女倉型尖頭器石器群もくわわるようになる。東内野遺跡が形成されるのは、⑤の直後であると推定される。石器群③と④とは、石器群の出土する層準が区別できないので、同時異相であると考えられている。

　日常的に消費され、居住地の周辺で消費される石器群と、黒曜石産地でつくられる石器とは、つくりかたも、形も別なものであったらしい。おもに黒曜石産地でつくられ、まれに平野でも模倣された特殊な石器とは、何だったのか。なぜ、このようなつくりわけがおこなわれたのだろう。また、東内野型尖頭器とは、どのようなつながりがあったのだろう。次々に疑問がわいてくる。次節では、こうした難問にこたえることになるが、やや議論が専門的で煩雑になるかもしれない。適当にとばしながら、辛抱して読んでいただきたい。

3　男女倉遺跡群再考

　山がちの中山道にあって、最大の難所といわれた和田峠をこえると、街道は和田川に沿う下り坂になる。足下の川筋は、やがて南から男女倉川をあわせる。後期旧石器時代の遺跡は、この男女倉川沿いに点在するが、本沢とツチヤ沢の合流点付近に集中している。男女倉遺跡周辺には、霧ヶ峰地区と総称されている黒曜石産地が10か所以上分布している。1957年以降、信州ローム研究会によって5次にわたる発掘調査がおこなわれた。これは先駆的な調査だったが、概要しか報告されていない。1974年から翌年にかけて、道路建設に伴って、9か所の遺跡が調査された。この調査成果にもとづいて、森嶋稔によって男女倉技法が提唱された。男女倉型尖頭器というのは、この技法によってつくられた特殊な尖頭器に対して、後に堤隆が定義したものである。

　男女倉技法とは何か。森嶋は、はじめに、両面加工の石器が製作され、この両面加工石器をもとにして、削器やナイフ形石器、彫器などといった別々の種類の石器がつくられたことを発見した。加工の段階にしたがって、さまざまな石器が順次分化するというアイディアはエレガントで、画期的なものだった。当時の私にはよく理解できなかったが、東内野遺跡を調査した方々も、いつも男女倉技法を話題にしていた。東内野型尖頭器の設定にさいしても、常に意識

されていたにちがいない。ややおくれて、青森県大平山元Ⅱ遺跡も報告され、同じような石器が、広い範囲に分布していることにおどろかされた。

　その後公表された堤の再定義は、はじめに原型になる両面加工石器がつくられる、という森嶋のオリジナルなアイディアから出発する。このあと、両面体の側縁を削ぎおとすような面取り加工がほどこされる。この剥離は樋状剥離とよばれたが、樋のように横断面が彎曲した剥離ではないので、面取り加工とよぶべきである。剥離は平らで、少しも樋状にならないのが特徴である。面取り加工の角度に応じて、尖頭器と彫器がつくり分けられるのだという。尖頭器はさらに両面調整される場合もある。これを、改訂男女倉技法とする。篠原によって、面取り加工によってつくられた尖頭器は有樋尖頭器と一括されたが、もともと樋状剥離などつかわれていないので、この用語も妥当ではない。正しく、面取り加工のある尖頭器というべきだろう。

　尖頭器なのか、彫器なのか、それともナイフ形石器や削器なのかという議論は不毛である。型式と機能がごちゃごちゃで、論点が空回りしている。分類する人の考え方や気分によっても、器種が異なってしまう。すくなくとも、彫器や削器といった機能的な意味をもつ用語の使用は回避すべきである。ナイフ形石器とは、切り取り加工による尖頭器なので、定義によって、まっさきに除外される必要がある。そうすると、結局のところ、尖頭器という形態を重視した用語しか残らない。

　尖頭器というと、何となく槍先というイメージをいだきがちだが、これも誤解以外のなにものでもない。槍先としてつかわれたこともあったにちがいない。だが、さまざまな場で、いろいろな仕事につかわれる、先の尖った（いいかえれば、カッティング・エッジが一点に収斂する）多機能石器が尖頭器と定義されている。両面加工の尖頭器の大半が刺突具であり、同時にカッティング・トゥールであった。これは、ヨーロッパ上部旧石器（ソリュートレアンの事例）や、パレオインディアンがつかった両面加工尖頭器の使用痕分析から実証されている。ショットは多機能性 versatility といった。参考のため、ウィリアム・アンドレフスキー・ジュニアによる、石器研究入門書の記述を紹介しておこう。ここには、石器群を観察する際には、つねに念頭におくべき事項が指

摘されている。

(1) 国外でも、尖頭器が槍先あるいは矢じりとしてつかわれていたと考えられてきた。これは、いろいろな時代の槍先の形態から類推されてきた結果である。顕微鏡をつかった石器の使用痕分析がおこなわれるようになって、尖頭器が槍先以外にもつかわれていたことが明らかになった。アメリカのロジャーズ・シェルター遺跡2層から出土した114点の着柄された尖頭器のうち、槍先としてつかわれていたのは25パーセント未満であった。肉切り用のナイフや切削、掻き取り、割り裂き、穴あけなどさまざまな仕事につかわれていた。同じような事例は少なくない。たとえば、ドルトン型尖頭器（最終氷期末〜完新世初頭の大型で優美な尖頭器）についても、同じような結果がえられている。使用にしたがって、大きく変形されることもある。

(2) 次に、民族誌的な事例が検討される。オーストラリアやニュー・ギニアの民族誌によれば、石器の機能は、その形ではなく、大きさや刃部の角度によって決定されている。考古学者による形態分類は、石器使用者の分類と大きくかけ離れている。大部分の石器は、複数の使われ方をするので、ある石器が特定の用途を目的としたものなのか、それとも、多機能なものなのかは、石器ごとに異なっている。つまり、石器の形態から機能を分類することは不可能なのである。くわえて、一つの仕事をなしとげるためには、複数の道具が、さまざまな程度で関与する。石器が手元にたくさんあれば、複数の石器がつかわれる。限られた数しかない場合、刃部のつくりかえがひんぱんに実施されることになる。

男女倉遺跡群でたくさんつくられた、面取り加工のある両面加工石器についても、この多機能性という考え方があてはまる。槍先だという見解は到底成立しそうもない。面取り加工とは、一点に収斂するカッティング・エッジのうち、片側にあたらしいエッジを立てるという行為である。エッジの本質は機能適応なのだから、コンテクストに応じて刺突効率や、切削効率の最適化が考慮されている。石器の機能はコンテクストに依存し、彫器になったり、削器になったり、槍先にもなると考えることができる。製作時に機能が定まり、型式が決定

されていると考える立場は逆立ちしているのではないだろうか。もっとダイナミックに型式や機能を捉える必要がある。

　面取り加工されない両面加工石器も少なからずつくられ、消費されている。そこには、あきらかに両面加工石器をめぐって、一連の身振りが形づくられていた。この身体技法を、ここでは仮に両面体モードとよんでおこう。男女倉技法を含む両面体モードが形成された時期はいつごろなのか。この問題については、厚く地層が堆積する南関東の状況から推測するしかない。相模野台地ではL2層〜B1層にかけて出現する。武蔵野台地では、Ⅳ中層なので、だいたい同じ時期とみられる。これは前項で分類した、①保田層群産珪質頁岩を消費する片側切り取り加工ナイフ形石器をもつ石器群に相当する。すなわち、Ⅳ・Ⅴ層石器群の終末期に、男女倉遺跡群では、すでに両面体モードが成立していたことになる。相模野台地のB2層には、非黒曜石石材による両面体モードが登場する。黒曜石産地周辺でも両面体モードは、この段階にまでさかのぼる可能性が高い。

　男女倉遺跡群では、両面体モードによって黒曜石が大量に消費されたが、これに伴って、石刃も多数つくられた。石刃生産にかかわる身体技法を石刃モードとしよう。石刃モードは特定地域でしか採集できない、良質の黒曜石角礫を素材にしているが、両面体モードは、居住地近傍のパッチ入りの素材でもかまわず使われている。男女倉遺跡群という、黒曜石産地立地型の遺跡でも、石材が使い分けられている。遺跡に残された石器を数えると、両面体モードは、石刃生産に付帯しているような印象を受けるが、石材消費の中心は両面体モードだろう。両面加工石器や石刃の生産に伴って、膨大な量の剥片がうみだされるが、その一部から小型のナイフ形石器がつくられている。石刃製のナイフ形石器もあるが、少数である。

　男女倉遺跡群での石材消費をトータルに把握するならば、両面体モードと石刃モードという二項性が抽出される。両面体モードは、一般的な剥片生産の特殊なあり方である。第1章でくわしく議論したように、両面加工という技術は、一般的な剥片生産技術、つまり剥片モードから派生する。打面角とリッジの管理が石刃モードの必要条件であったが、両面体モードも同様であった。石刃

モードの場合、石材消費段階は剥片モードとは異なり、管理工程が工夫され、新たな工程が付けくわわった。一方の、両面体モードは、剥片モードが反復されている。確かに、打面とリッジの管理が厳格になり、加撃の手法もあらたまった。それは剥片モードの特殊化、洗練化であり、剥片モードに還元することが可能である。男女倉遺跡群石器群の総体が二項性という基本構造によって支えられていることが理解されるだろう。男女倉技法ばかりがクローズアップされたため、石器群の基本的な構成がぼやけてしまった。くり返す。男女倉遺跡の石器生産は両面体モードと石刃モードの複合体であった（図35）。

　男女倉遺跡群に代表される、筑摩山地の黒曜石産地でさかんに製作された石器は、パッケージとして南関東に運び出された。武蔵野台地というよりも関東山地の山麓にある、埼玉県入間市西武蔵野遺跡には、このパッケージの一部が残されていた。西武蔵野遺跡の黒曜石は八ケ岳産であったが、パッケージの構成に違いはない。黒曜石製の男女倉型尖頭器が3点あり、さかんに刃部の再生をおこなっている。報告書では、石刃という分類項目が採用されていないので、石刃の数は不明だが、石刃製の掻器や彫器を含めれば、尖頭器よりもやや多いかもしれない。黒曜石が石器石材全体の97パーセントを占め、黒曜石のパッケージが運びこまれた直後に形成された遺跡とみられる。ナイフ形石器に、平坦な基部をもつ片側切り取りタイプが含まれるので、男女倉型尖頭器のもっとも古い段階に位置づけられる。

　相模野台地で西武蔵野遺跡と機能的に対応するのが神奈川県綾瀬市吉岡遺跡群D区B1層石器群である。ここでは筑摩山地産の黒曜石が消費されているが、尖頭器が7点残されていた。石刃の数量はわからないが、やはり尖頭器よりも多いようにみえる。小型で不整形なものがめだつ。尖頭器は東内野型に類似した有肩尖頭器である。西武蔵野と同じように、尖頭器の刃部再生がくり返されている。黒曜石は全体の93パーセントで、やはり搬入直後の状況をしめしている。出土した地層から判断すると、この石器群は切り取り加工による石刃製尖頭器の終末期以降に編年される。

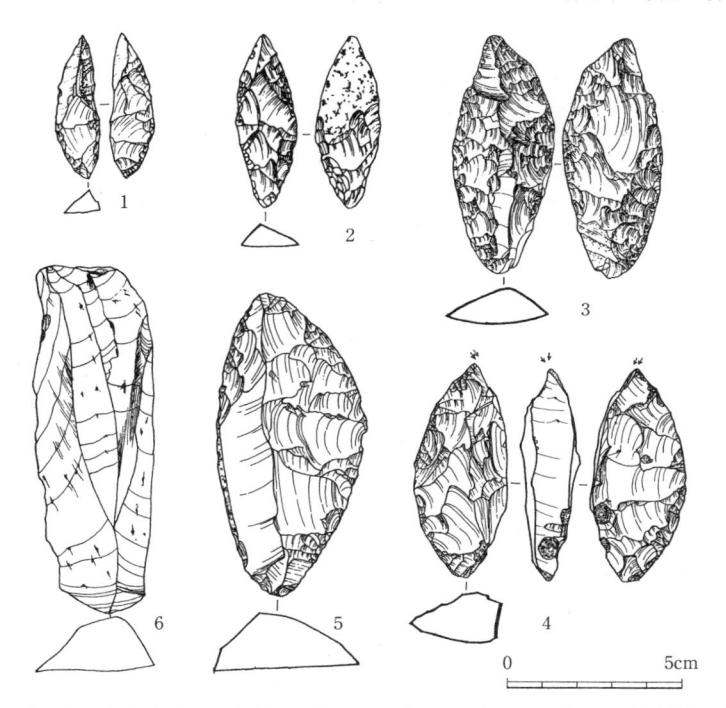

図35 長野県男女倉遺跡出土各種両面加工石器と石刃（4は両面加工石器を縦に分割している。5は削器あるいはナイフとして機能したものか。男女倉型尖頭器には多くのバラエティーがあり、多機能的な石器として製作され、消費された。6は中型の石刃である男女倉Ⅲ遺跡）

4 尖頭器石器群の変遷

　武蔵野台地Ⅳ中層、相模野台地L2層が堆積したころ、筑摩山地や八ケ岳の黒曜石産地では、確実にうろこ状剥離による尖頭器がつくられていた。関東平野では、この少し前の時期に、うろこ状剥離による尖頭器が出現する。相模野Ⅲ期とよばれる石器群に少量あるので、この時期以降、尖頭器のバラエティーがすこしずつ豊かになったことが知られている。一方、房総半島では、すでに

指摘したように、高原山産黒曜石を素材とする男女倉型尖頭器が製作された。しかし、ここでの石刃生産は顕著ではない。この地域では、相模野Ⅲ期に並行する時期には、周縁加工の尖頭器がつくられていた。

　各黒曜石産地では、ほぼ同じころ、一斉に黒曜石角礫を素材とする両面加工石器がつくられはじめたことになる。それまでのナイフ形石器や切出形石器以外に、別種の尖頭器がつくられはじめた。剥片や石刃素材の切り取り加工との本質的なちがいは、すべての両面加工石器は特殊な石核であり、その生産―消費過程は、一般的な剥片剥離による、連続的な剥片生産であるという点につきる。このため、石器一個体当たりの調整剥片は、相当量に達する。また、両面加工石器は、少なくとも、①素材となる礫や剥片の準備、②素材のトリミング・縁辺加工、③プレフォームの成形・整形、④最終的な仕上げ、という4段階を踏むものであり、その製作には多量の素材と長い時間、そして高い技量とエネルギーが投下される。石材のロスも甚大であった。このような一連の作業が実施可能な場所として、黒曜石産地がえらばれたわけである。

　このころの関東平野は、どのような状況であったのだろう。すでに指摘したように、最終氷期最寒冷期以降、南関東には人口が集中し、地域集団の移動エリアが並存する状況であった。礫群を焦点とするキャンプが形成され、環境開発戦略は次第に細区画化していった（第4章）。つまり、環境を構成している、さまざまな資源を幅広く利用する生活がはじまった。それは、何よりも食料資源を中心とする変革であったが、これ以外のさまざまな資源にもおよんだ。たとえば、石器石材のつかいかたもみなおされた。後期旧石器時代前半期、石刃生産が本格的にはじまったが、石刃の素材として、関東平野周辺でとれる細粒緻密な石材がえらばれた。資源利用の細区画化に伴って、身近な石材による石刃生産が工夫された。こうして、石器群は急速に石刃石器群に傾斜していった。房総半島の石器群区分でいえば、石器群③本章2節が成立する。

　この石刃石器群を代表するのが埼玉県砂川遺跡の石器群である。ここでは、石刃の素材としてチャートと中生代珪質頁岩がえらばれている。砂川遺跡の周辺に分布する、ほぼ同時期の西久保、屋渕、坂東山などといった諸遺跡も、同じような石材を消費している。これらの遺跡は武蔵野台地北部から入間台地南

部狭山市を中心とする、ほぼ 20 キロ圏に点在している。このエリアのだいたい中央を入間川が東西に流れている。入間川は上流で有間川をあわせる。私たちは、各遺跡で消費されているチャートや珪質頁岩は、この有間川沿岸にひろく分布する沢井層に含まれている事実をつきとめた。良質な石材は、有間川の河床で採集されたと考えられるので、当時の地域集団の移動範囲は、ほぼ東西 40 キロ、南北 20 キロ位であったことがわかる。これは房総半島南部の地域集団の移動範囲とだいたい一致している。相模野台地と相模川上流との距離も大同小異であったろう。

　この石刃石器群には、黒曜石を素材とする両面加工石器が伴うことがある。両面加工石器の大半は男女倉型尖頭器であり、遺跡内で製作された痕跡がない。石刃ももちこまれたはずだが、両面加工尖頭にくらべて損耗率が高いので、遺存しなかったのだろう。男女倉型尖頭器が筑摩山地周辺からもちこまれたことは明白である。この時期、筑摩山地周辺では、豊富な黒曜石をつかって両面加工石器と石刃が集中的につくられていた。関東平野では、移動エリア内の石材をつかって石刃がつくられ、時に、黒曜石製の両面加工石器が付け加わった。多くの研究者は、筑摩山地の地域集団と、南関東の地域集団との交流を想定した。しかし、そのような単純な問題でないことは後で議論しよう。

　石刃石器群は、しだいに細石器化していく。相模野台地では、相模野Ⅳ期後半期、小型の幾何形刃器が量産される。これは幾何形細石器とも考えられる。一方、両面加工石器には、これと同じ形をした木の葉形のナイフ形石器、そのバリエーションである周縁加工の尖頭器などが加わる。木の葉のような形の石器と、細石器という、大きく二つのグループを区別することができる。仲田大人の指摘するように、細石器は形を単純化して細石刃に変化する。木の葉形尖頭器は逆に大型化していく。この現象は、地域的な石材環境によるものだという意見がある。しかし、尖頭器の大型化は石刃の小型化・細石刃化と対になっているので、石材環境に還元される現象ではない。相模野Ⅴ期には、大型尖頭器、剥片製小型刃器、細石刃などがモザイク状に分布するようになる。第 5 章 2 節で紹介したブレイズの仮説を参照したいところだ。Ⅳ期後半では黒曜石の使用頻度は高いが、筑摩山地産のほかに、伊豆・箱根産も少なくない。Ⅴ期に

は黒曜石は細石刃用になる。

　武蔵野台地でも、剥片製幾何形刃器と木葉形尖頭器という二者からなる組み合わせが報告されている。遺跡ごとに、組み合わせにはちがいがある。黒曜石が多くつかわれているが、筑摩山地産黒曜石が多い。この時期をナイフ形石器文化終末期ということがある。房総半島でも、石器群の基本的な構成は西関東とそれほどちがわない。黒曜石製の両面加工石器には、筑摩山地産の黒曜石以外に、高原山産も多い。相模野台地で、伊豆・箱根産黒曜石が増加する時期には、かならず房総半島では高原山産が増加する。これは、南関東における地域集団の地域開発が、地域をこえて、同じようなパターンであったことを示している。黒曜石製の尖頭器石器群以外に、房総半島南部、下野―北総回廊北部などの石材を素材とする各種の尖頭器や、剥片製小型幾何形刃器などをもつ石器群がある。

　このようなコンテクストのなかに、東内野遺跡の石器群も位置づけられる。東内野遺跡の石器群には、剥片製小型幾何形刃器が多数含まれているので、相模野Ⅳ期後半の石器群であることは疑えない事実である。東内野型尖頭器も、この時期の小型尖頭器のバラエティーのなかに含まれることになる。この時期、房総半島には、東北地方南部、矢子層産珪質頁岩を多く消費する遺跡がいくつか知られている。平賀遺跡が最大のものだが、これ以外にも船橋市西ノ台遺跡、四街道市池花遺跡、佐倉市太田大篠塚遺跡など複数の遺跡がある。松戸市境外Ⅱ遺跡や旭市（旧干潟町）道木内遺跡など、混在する遺跡は多い。これらの遺跡には、東内野型尖頭器を含む、面取り加工のある尖頭器が多く含まれている。茨城県や福島県の類例から、面取り加工のある尖頭器は、東関東から東北地方南部に、広く分布していた可能性がある。私は、この石器のルーツは、東北地方南部の日本海側に分布する有肩尖頭器だと考えている。この有肩尖頭器は、新潟県樽口遺跡の事例から、武蔵野台地Ⅳ・Ⅴ層石器群の時期にまでさかのぼる。

5　中部高地の両面加工石器

　筑摩山地や八ヶ岳の周辺にある黒曜石産地や、その近傍では大量の両面加工石器が製作された。そして、その一部は関東地方や東海にも持ちだされている。こうした状況をいかにいかに解釈するのか。多くの見解が提示されている。ここでは、その一部を紹介しておこう。

　戸沢充則は1989年、長野県考古学会秋季大会で、「石槍文化の定点」という講演をおこなった。長年にわたる研究歴をふまえながら、研究の定点が模索される。尖頭器という用語は、一般にはなじみが薄いので、「石槍」という用語がえらばれている。また、尖頭器や「石槍」に、製作技術や運用面での特別な歴史的な意味を与え、これを「石槍文化」とよんだ。「定点」とは研究を進めるための目標とされるが、目標というよりも、作業仮説といったものだろう。それは次のように解説されている。

　「過去、信州は石槍文化研究のメッカでありました。そして先土器時代において石槍が最も多く作られ、その石槍文化が中心的に発達を遂げた地域の一つでもあります。おそらく本州最大、最も良質な石槍製作の原料である黒耀石の原産地を有しています。(中略)更新世末期の自然環境の変化、特に動物相の状態とそれに対応する生業活動の在り方、そういうものの中から石槍文化の発達がこの信州を中心にしてもたらされたと思われます」(戸沢 1989：13頁)。少なくとも、この時点では、この大会に参加した多くの研究者は、この定点を共有していたのではないだろうか。

　大竹憲昭は中部高地の石槍文化を、型式学的な特徴から5段階にわけた。この石器群の段階的な変化を中部高地尖頭器：石槍文化と定義する。黒曜石産地の近傍に遺跡群が形成されたこと、そこで大量の槍先形の尖頭器が作られたこと、この二点が文化が設定された意味といえるかもしれない。「南関東に槍先形尖頭器が出現したのは、中部高地尖頭器文化第Ⅱ段階と考えられる。それは、ナイフ形石器の型式と、槍先形尖頭器の特徴的な型式によって裏付けられる。つまり、男女倉遺跡第Ⅲ地点における茂呂型ナイフ形石器、南関東の出現期槍

先形尖頭器にしばしなばみられる樋状剥離を有する槍先形尖頭器である。ここに中部高地と南関東の交流（接触といったほうが良いかもしれない）をうかがいしることができる。しかしながら、この二地域間は、それぞれの地域における石器製作構造の基礎を揺るがすものではなかった」（大竹 1989：146頁）。ここには、①槍先形の尖頭器は中部高地で開発されたこと、②中部高地と南関東には独自の地域集団が居住していたこと、③両地域の集団間には、何らかの接触があったこと、④各地域の文化は独自性の高いものであったこと、などが指摘されている。

　戸沢によって提唱され、大竹に受けつがれた「定点」は、多くの研究者によって批判された。栗島義明は、槍先形尖頭器がナイフ形石器とともに組み合わせ石器としてもちいられていること、石槍文化とか尖頭器文化などという特定の文化的な段階を設定することは誤りであることを正しく指摘した。佐藤宏之は、やはり文化設定の方法的な問題点をあげたうえで、「中部高地の尖頭器石器群は、後期旧石器時代後半期における地域的な社会・集団関係の発達と寒冷・乾燥―気候下での自然環境の変動という二者を媒介に、中央高地内に収束することなく、周辺の地域集団の開発領域の一部として、主に石材採取と草原・灌木・疎林帯での中・小型動物主体の狩猟という機能的要請にもとづいて成立した歴史的考古事象である」（佐藤 1991：131頁）と主張した。これを承けて、関口博幸は、筑摩山地と相模野台地の両面加工尖頭器と石刃製ナイフ形石器との関係を議論した。関口は、両地域が、両面加工石器の生産地と消費地の関係であったことをあきらかにした。いずれも説得力のある議論といえるだろう。

　安蒜政雄は、関東平野の後期旧石器時代遺跡群とは、規模の大きな遺跡と、小規模な遺跡とが交互に形成され、累積されたものと考えた。関東平野の各地域には、人口規模の大きい大単位集団とよぶ地域集団が並存していた。それぞれの大単位集団は5単位程度の小単位集団から構成されていた。小単位集団の離合集散によって、大小の遺跡が時間をたがえて形成されることになる。このモデルは、シンプルだがわかりやすい。安蒜が、第5章3節の民族誌的なデータを念頭におきながら、階層的な単位集団を設定したことは明らかである。5単位25人というマジック・ナンバーが想定されている関東平野の地域集団は、

「石槍文化の定点」といかに関わるのだろう。これが問題の核心である。

　長野県長和町星糞峠は、筑摩山地の黒曜石産地の一つである。ここには男女倉遺跡群とともに有名な鷹山遺跡がある。安蒜らは、鷹山第Ⅰ遺跡のM地点とS地点を発掘した。S地点からは235点の尖頭器が出土している。石器群全体が詳しく検討され、関連する遺跡と比較された。この結果、「槍先形尖頭器文化期の中部高地の黒耀石産地には、一定期間居住したばかりか、同じ場所で何度も繰り返して、原石を入手しながら大規模に石器を製作しつづけた、組織的な人のムレが存在していた」(安蒜 1997：167頁)ことが明らかになる。

　しかし、こうした遺跡での石器群の内容は、関東平野の遺跡とは異なり、「中部高地の黒耀石原産地で、生業地である南関東と同様、狩猟などの生業が日常的に営まれていたとする証拠を積極的に指摘できない」(同)のであり、「専ら原石の入手と石器の製作とに従事していた」(同)ことが推測されている。大竹のように、中部高地に、地域集団の存在や、独自の文化的な伝統を単純に想定するのではなく、石器製作者集団の、中部高地と関東平野との往復運動が摘出されている。この石器製作者集団、タスク・グループは、関東平野の川筋をいききする大単位集団、すなわち地域集団から選抜されたとみなされている。

　よく考えられたシナリオというべきである。地域集団から黒曜石産地に派遣されたタスク・グループは、数多くの両面加工尖頭器や石刃をもちかえる。もちかえられたパッケージは自家用の消費財となるが、隣接する諸集団との交換財となった。こうして、「岩宿時代(著者注：後期旧石器時代)は約2万年前に遡る槍先形尖頭器文化期以降、石器・食糧間の循環バランスが、自給自足のサイクルだけでなく、ゆるやかながらも物々交換のサイクルへと移行する」のだと考えられた。

　作業仮説としての「定点」には、多くの難点があり、このままでは維持できないことがあきらかになった。説得力のある対案が必要である。男女倉遺跡群や鷹山遺跡群で、大量の両面加工石器と石刃が、関東平野をはじめとする周辺地域の地域集団によって製作された。私もこの事実から出発したい。なぜ、関東平野等の地域集団は黒曜石産地におもむき、黒曜石を定期的に消費したのだろう。仮に、安蒜のいうような、ロジスティック・モビリティーによる、タス

ク・グループによるものだとしても、このプロセスは交換財の製作に還元されるのだろうか。さらに歴史的な考察がもとめられる。

6　広域的婚姻網の形成と解体

　最終氷期最寒冷期、南関東では人口が増加した。これは、北関東以北での人口の減少と表裏一体の現象であった。南関東という一地域における人口の増加、人口密度の上昇が、どのような社会的影響を引き起こしたのか。この難しい問題を考えなければならない。その前に、長期的な人口分布について簡単にふりかえっておこう。房総半島を対象とする、私たちの集計結果によれば、人口分布は大きく5段階にわたる変遷をたどった。
　1期　中期／後期旧石器時代移行期　　きわめて低人口密度であった。
　2期　後期旧石器時代前半期　　人口は急激に増加し、相対的な安定期をむかえる。
　3期　後期旧石器時代後半期前半　　短期間に急激に人口が増加する。最終氷期最寒冷期に相当する。
　4期　後期旧石器時代後半期後半　　人口はふたたび相対的安定局面をむかえるが、しだいに人口は減少に転じる。
　5期　後期旧石器時代／縄文時代移行期　　急激に人口が低下する。ボトルネック現象が発生した。
　おおざっぱな人口動態であるが、南関東における長期的変動状況を理解するためには十分だろう。相対的安定期における遺物集中地点の出現頻度に大きな差はみとめられない。後期旧石器時代後半期を通して、安定局面での生業・居住行動が、極端な変化なく維持されていた。いいかえれば、地域集団は、繁殖をある程度一定水準に維持できたことを意味している。バーゼルが指摘した人口均衡システムにより、後期旧石器時代後半期の社会的な混乱も、1,000年単位の調整局面を経て、ふたたび均衡を取り戻したようにみえる。このことは、後期旧石器時代後半期前半における急激な人口増が、地域集団が繁殖能力を向上させたことによるものではなく、別な要因との相互関係に起因したものであ

ることを示している。

　南関東後期旧石器時代後半期後半は、これまでになかった社会的な激動の時代であった。安定した社会を維持してきた地域集団が直面したのは、限られたエリアに、多数の地域集団が並存するという、これまで経験したことのなかった事態であった。武蔵野台地や相模野台地の場合、決して広大とはいえない台地上で、遺跡が集中しているのは主要河川の沿岸に限定されていた。河川流域を単位とする地域集団の併在状態が想定されるが、すでに検討したように、その移動範囲は半径20〜40キロ程度であったとみられる。また、礫群の管理状況からあきらかなように、キャンプは比較的長期間維持され、また、おなじ場所にくり返し設営された。こうした様々な徴候から、各地域集団が定着性を強めていった経過をうかがうことができる。

　ところで、関東平野の地勢を見るまでもなく、南関東の平野は太平洋によって切り取られている。このため、最終氷期最寒冷期における地域集団の配置は、海岸線にそう帯状の配列とならざるをえなかった。また、関東平野を東西に分ける、古東京川につらなる低地も、地理的な支障となっていた。したがって、この時期に南関東に集中した地域集団の配列は、海岸線に規制され、しかも東西に分断された。最終氷期最寒冷期後半、西関東の石器群には男女倉型尖頭器が含まれるようになる。この時期に、筑摩山地や八ケ岳の黒曜石山地周辺に遺跡群がつくられはじめたのである。いうまでもないが、筑摩山地や八ケ岳などの黒曜石産地は、後期旧石器時代初頭以来、連綿と開発されていた。これには南関東の地域集団も多くかかわっていた。後期旧石器時代前半期には、黒曜石の角礫、あるいは礫片を採集することが主な目的であって、決まった場所に、石材消費をおこなうキャンプが維持されることはなかった。各集団は、必要な黒曜石を採取し、これを逐次消費し、必要とされる石器を製作していた。ところが、最終氷期最寒冷期後半期以降、特定の場所に季節的なキャンプが維持され、特定の消費財パッケージがくり返し量産されはじめる。パッケージは厳選された素材による石刃と、至近な沢筋で採集された素材による両面加工石器から構成されていた。黒曜石産地の機能に、変化が生じはじめたのである。この社会現象の説明は難しいが、以下のような仮説が立てられそうである。

議論の始点は前章で議論した最終氷期最寒冷期における地域的な人口動態である。この時期に南関東各地域には、これまでにない数の地域集団が並存していた（重複する蜂窩配列）。彼らには、地域資源の集約的な開発と、新しい社会的な関係を形成することが求められた。南関東というレフェジア形式に伴って、草食性哺乳類を主体とする食料資源も潤沢となった可能性が高いが、それは最終氷期最寒冷期における一過的な現象にすぎず、両者の均衡は周期的に変化していったはずである。さらに、食料資源の中心であった草食性哺乳類の多くは、後期旧石器時代後半期には次第に減少したことは確実なので、地域集団の人口規模も徐々に縮小しながら、均衡水準が維持されていった。こうして、後期旧石器時代後半期を、人口（および食料資源量）の拡大再生産期である前半期と、縮小局面に突入する後半期に区分することができる。

　ウォプストは地域集団間の構成が不安定になる最大の要因が、各集団の地理的な位置関係にあったことを指摘している。後期旧石器時代前半期のような開放型ネットワークの場合、集団間の矛盾は集団の流動性によって吸収される。ところが、最終氷期最寒冷期における食料資源の不均等分布によって、地域集団の流動性が低下し、地域集団間にも格差と軋轢が発生した。前節で指摘したように、最終氷期最寒冷期における地域集団の開発エリアは、関東平野中央の低地によって東西に分断された海沿いの台地と低地に限定されていた。特に、西関東では東関東とくらべて、低地が未発達で、台地の面積も狭隘であったことから、事態はより深刻であった。

　筑摩山地黒曜石原産地における石材消費が開始されるのは、最終氷期最寒冷期直後であり、西関東における資源利用をめぐる社会的な軋轢が顕在化した時代と重なる。これは決して偶然なのではなく、西関東や、おなじような問題を抱えていた箱根・愛鷹の地域集団による季節的な移動が開始されたことを引金とした現象である。これは武蔵野台地Ⅳ層中部の時代に相当するが、この時代の南関東では、それまで潤沢だった食料資源が急速に減少しはじめていた可能性が高い。一方、関東平野の北側では、十分な人口を涵養できるような環境は、未だ十分には回復していなかった。この結果、地域集団の季節的な長距離移動が開始されたのではないだろうか。

第6章 予兆の時代 195

　筑摩山地への長距離移動は、武蔵野台地VI層でも盛んにおこなわれていた。VI層での長距離移動については第4章でふれたが、最終氷期最寒冷期直後の移動パターンと類似している。西関東では筑摩山地へ、そして東関東では磐越高地周辺へという移動パターンは共通している。VI層段階での長距離移動のプロセスについてはよくわからないが、後期旧石器時代後半期の開始時期と一部重複するので、まず、気候変動に伴う生態的な要因が考えられるだろう。理論的には、気候変動によって、食料資源を含むパッチが分散化したこと、しかも、各パッチからは十分な食料資源が回収可能であったという生態的条件が想定される（第3章3節参照）。一方、IV中層では、移動領域が広域化したことにより、パッチの分散化がさらにすすめられた。同時に、パッチ内での予測可能性は低下し、分散したパッチ内での特定の場所での反復居住がはじまった。パッチとパッチの間は隔たっているので、パッチ間の移動距離はながくなる。しかしパッチ内のどこに食料資源が分布するのかわかりにくいので、一所に腰を据える必要があった。
　筑摩山地と南関東というパッチ群の分散化がすすみ、双方で特定エリアの反復居住がくり返された。筑摩山地の男女倉遺跡と、相模野台地における栗原中丸遺跡はその典型的な事例である。こうした生業・居住形態の大きな変化は、集団間の社会的な関係にも大きな影響を与えた。最終氷期最寒冷期では、南関東の全域をおおうような婚姻網が形成されていたはずである。これは繁殖戦略として必要なばかりでなく、パッチ利用のために必要な同盟関係でもあった。資源構造の変化とこれに対応した生業・居住行動の変化によって、それまで維持されきた同盟網も再編成されていった。婚姻網が全体として再び流動化していったのである。筑摩山地の黒曜石原産地は、西関東以外の地域、たとえば箱根・愛鷹山麓などの地域集団も共同利用していた。夏季にはさまざまな地域の集団が居住し、交流し、そこでさまざまな情報がやりとりされた。いわば、筑摩山地黒曜石原産地を結節環とする、非常に広域的なネットワークが形成された。このような社会的なネットワークを媒介として、親族組織も広がっていった。
　ある意味で、男女倉型尖頭器は、西関東を含む広域的なネットワークを象徴

する石器であったということができるだろう。とすれば、筑摩山地産黒曜石製男女倉型尖頭器の地理的・層位的分布によって、このネットワークの範囲と消長を追跡することができるかもしれない。層位的に武蔵野台地Ⅳ層上部では、すでに男女倉型尖頭器は認められなくなるので、この石器は、同Ⅳ下層最終末期からⅣ中層にかけ、比較的短期間しか製作されていなかったことがわかる。広域的なネットワークも徐々に解体し、バーゼルの人口調整メカニズムによって、減少しつつあった食料資源に対応した地域社会が形成されたのだろう。生業は次第に細区画的な方向にシフトしていかざるをえなかった。

　このころ、北関東では、人類の居住環境がようやく整いはじめ、しだいに人口規模が拡大していった。パッチの集約的な利用がはじまり、パッチ間の移動時間は短縮されたが、動物性食料資源の予測可能性は依然として低下傾向にあり、小規模な分散キャンプとパッチ群の中央に位置する大規模な集合キャンプがモザイク状に並存していた。有名な群馬県桐生市武井遺跡は集合キャンプの代表的な遺跡である。武井遺跡に集合的に認められる尖頭器には種々の石材が混在している。それは筑摩山地から高原山山域まで広い範囲におよんでいる。石材から推定されるさまざまな地域に分散していた集団による居住が反復された状況をとどめている。

　一方、東関東の状況はどのようなものであったのか。基本的には西関東とおなじような傾向が指摘されるが、地域的な独自色を逸するわけにはいかない。ここで再び、後期旧石器時代前半期末、姶良Tn火山灰降下直前期の状況をふり返ってみたい。この時期、西関東では筑摩山地黒曜石原産地を取りこんだ広域移動がくり返されていたが、東関東では、磐越高地周辺、山形県南端矢子層分布エリアにまでさらに広域的な移動経路が開発されていた。二つの移動経路は下総台地で交叉していた。これと同じように、最終氷期最寒冷期直後、西関東の地域集団は筑摩山地にまで移動範囲を拡大し、東関東では磐越高地周辺まで移動範囲が広がった。この類似したパターンを生みだしたプロセスについては、すでに指摘したとおりである。気候変動による資源構造の変化が大きな動因となっていたと考えられる。

　しかし、東関東は西関東と比較すると、はるかに広い捕食エリアをもち、涵

第 6 章　予兆の時代　197

養人口も広い範囲に分散可能であった。加えて、大宮台地や下野―北総回廊を経由して、北関東と陸続しているなど、環境変化の影響は西関東ほど深刻ではなかったと推定される。とはいえ、最終氷期最寒冷期以降、婚姻網の流動化に伴って、それまで維持されていたネットワークの手直しがすすめられた。この間のプロセスは面取り加工のある尖頭器を含む石器群の様相からある程度推測することが可能である。この石器群は四群に分けることができる。

(1) 筑摩山地産黒曜石を素材とする男女倉型尖頭器をもつ石器群。市原市草刈遺跡 F8-A ブロックが標準資料だが、黒曜石の消費を伴う遺跡は少ない。多くの場合、男女倉型尖頭器のみが搬入された状況で発見される。この場合、別種の石器群に付加されている。単独出土例まで含めると、石器群の分布はほぼ全域をカバーしている。

(2) 高原山産黒曜石を素材とする男女倉型尖頭器をもつ石器群。佐倉市大林遺跡第Ⅱ文化層bや四街道市御山遺跡第Ⅷa文化層など、少なからぬ遺跡がある。遺跡内で黒曜石の石材消費がおこなわれているが、石材消費は尖頭器製作後半段階に限定される。石器群は房総半島北部に多く分布している。

(3) 保田層群産珪質頁岩や万田野・長浜層産の円礫を素材とする男女倉型尖頭器をもつ石器群。八街市朝賜遺跡や成田市取香和田戸遺跡などがあり、遺跡内で石材消費がおこなわれているが、やはり尖頭器製作後半段階に限定される。石器群は房総半島南部から東部に多く分布している。

(4) 東内野型尖頭器を伴う石器群だが、①矢子層産珪質頁岩を消費するグループと、②保田層群産珪質頁岩や万田野・長浜層の円礫を消費するグループが含まれている。石材消費は②の場合は、(2)や(3)と同じだが、①では刃部再生に限定される。石器群は印旛沼の周辺、いいかえれば下総台地中央部に多く分布している。

各石器群は、それぞれの消費石材の違いに応じて、地域的に展開されており、今のところ、明らかな新旧関係は認めがたい。すでにふれたが、房総半島では、後期旧石器時代前半期以来、保田層群や万田野・長浜層の石材を主に消費する半島南部～東部の地域と、高原山や大宮台地以北の利根川河床礫を消費する北

部地域とが並存していた。いいかえれば、地域集団の移動領域、テリトリーの大きさが、この程度の規模であり、長期間きわめて安定していたことを示唆している。石器群(1)が広い範囲に分布していることは、最終氷期最寒冷期以降も西部との紐帯が切れていなかったからなのだろう。しかし、石器群(3)の存在が、社会的再編期における東関東の地域性を物語っている。

東内野型尖頭器については、すでに1節でも触れたように、もともとは基部片側に深い抉りの入った切り取り加工による尖頭器であった。これが奥羽山地や磐越高地周辺の珪質頁岩産地で東内野型尖頭器に改変されたとみられる。男女倉型尖頭器と同じように、伝統的な石刃石器群とともに、技術的なマトリクスを形成していた。印西市（旧印旛村）平賀一ノ台遺跡の石器群は、この時期の東北地方の石器群そのものであり、最終氷期最寒冷期直後の社会的な再編期に、古くから維持されていた社会的関係を縁として、関東地方に南下した集団があったことを教えてくれる。石器群(4)②は、これに後続するものだが、房総半島南部でとれる石材が素材となっており、この地域の地域集団と下野―北総回廊以北の地域集団とが、ゆるやかな同盟関係によって結ばれていたことが推測される。

また、石器群(4)が残された遺跡には、際立って規模の大きな遺跡が複数含まれている。そこには非常に多くの遺物集中地点が折り重なり、比較的長期間くり返し利用された形跡が認められる。もちろん、小規模なキャンプもあるのだが、これまでの集合キャンプとは異なる、地域開発の要ともいえる場所に、相対的に多くの人口を擁するムラ（第3章・図18参照）がつくられた。この背景として、草食性哺乳類の減少に伴う資源ストレスがあったことはみやすいだろう。理論的にも、予測可能性の低下によって、分散したパッチ群の中央に反復居住されるムラが形成される。パッチの利用が細区画化した可能性についてはすでに指摘したが、これは石器群のモジュール化が一段と促進され、さまざまなコンテクストにおいてリスクを逓減するための狩猟具が工夫されたことからもうかがうことができる。モジュール化については次章で検討することにする。

東内野遺跡の形成にいかなる進化論的な意味があるのか。多くの視点から考

えてみた。以前、東内野型尖頭器の最大の特徴を、くり返し刃部の再生をおこなうことと考え、これをリダクション型の石器群と規定したことがあった。その背景として、地域に定着する傾向が強まったことを想定した。その後、関東・中部の同時期の石器群を広く観察し、地域性の強化は、同時に地域的な居住行動領域の拡大という、一見矛盾した現象を伴っており、一地域にとどまらず、より広域的、多面的な考察が必要であることを知った。地域性の根を張るためには、より広い範囲の集団とのネットワーク形成が必要であったのだ。

　歴史的には、最終氷期最寒冷期の社会は、地域的なパッキング現象による地域集団の並存空間の出現によって大きく変貌した。少なからぬ社会ストレスが蓄積しはじめた。一方、環境構造も次第に変貌していった。草食性哺乳類の減少が予測され、ここでは資源ストレスが大きな影を落としはじめた。食料資源は、波動的に増減をくり返しながら、長期的には総量減少に向かっていた。この結果、資源の予測可能性も低下した。こうした状況におかれた地域集団にとって、ネゴシエーションや儀式を積み重ね調停することが必要であり、これを一つの条件として、捕食エリアの季節的な拡大がこころみられた。環境の細区画的な利用もすすめられた。こうした趨勢は、多くの生態的、社会的要因が複雑に錯綜し、地域集団が社会を含む全体的な環境と相互関係を反復しながら進化していったプロセスということもできる。しかし、多くの地域集団は、さらに大きな危機に呑み込まれていった。

第7章　地域社会の解体と再構築

1　後期旧石器時代後半期の人口動態

　私が旧石器時代の地域的な研究をはじめたころ、縄文時代のもっとも古い時期の遺跡は非常に少なかった。この時期を縄文時代草創期前半というが、後半期の遺跡はたくさんみつかっていたのに、前半期の遺跡は多くなかった。まして、草創期前半期の直前、後期旧石器時代終末期の遺跡はないに等しかった。ときどき、単独で、両面加工石器や、有舌尖頭器という草創期前半に多い石器が採集されていたが、関東地方で、まとまった量の遺物が出土した遺跡は、数遺跡にすぎなかった。当時、私が指導を受けていた、富里村（現富里市）の篠原正さんは、農業のかたわら考古学を研究されていた。篠原さんのご実家の横手には、南と東を谷に浸食された台地があり、永年、篠原さんのご家族が耕作されていた。篠原さんが、この畑で両面加工石器を採集されたことがきっかけとなり、1972年、発掘調査が実施されることになった。この遺跡は南大溜袋遺跡と命名された。

　発掘調査は佐藤達夫先生が担当され、成城大学に集う諸氏が参加された。最近、遺跡の範囲確認調査が実施されたが、発掘されたのは遺跡の中心部分であったことが判明した。遺物は8メートル×6メートルの範囲にまとまっていた。ソフトローム層の上部から集中的に出土し、炉跡を伴っていた。両面加工石器85点、両面加工石器の最終的な調整をおこなった時にできた小型の剥片が700点あり、これに少量の削器や石鏃などが伴った。両面加工石器の形が検討され、縄文時代草創期前半期の石器群であると判断された。

　当時すでに有名だった、新潟県本ノ木遺跡、群馬県石山遺跡、東京都前田耕地遺跡などの石器群と比較された。内容のよくわからない石山遺跡は別にして、本ノ木遺跡と前田耕地遺跡は、長期的にくり返し両面加工石器が製作され

た場所である。南大溜袋遺跡では、両面加工石器製作がおこなわれたかどうか、はっきりしない。破損品の補修がさかんにおこなわれていたらしい。富里市教育委員会が保管している資料を観察すると、両面加工石器の素材は、黒色頁岩、黒色緻密質安山岩、ホルンフェルスなどが多い。最近、千葉県君津市向郷菩提遺跡で、石器製作の場が見つかり、これらが万田野・長浜層に含まれる円礫を素材としていたことが判明した。房総丘陵から土気―銚子分水界を経由して、まとまった量の両面加工石器および未製品が搬入されている（図36）。

　南大溜袋遺跡の両面加工石器は、細身で厚味のある尖頭器と、幅の広い木葉形尖頭器によって構成されている。細身の尖頭器は破損している例が多く、折れた破片から別の尖頭器を製作する場合もあった。全体に、調整剥離は荒々しく、無骨な印象を受ける。両面加工石器は、継柄に装着されて、獲物の捕獲から処理にいたるさまざまな用途に使われた。継柄につけるために、基部を細く加工する例がある。刃部が凹型になるノッチとよばれる削器が加工用につかわれた。ノッチの素材はどの遺跡でも申し合わせたように良質の珪質頁岩がつかわれている。くり返し刃つけがおこなわれたのだろう。また、疑うことのできない石鏃もあり、槍猟と弓矢猟が使い分けられていたことがわかる。縄文時代では、弓矢猟が普及し、槍猟は衰退するので、過渡期の石器群と考えられている。

　篠原さんたちは、その後も、成田市（旧下総町）成井遺跡を発見し、1980年に発掘調査をおこなった。成井遺跡の所在をはじめてつきとめたのは高野安男さんだった。篠原さんたちは、北総考古学研究会という研究団体をつくっており、高野さんはじめ、熱心な青年たちが考古学を勉強していた。研究会の事務所は篠原さんのご自宅にあり、書庫や複写機をそなえた立派なものだった。当時は研究会で水田耕作をおこない、軍資金を捻出していた。研究会では、正月三が日の調査が恒例行事となっていた。毎年、いろいろな遺跡を踏査したり、発掘したりした。成井遺跡の発掘調査もその一環だった。1983年には、私たちは市原市南原遺跡の発掘を実施していた。鎌ヶ谷市林跡遺跡を発見したのもこのころだった。ふり返ってみると、1970年代に、集中的に縄文時代草創期前半の重要な遺跡が発見され、調査されていた。

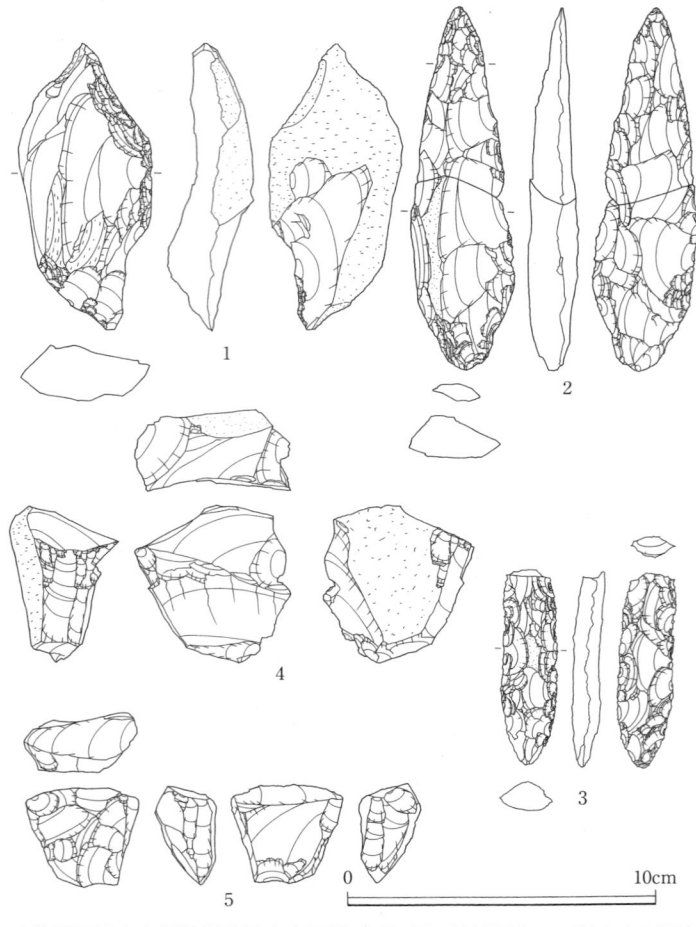

図36　千葉県君津市向郷菩提遺跡出土石器（万田野・長浜層産の石材から両面加工石器1〜3や細石刃核4・5が生産されている）

　当時、しだいに充実していく地名表をながめながら、この調子で順調に遺跡数は増加するにちがいないと感じていた。ところが、事態は予想したとおりにはすすまなかった。たしかに、房総半島だけでも、縄文時代草創期前半期の遺物を出土した遺跡は400か所以上ある。だが、その大半は両面加工石器が単独

第 7 章　地域社会の解体と再構築　203

で採集されているような事例で、遺物が集中的に出土した遺跡は、今でも 20 か所にみたない。一方、縄文時代草創期後半の土器（縄文・撚糸文土器）散布地は、1987 年の集計で 410 か所あった。現在ではさらに何割かふえているだろう。もちろん、この数字をそのまま比較するわけにはいかないが、実感としても、縄文時代草創期前半の遺跡数はきわめて少ない。つまり、人口が少なかったことは確からしく思われる。いい方をかえれば、各期の継続年代を考慮したとしても、縄文時代草創期後半にかなり急激に人口が増加（20 倍！）したといえるだろう。

　後期旧石器時代／縄文時代移行期～縄文時代草創期前半の人口密度は、後期旧石器時代の人口密度と比較してどうなのだろうか。一般に旧石器時代は低人口密度であった、というのが通説である。旧石器時代以降もしばらく低人口密度状況が維持され、徐々に人口が増加していった、と考えるのが普通だろう。私は、いちじるしい低人口密度は後期旧石器時代／縄文時代移行期～縄文時代草創期前半に限定される歴史的な現象だった、と考えている。すでに紹介したように、狩猟・採集民の地域人口は、人口密度調整メカニズムによって、小さな増減をくり返しながら推移する。数百年から数千年単位で、人口密度は高くなり、低くなることをくり返す。後期旧石器時代／縄文時代移行期～縄文時代草創期前半の人口減少は、こうした人口変動の波の一環として、理解されるのだろうか、それとも別な原因が想定されるのだろうか。そもそも、人口の減少傾向はいつごろからはじまるのだろうか。難しい問題が山積している。

　すでに再三指摘したように房総半島の後期旧石器時代後半期後半は、遺跡数の大きな増減のない比較的安定した時期であったと考えられる。ところが、後期旧石器時代／縄文時代移行期では急激に遺跡数が減少するのである。この時期には、長者久保―神子柴石器群と、これに後続する草創期初頭の石器群を含めている。長者久保―神子柴石器群については、この後で検討することになるが、本格的な縄文時代の開始されるまでの数千年間にわたり、ほぼ確実に房総半島はいちじるしい低人口密度下におかれた。同じような傾向は、武蔵野台地でも観察される。図 7 は武蔵野台地の遺跡数の推移を示したものだが、旧石器時代終末期には、後期旧石器時代開始期とあまり違わないほど遺跡数が落ち込

んでいることがわかる。くわしいデータは提示できないが、北関東でも同様な傾向が指摘されている（第5章4節）。

関東平野の南部、相模野台地周辺では、やや事情が異なるかもしれない。図37に相模野台地における、L2層以降FB層までの遺跡数の推移を示した。これからあきらかなように、各土層に含まれている遺跡数には大きな変化が観察されない。B1層の遺跡が多いようにみえるが、これはB1層の堆積した期間が長いからで、実態としてはそれほどかわらない。後期旧石器時代／縄文時代移

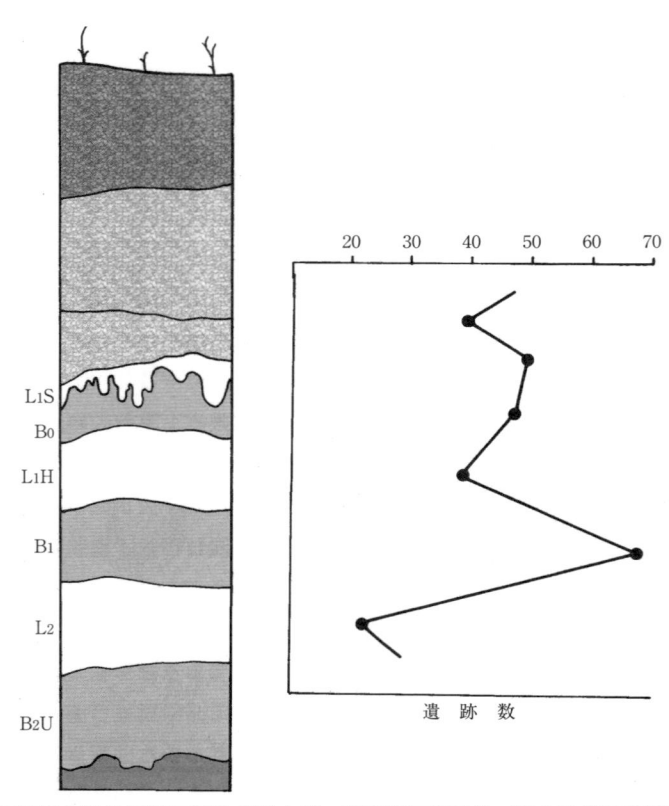

図37　相模野台地後期旧石器時代終末期〜後期旧石器時代／縄文時代移行期にかけての遺跡数の変化（遺跡数は旧石器〔先土器・岩宿〕時代研究プロジェクトチームによる）

行期は L1S 上部〜上面とされており、FB 層下部の遺跡の多くは縄文時代草創期前半に該当する。しかし、後期旧石器時代／縄文時代移行期の遺跡としては、大和市上野遺跡第 1 地点、同長堀北遺跡、相模原市勝坂遺跡など、決して多いわけではない。これ以外の地域と同じように、人口が減少した可能性は高いが、ある程度の人口規模は維持されていたとみるべきだろう。

2　細石刃石器群(1)

　すでに詳述したように、後期旧石器時代の石器群は、その成立期から細石器石器群としての性格をもっていた。モジュール・組み合わせ石器としての小型刃器が組織的に生産され、消費されていた。その製作には地域的、時代的な変化があることもすでに指摘した。地域的な技術マトリクスのなかには、いつもすでに、細剥片や小型刃器が組みこまれていたのである。未加工の細剥片がつかわれたことも多かったと推定されるが、誰も関心をもたないので、よいデータがえられていない。また、細剥片が意識的に回収され、報告されたこともない。ところが、細石刃となると話は別で、だれでも異常な関心を示し、膨大な研究が蓄積されている。しかし、ことの本質は細剥片も細石刃もかわらないはずである。ここにも硬直的な型式学の弊害がみえかくれする。

　細剥片から細石刃に転換したのは、相模野台地では L1H 層堆積期だといわれている。野辺山 b 型（代官山型）という小口面型細石刃核が登場するのが L1H 層上部で、B0 層で野辺山 a 型（一般の野辺山型）に変化する。L1H 中部には、細剥片から細石刃への過渡的な「細石刃様剥片」とよばれている細剥片がある。この変化も、実際には数百年の時間帯のなかでの漸移的な変化なのであって、必ずしも急激とはいえない。ところで、砂田佳弘は、「細石刃様剥片」を、細石刃の発生期の姿であると想定しているが、「細石刃様剥片」はさらに古い地層からも出土している。たとえば、吉岡遺跡群 B 区 B1 層石器群には、幾何形の細石器とともに、「細石刃様剥片」が含まれている。このプロセスは、後期旧石器時代初頭の石刃技法定着時の推移と同じで、細石刃の生産が南関東で独立発生したことをものがたっている（図 38）。ただし発明された訳ではない。

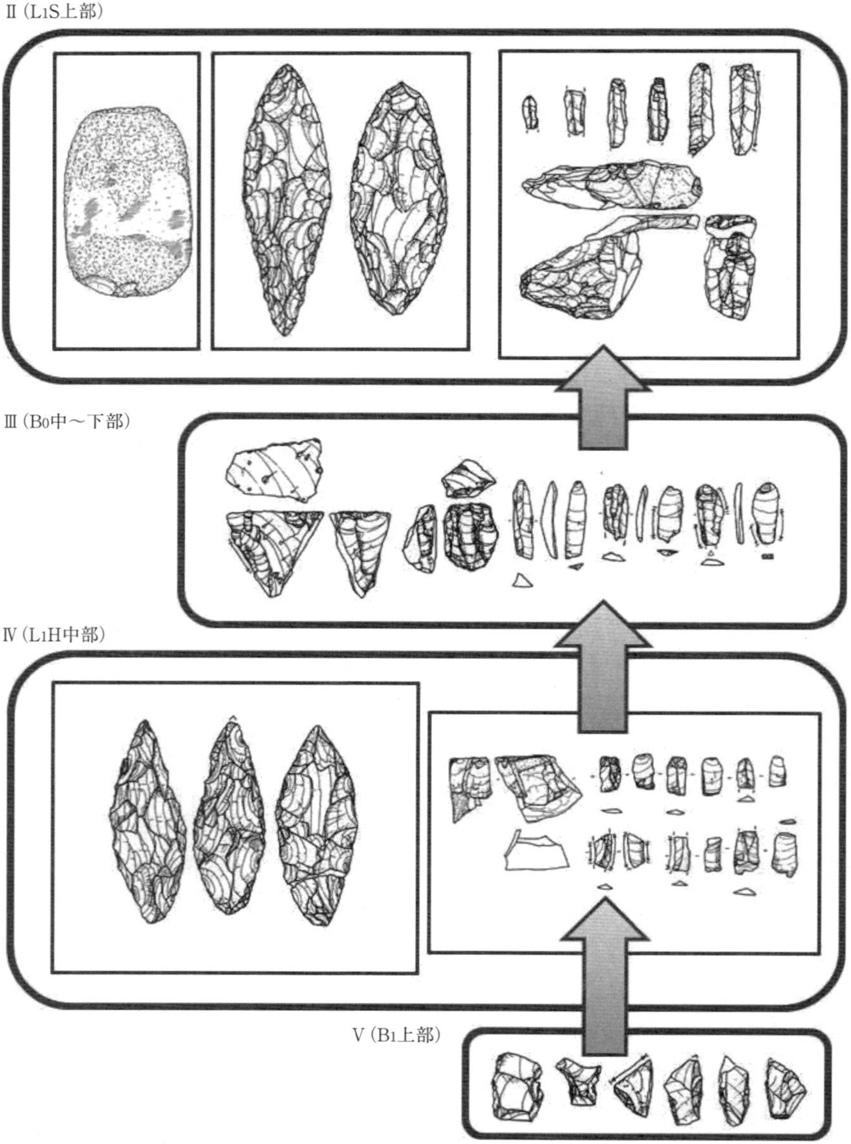

Ⅱ（L₁S上部）

Ⅲ（B₀中〜下部）

Ⅳ（L₁H中部）

Ⅴ（B₁上部）

図38　神奈川県月見野上野遺跡第1地点の石器群（ローマ数字は文化層番号、矢標は幾何形細石器から細石刃への変化を示す）

細石刃に先行する細剝片や小石刃が十分に評価されていない理由は単純である。細石刃石器群とは、大陸から伝播、波及してきたという暗黙裏の前提があるからである。佐藤宏之は次のように指摘している。「後期旧石器時代後半期には、(中略)大陸から拡散した細石刃石器群が北海道内を広く覆うようになる。(中略)本州東北部の尖頭形石刃石器石器群と北海道の細石刃石器群は、津軽海峡を挟んで対峙していたようであるが、本州東北部には湧別技法札滑型・白滝型、美利河技法、ホロカ技法等を保有する集団がしばしば南下し、在地の集団に影響を与えた」(佐藤 2003：277 頁)。これを額面どおりにうけとり、細石刃そのものが、実態として伝播してきたという考え方が広がっている。しかし、伝播したのはモノではなく、モノとモノにまつわる技術的な情報である。それは、さまざまな要素、モノとモノをとりまく情報体系からなるパッケージなのである。いいかえれば、このモノは、何時、どのようにつかわれるのか、いかにしてつくられるのか、どんな利点と不都合があるのか、等々の情報が伝えられ、判断され、選択される。そして、象徴的な意味が派生し、定着した段階で、地域的なマトリクスが形成されることになる。

 細石刃をつかう集団が、「しばしば南下し」たのは事実なのだが、接触した集団とのやりとりのなかでつくられたのは、細石刃そのものではない。まず、更新された技術的マトリクスがつくりだされたのである。モノが伝播したのではなく、モノづくりのマトリクスが形成されたのだ。マトリクスは広域的な社会的ネットワークを媒介に、徐々に遠方にまで広がっていったとみられるが、実際に細石刃が製作され、使用されるのは、マトリクスのおかれた社会・生態学的な環境に依存していた。相模野台地で「細石刃様剝片」が製作されはじめたのはおよそ 2 万年前であり、これは北海道における細石刃の採用時期と照応している。ほぼ、同時期に細石刃マトリクスは列島の隅々にまで広がったことがわかる。そして、この技術が、伝統的な細剝片の基盤の上に、容易に移植されたこともみやすいだろう。私たちが、細石刃文化という用語をかたくなに忌避するのは、それが膨大な技術的マトリクスの一部分を、不用意に拡大する誤りを犯しているからである。

 房総半島の細石刃石器群の大半は、野辺山 a 型 (石刃石核周縁型に対応する)

であり、相模野台地 B0 層石器群に並行する。これよりもあきらかに古い印西市地国穴台遺跡 E01 地点石器群には、「細石刃様剥片」が含まれ、幾何形小型ナイフ形石器を伴っている。これとだいたいおなじ深さの地層から出土した大網白里町大網山田台 No.4B 地点第 2 ブロックには、野辺山 b 型（石刃石核小口面型に対応する）の細石刃核が 3 点ある。この遺跡には、両極石核も多くあるので、細石刃と同じように両極剥片がつかわれた可能性が高い。また、印西市木苅峠遺跡では、男女倉型尖頭器とともに明確な細石刃が複数出土している。これらの石器群は、相模野台地 B1 層〜L1H 層の石器群とだいたい並行している。武蔵野台地では、もみじ山遺跡で幾何形細石器（小型幾何形刃器）の下層から細石刃が出土している。細石刃核は野辺山型である。

　こうした野辺山型細石刃核から細石刃を量産する手法以外に、両面加工石器を分割して、舟底形の細石刃核をつくる方式もあった。湧別技法と命名された技法である。この分割両面体は札滑型細石刃核とよばれる。北関東や東関東から関連遺跡が多く発見されている。阿武隈回廊を経由して南下した集団が携えてきた石器群と考えられる。大半がチョコレート頁岩製である。この石器群の年代については、必ずしも明らかになっているわけではない。群馬県太田市八ヶ入遺跡では、As-Ok2 火山灰層と As-YP 火山灰層にはさまれて札滑型細石刃核が出土したことから、1 万 4,000〜1 万 6,000 年前という年代観が与えられている。この時期、相模野台地では、相模野台地周辺の石材で両面加工石器を分割する細石刃核がつくられていた。また、この段階ではすでに野辺山型は一般的でない（図 36 に示した細石刃核を観察せよ）。東北地方で札滑型細石刃核が消費された時期を、おおよそこの年代の幅で理解すると、神子柴―長者久保石器群である青森県大平山元 I 遺跡の年代と重複する。大平山元 I 遺跡出土土器の較正年代は 1 万 5,320〜1 万 6,540 cal BP と報告されている。神子柴―長者久保石器群については、厳密な定義が難しい。ここでは簡単に、大型両面加工尖頭器と局部磨製石斧を伴う石刃石器群と規定しておこう。詳細はあとでふれる。

　湧別技法による分割両面体は、大平山元 II 遺跡（集会所地点）第 I 文化層に出現する。この文化層からは、大平山元技法という方法でつくられた面取り加

工、分割加工のある両面加工石器が出土している。もちろん多量の石刃が伴う。大平山元技法というのは、男女倉技法と似ているが、両面加工石器の面取り加工や、縦分割加工などを総称したものである。この文化層は、長者久保石器群よりも下層にあるので、湧別技法による分割両面加工石器群がながく継続し、実際に「しばしば南下」していたことがわかる。

　青森県立郷土館の調査では、大平山元Ⅱ遺跡では、Ⅱc、Ⅱb、Ⅱaという3枚の文化層が層位的に区別されていた。下層のⅡc石器群は大平山元技法による分割された両面加工石器をもつ石刃石器群、中層Ⅱb石器群は、集会所地点第Ⅰ文化層に比較されている。上層Ⅱa石器群には、ホロカ技法による舟底形石器が含まれる。これは分割礫、あるいは厚味のある剥片を素材とし、分割された剥離面を打面として、周辺から剥片をはがしながら、全体を舟形にととのえた石器をいう。船の舳先から細石刃が剥離されることもある。

　私は、本遺跡のような舟底形石器こそが、神子柴―長者久保石器群の片刃石斧の一つの原型であったと考えている。この時期の石器群の片刃石斧には、側縁部が並行になる細長いタイプが多い。その平面観、側面観、断面形態は、舟底形石器と完全に一致している。このタイプが素形となり、いくつかのバリエーションが発生した可能性がある。北見市中本遺跡の樋状剥離痕をもつ片刃石斧は、両者の関係を如実に示している。安斎正人によれば、神子柴型石斧は本州で開発され、北へ広がっていったと考えられている。北海道の細石器石器群に大量に伴う舟底形石器や、柱状の石刃石核などの一部が、本州で機能転化した可能性をあげておきたい。機能転化の場がどこであったのか、現状ではつまびらかにはできない。長者久保石器群の分布範囲から、安斎説が妥当であると考えておく。

　相模野台地では、層位的な出土事例から、野辺山型、ホロカ型、分割両面体という細石刃石器群の変遷が予測されている。北関東でも、これに対応して、市ノ関前田遺跡（野辺山型）、柏倉芳見沢遺跡（ホロカ型）、八が入遺跡という変遷が層位的に確認されている。ところが、房総半島には、ホロカ型は分布しない。この説にしたがうかぎり、前節で指摘したように、野辺山型の終末をもって、房総半島はほぼ無人の状態になったことになる。分割両面体・札滑型細石

刃核は、ほとんど誰も居住していない原野に、北から進入した集団の足跡を示しているのだろうか。更新世末のある期間以降、房総半島には、人跡のたえた荒涼とした風景が広がっていたのだろうか。

3 細石刃石器群 (2)

　細石刃は、小型の両面加工石器や、剥片製の小型幾何形刃器などがつくられていた時代に、それまでの細剥片にかわってつくられるようになった。細石刃石器群は、後期旧石器時代初頭以来連綿と続いた細石器石器群の伝統を母胎とする石器群であった。細石器石器群の前半期、細石刃の生産技術には大きな変化が観察された。これに伴い、細石刃とともに、一つの技術的マトリクスを構成していた、剥片製の小型幾何形刃器などにも変化が生じた。ここでは相模野台地の状況を参照しておこう。

　変化が顕在化するのはL1S層だといわれている。基準資料は大和市月見野上野遺跡第1地点第Ⅱ文化層である（図38）。問題となる遺物はL1S層上部に包含されていた。細石刃石器群であるが、両面加工尖頭器と石斧が加わる。細石核は分割両面体・札滑型細石刃核であるが、地元の石材がつかわれている。いいかえれば、房総半島や北関東のように、東北地方南部からの集団移動によるものではない。石斧には磨製石斧があるが、破損した大型局部磨製石斧の再生品であろう。両面加工尖頭器は中型で木葉形をしている。少量だが、土器がつかわれている。土器は、本遺跡のように、相当期間さまざまな活動が展開される居住キャンプで限定的につかわれたものと考えられる。綾瀬市寺尾遺跡第Ⅰ文化層や、同吉岡遺跡A区などの石器群が並行すると説かれている。

　吉岡遺跡群A区からは、片刃石斧の製作過程を示す資料がまとまって出土している。片刃石斧には、幅の狭い大型品と、短冊形の小型品がある。中型木葉形の両面加工尖頭器も伴う。石器群の年代を知りたいのだが、A区の遺物包含層は、L1S層堆積以降の崩落堆積物であると判断される。このため、本来の包含層を推定することができない。谷を横断する土層断面図が示されていないが、一瞬の斜面崩壊によって、遺物包含層は壊滅したとみられる。L1S相当層

に石器が包含されることは事実であるが、崩落時の巻き込みも考えなくてはならないだろう。L1S層下部に包含されていた石器群である可能性も否定できないが、残念ながら、検証することができない。

一方、吉岡遺跡群C区には、南大溜袋遺跡と類似する石器群がある。石器群が含まれていたのはFB層から、その下部のL1S漸移層と認定されている。上野遺跡よりもあきらかに上層から出土している。A区の漸移層、B区漸移層下部には、有舌尖頭器石器群が出土している。有舌尖頭器とは、着柄用の基部をもち、基部と身部との接する部分がかえしとなった小型の両面加工尖頭器のことをいう。少量の小型木葉形尖頭器、石斧などが伴う。B区には縄目のついた土器片が伴った。したがって、漸移層からは、南大溜袋遺跡の両面加工石器と類似した石器群と、有舌尖頭器石器群が包含されるが、この順番に変遷したものといわれている。

相模野台地の事例を、一つの参照軸にすると、房総半島の状況がさらに明確になる。相模野台地L1H層以降の石器群の変化を、通説にしたがって、

(1) 野辺山型細石刃石器群：L1H層〜B0層
(2) ホロカ型細石刃石器群：L1S層下部
(3) 両面加工尖頭器・石斧・在地石材による分割両面加工石器群：L1S層上部
(4) 狭長な両面加工尖頭器を含む石器群：漸移層
(5) 有舌尖頭器石器群：FB層下部

という五つの段階に区切ってみる。石器群(1)は、関東平野各地域に分布するので、相対的に安定した地域社会が維持されていたことがわかる。石器群(2)をまとまって出土する遺跡は、武蔵野台地や房総半島にはほとんど分布しない。石器群(3)も同様である。遺跡数が大きく減少したということは、地域人口が低落局面に突入したことを意味する。もちろん、移住や居住形態の変化も可能性としては考えられるが、その兆候はどこにも認められない。最終氷期最寒冷期のような、関東平野内部での地域人口のシフトもない。いいかえれば、この時期に地域的なボトルネック現象が予測される。ボトルネック現象（効果）については第4章6節で解説したように、進化論的に大きな意味をもつ。

石器群(4)の段階で、房総半島ではようやく遺跡形成が再開され、石器群(5)

に移行していく。ただし、石器群(4)以降も、石材消費のおこなわれている遺跡数は決して多いとはいえず、人口の回復はきわめてゆるやかであったことがわかる。ただし、石器群(3)以降、非常に零細な規模の遺跡や、単独出土遺跡は多く残されている。少数の人口が、移動頻度の高い遊動生活を維持していたことは確実である。石器群(2)の段階での、急激な人口の減少によって、南関東に大きな社会的な変動が生じたことを疑うことができない。

　私は、第6章において、後期更新世末における関東平野の社会構造の変化を時系列を追って解説した。ここで簡単にまとめておこう、最終氷期最寒冷期における、南関東への急激な人口の集中によって、広範囲におよぶ地域集団間のネットワークが形成された。しかし、地域人口の減少と、人口の拡散により、ネットワークは解体し、地域集団によるロジスティックな地域開発が促進された。ところが、細石刃石器群が広がっていた地域に異変が生じた。後期旧石器時代を通じて、もっとも多くの人口を涵養していた武蔵野台地と下総台地を中心に、急激な人口の減少が生じた。この理由についてはいくつかのシナリオが考えられる。一昔前ならば、更新世末〜完新世にかけての急激な気候変動が第一要因にあげられたかもしれない。しかし、較正年代が整備されて、このシナリオはもはやなりたたなくなった。気候変動だけならば、人びとははるかに厳しい条件を乗り越えてきた。

　春成秀爾は、具体的な数字はあげていないが、次のように総括している。「この数千年間には（著者注：縄文草創期の約5,000年間）、集団的な移動もあれば、時としては局部的に集団の絶滅に近い事態もおこったのではないだろうか。関東平野でも、縄文早期初め、約1万500年前に撚糸文・縄文土器をもつ小集団が爆発的に増加し、それ以後の発展の先駆けとなっている。更新世後期〜完新世の人口は単線的な増加ではなく、何回かの増加と激減のくり返しであったことを示唆する現象として、これらの事実は特に注意すべきことであろう」（春成2001：44頁）とし、その背景に大型獣の絶滅のあったことを指摘した（図7参照）。私は疫病説も否定できないと考えている。「しばしば南下」してきた集団が、恐ろしい悪疫をもたらしたのかもしれない。原因が何であれ、もっとも稠密な人口が集中していた地域が荒廃し、小規模なコロニーが広い範囲に希薄に

第7章 地域社会の解体と再構築　213

点在する状況となったことは確実である。これは、後期旧石器時代最大の社会的な危機と評価することができる。

　第5章3節で、バーゼルによる、狩猟・採集民の人口調整システムについてふれた。この人口調整システムは、ウィン・エドワーズによって、次のように定義されている（Dun 1968に引用）。

　ウィン・エドワーズは、人口の安定化にかかわる条件として、
　　　R＋I＝U＋E＋S
という、簡単な等式を提案している。Rは出生数、Iは転入者の人数を示し、左辺、R＋Iは、地域集団の人口動態をあらわしている。右辺がその具体的な変動要因を説明する。Uは地域集団が自己の意志ではいかんともしがたい要因で失われる人口を示す。他の肉食動物に襲われて失われる仲間の数。病気で死亡する者、負傷により失われる命。餓死者や老齢で死ぬ者の数などもくわわる。Eは移住者数で、転入（＋）と転出（－）の場合がある。Sは社会的な要因によって失われる人口をしめす。これには、争いごと、社会的なストレスによる病死、食人、嬰児殺し、自殺、殺人などが含まれる。右辺の3項は、人口動態にかかわるさまざまな要因をあらわしている。

　スティーブン・クニッツは、U項の病気を、急激に蔓延する感染症と、緩慢な死をもたらす慢性病に区分した。感染症の代表は、天然痘や、麻疹、インフルエンザなどなどであり、しばしば急激に大量の感染者を発生させ、貴重な人命がうしなわれた。クニッツは、感染症には大きく二つのサイクルがあることを指摘した。旧大陸では、感染症の蔓延により、多くの犠牲者が出されたが、少数の生存者は免疫を獲得し、速やかに人口は恢復局面に入ることができた。ところが、新大陸では、感染症は致命的な破壊力を振るい、またたく間に多くの原住民たちを絶滅させ、恢復の難しい人口減少をもたらした。この結果、旧大陸からの感染症の荷担者たちは、急速に勢力を拡大した。

　身近にいて、これまでさまざまなところでつきあい（ネゴシエーション）が維持されてきた親密な人びと。そうした人びととの5人のうち4人が急にいなくなってしまったら、私たちはどうしたらいいのだろう。この問題については、ピーター・ヒスコックがディック・キンバーの見解を紹介している。キンバー

はオーストラリアでの天然痘の流行のもたらした社会的な変動について、興味深い観察をおこなっている。感染症は、社会全体に均等に影響を与えるわけではない。それは、とりわけ小児や青年、高齢者などに致命的な打撃を与える。また、女性の死者は男性よりも多く、とりわけ妊産婦を直撃した。感染直後には、こうした不均等な影響によって生者と死者がふるい分けられるが、この後には全社会的な変動が生じる。その変動とは次のようなものである。

 (1) 男性と女性の割合が不均等になり、これを調整するための複雑な親族体系がつくりだされる。
 (2) 資源や配偶者をめぐる抗争が激化し、社会的な規範力が強化される。
 (3) 地域集団間の連携の強化が模索される。この結果、集団間の交渉、ネゴシエーションを円滑にすすめるために、互酬的な交換が活発化する。さまざまなモノが遠くまではこばれる。
 (4) 女性の減少は養育人口を低下させる。女性の採集活動は低下し、その分、男性の狩猟活動が強化される。土地利用パターンが変化し、テリトリーの開発は徹底化される。また、新しい土地への移動が促進され、テリトリーの変化や、狩猟のための道具類に技術革新がおこなわれる。
 (5) 女性の社会的な立場が弱体化し、その地位が低下するにつれて、女性のもつ呪力は失われ、呪物はアウラを喪失する。男性中心の魔術や儀式がひろまる。こうして、新しい男性リーダーが権力を掌握し、集団の支配体制が大きく変動する。
 (6) さまざまな分野で新しい体制や制度が導入されるが、これによっても伝統的な文化が覆るわけではない。依然として、社会制度と文化的領域の基盤には、累積されてきた伝統が色濃く残存している。

　細石刃石器群後半期、南関東では、何らかの原因によって、急激に人口が減少した形跡がみとめられる。その具体的な要因はわからないが、ここで引用したような社会的変動が、ひきおこされた可能性が想定される。もちろん、この予測を額面どおりに受け取る必要はないが、急激な人口の減少が、いかなる社会再編を引きおこすのか、参考にすべき点は少なくない。このラインに沿って、春成の視点をもうすこし深化してみたい。具体的な変化を抽出するためには、

第 7 章　地域社会の解体と再構築　215

人口減少直後の社会状況をくわしく観察する以外にはない。そこには、いかなる現象が指摘できるのだろうか。

4　大型両面加工石器と片刃石斧を含む石器群

長者久保—神子柴石器群が成立したのは、ちょうどこの危機的な状況の時代であった。長者久保—神子柴石器群とは何なのか。ここで明確にしておこう。長野県神子柴遺跡は、1958年に最初の発掘調査が実施された（図39）。3年後に発表された概要報告で、藤沢宗平と林茂樹は、遺跡と石器群について、次のようにまとめている。長文だが、基礎的な指摘事項なので、煩をいとわずに引用しておこう（藤沢・林 1961：158頁）。

(1) 神子柴遺跡は、長野県上伊那郡南箕輪村神子柴7888番地に所在し、天竜川の形成した第3段丘内（標高713メートル）に位置する小丘上の東北側舌端部（A地点）に発見された。
(2) 本調査は、上伊那郡誌調査委員会が主体となり、1958年11月23日を中心とする5日間に亘って行われ、発掘面積は132平方メートルであった。
(3) 出土遺物の主体は石器51点であって、その大部分は第3層の軟質黄褐色粘土層（ローム層）内10～20センチにおいて、未攪乱の包含状態を示し、平面的にみれば5×3メートルの楕円状に配列され、その一部には集積状態が認められた。
(4) 石器の組成は、槍先形尖頭器を主体とし、斧型石器、刃器形石器、掻器型石器、石核等であって、長さ25センチの尖頭器（図39, 2）

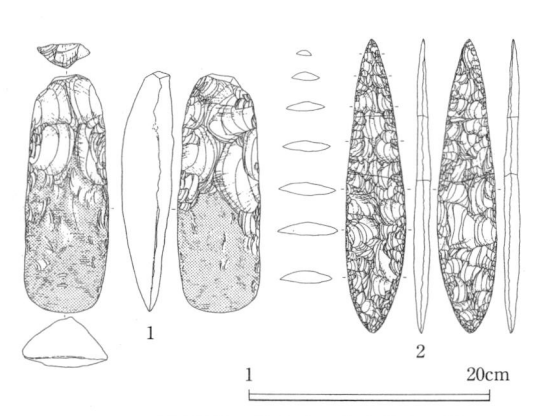

図39　長野県神子柴遺跡の代表的な石器

を含む完形の大型石器が多く認められる。なお、土器、石鏃、細石器は全く共伴しない。

(5) 斧型石器（図39, 1）は、出土全石器数の26パーセントを占め、その半数には局部磨製の技法が施されている。また刃器型石器は、本格的な石刃技法によるものであり、旧石器時代的手法と新石器時代的手法とが、共存していた事実が認められた。

(6) 前述の諸性格から観る時、本遺跡の文化内容は、無土器文化の終末から縄文時代初頭の間に所属しうる一つの文化期を示すものと認められ、それに伴って、いくつかの重要な課題を提起した。

補足しておくと、(4)にはその後「胡瓜型磨石」という、棒状の磨製石器が追加された。また、最終報告書において、玉髄製の「削片」について、それが両面加工石器から剥離されたもので、細石刃核の製作にかかわる可能性も指摘されている。もしこのとおりならば、(4)は一部修正しなければならない。(6)の「重要な課題」としては、①遺跡の性格が何なのか。墳墓説、祭祀説、デポ説などが提示されている。②尖頭器、石斧、掻器などの系統問題。③土器が共伴する可能性、などがあげられている。

青森県長者久保遺跡は1962年に第1次調査が実施された。長者久保遺跡は神子柴遺跡とちがって、石刃や削器、彫器などドメスティック・トゥールが主体であるが、局部磨製の円鑿型石器や、両面加工石器を少数伴っていた。山内清男と佐藤達夫によって、円鑿型石器が渡来石器と認定されたのは有名な話である。最近、長者久保遺跡の遺物包含層をおおう、十和田八戸火山灰の噴出年代が、ほぼ1万5,000年前であることが明らかになった。長者久保遺跡の資料数が少ないが、青森県大平山元I遺跡の調査によって、長者久保石器群の全容があきらかにされた。神子柴遺跡と同様に、三宅徹也による総括を掲げておこう（三宅編 1979：47〜48頁）。

(1) 大平山元I遺跡は、長者久保—神子柴石器群に含まれるが、この両石器群自体若干の時間的な差が考えられるのであり、やや古い様相を示す長者久保石器群に相当する。

(2) 従来長者久保—神子柴石器群は、先土器時代終末期と考えられてきたが、

長者久保石器群に相当する本遺跡、および後野遺跡A地区において土器が伴出したことにより、縄文時代草創期に位置づけられることが明らかになった。
(3) 出土した土器の大半は無文土器であるが、隆起線文を有するものが1個体存在した。このため隆起線文土器のなかでも古く位置づけられている隆起線文土器との関連が考えられたが、田沢・狐久保遺跡の土器より古く位置づけられた。
(4) 本遺跡からは土器とともに石鏃も出土している。石鏃はこれまで細隆起線文土器に伴うものが上限と考えられてきたが、これによって石鏃の出現は更に先土器時代に接近してきた。
(5) 大平山元Ⅰ遺跡は、先土器時代そのものといえる石器製作技術―石刃技法―を有する一方、極めて縄文時代的な土器と石器を保有しており、まさに時代の境目に生きた人びとによって営まれた遺跡であった。

　土器と石鏃が追加され、長者久保―神子柴石器群縄文時代説が開陳された。(3)の隆起線文土器と分類された土器は、口縁部の破片で、口縁部が帯状に厚くなる可能性があるという。前節で紹介したように、土器の年代については、1万5,500～1万6,000年前という較正年代が報告されている。長者久保遺跡形成期の推定年代とよく一致している。細石刃石器群との関係は明らかではないが、1998年調査区で、黒曜石製の両面加工側縁部を削ぎおとした、断面三角形の石器が出土している。神子柴遺跡例と同様、三稜スポールという湧別技法関連資料である可能性もある。房総半島の数少ない長者久保―神子柴石器群である、千葉市六通神社南遺跡にも三稜スポールが一点ある。これらの事例から、三稜スポールには象徴的な意味がこめられていた可能性もあるだろう。一般的な細石刃ではなく、三稜スポールによって、湧別技法との系譜（出自・由来）が再確認されることに意味があったのかもしれない。

　藤沢らが重要課題と考えた遺跡の性格については、多くの議論がある。これについては、安斎がくわしくレビューしている。多くの研究者が、藤沢らの墳墓、祭祀、デポ説などをくり返しもち出している。稲田孝司によって住居跡説も提案されているが、少数意見である。居住キャンプとしての長者久保遺跡や

大平山元Ⅰ遺跡とくらべ、石材消費痕跡に乏しい神子柴遺跡を同列にあつかうことは難しいからである。石器使用痕の分析によって、神子柴遺跡から出土した両面加工石器の多くが未使用であったことも判明している。再加工によって使用痕は消えるが、少なくとも、遺跡内での再加工の痕跡はない。これも住居跡説には不利な材料だが、次に触れる安斎正人の過剰デザイン説によって一蹴された。

神子柴遺跡の石器群が、これほど多くの人びとを魅了してやまないのは、それには大きく、美しく、精緻な石器が多数含まれているからである。これを安斎は過剰デザインといった（デザインの一般理論に関しては第3章1節参照）。過剰デザインはどのようなデザインなのだろうか。安斎のわかりやすい指摘をきこう（安斎 2002）。「総合的調和を図って機能的にデザインされたと考えるのでは説明のつかない石器も、少なからず存在する。要するに、とても合理的とは思えない石器である。たとえば、入手にコストのかかる遠隔地で採取された希少な石材を使い、多大な時間とエネルギーを投入して精巧につくり出した巨大な石槍や石斧などがそれに当たる。機能性や効率性を重視した通常のデザインから逸脱した、むしろそうした逸脱行為を必要としたかのようなデザイン（意匠・設計）を私は「過剰デザイン」と呼んでいる」（同：201頁）。

神子柴石器群には、機能的デザインと過剰デザインという、二つのデザイン戦略が同居していた。安斎は、さまざまな遺跡を検討しながら、過剰デザインが北日本から北海道に広がっていくプロセスを描いている。この過剰デザインという考え方は、神子柴石器群を理解するためには決定的に重要である。切る、砕く、叩くといった機能的デザインばかりでなく、なぜ過剰デザインがもとめられたのだろう。過剰であることにいかなる意味があったのだろう。

過剰デザインという考え方には、いくつかの前提条件がある。この条件については、はじめて理論的な研究をしたのはマーチン・ウォブストである。彼はすでに第3章や第5章に登場した。そこではバンド社会・婚姻同盟理論を紹介したが、情報交換理論もよく知られている。日常世界を構成している無数のモノには、発信者─受信者という関係のなかで了解される意味、情報がこめられている。日常世界をつくりあげているおびただしいモノにいちいち意味をみいだ

す人はいない。本来は弁別的な価値や意味をもっていたモノは、日常生活のなかで惰性化し、価値と意味は光景にしりぞくのである。無意識あるいは半意識下の存在となる。だが、あるコンテクストのなかで、固有の意味が再認されることがある。また、そのモノを目にすることによって、特定のコンテクストがよく了解される場合もある。

この誰でも経験する現象から、ウォプストは、モノには特定の情報がこめられていること、情報の発信者が不在でも、モノによってその情報は伝達されることをみいだした。だが、モノに情報をこめることは、会話によるメッセージの伝達よりもはるかに多くの時間とエネルギーを必要とする。いいかえれば、非常に非効率的なのではないか。それなのに、なぜこのように非効率的なことがおこなわれるのだろう。そのモノに特定のメッセージが付着し、定着すれば、モノを携え、相方にそれが示され、了解関係がととのえば、その場で多くの会話を費やす必要がなくなるからである。したがって、メッセージ性の高いモノは必ず標準化、様式化する。また、それは誰からもみやすく、めだつ必要があった。みやすく、めだつ、これは安斎による過剰デザインの本質であった。いいかえれば、神子柴石器群の一部には、特定のメッセージがこめられていたことになる。

5　メッセージの解読

過剰デザインのおおもとにあるメッセージとは何か、それを具体的に知ることは難しい。私たちに理解できるのは、伝達されたメッセージの背後にある社会状況にすぎないが、大きな手がかりにはなるだろう。前章では、最終氷期最寒冷期後半期における、面取り加工のある両面加工尖頭器の分布と、社会再編とのかかわりについて検討した。男女倉型とよばれる尖頭器は、筑摩山地から東海地方東部、関東平野などに広く分布していた。これは、各地域の地域集団が筑摩山地黒曜石産地に集合し、石刃と両面加工石器を製作し、旧交をあたため、情報が交換された結果であった。これは同時に、広域的な婚姻網（情報交換網）の形成を促進し、男女倉型尖頭器は婚姻網を象徴した。ここで読解でき

たメッセージとは、婚姻網という社会的なネットワークであった。

　神子柴遺跡から出土した石器群を理解するために、関東地方の、神子柴石器群を出土した遺跡を俯瞰してみよう。これには大きく4種の遺跡が含まれている。①累積的な石材消費が観察される遺跡がある。少数だが、この種の遺跡は多摩川以南に集中する。一般的なレジデンシャル・キャンプである。①以外は、零細な規模の遺跡ばかりである。これには2種ある。まず、②両面加工石器や石刃、削器などを少量含む石器群、あるいは剥片を主体とする定形的な石器を含んでいない石器群などによって構成される遺跡がある。この種の遺跡はレジデンシャル・キャンプあるいは、ロジステック・キャンプと位置づけられる。この時期のキャンプの多くが②によって占められている。他に、③過剰デザインあるいは準過剰デザインの両面加工石器や石斧などから構成されている遺跡がある。従来、デポとか埋納遺構などと評価されてきた遺跡である。関東地方では千葉県子和清水貝塚が代表的な例だが（図40）、遺跡数は決して多くはない。

　①〜③は関東平野にまばらに分散していたが、特定の場所に、④大量の両面加工石器を製作する遺跡が形成された。最近、栃木県高原山剣ケ峯地区で、大型両面加工尖頭器の製作跡が発見された。子和清水遺跡の大型両面加工尖頭器は、栃木県鹿股沢層産珪化泥岩が素材なので、高原山周辺に石材消費遺跡が集中していた可能性もある。④から供給された石器がどのように地域間を流通したのか、あきらかにされていない。①や②から出土することはまれなので、③のために熟達者によって石器が製作され、特別なランドマークや伝承地に納められたらしい。さらに、特定の場所で執りおこな

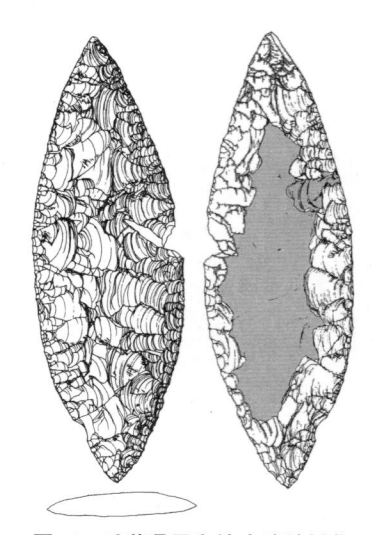

図40　千葉県子和清水遺跡採集の大型両面加工石器（長さ21.3センチ、幅7.1センチ、最大厚1.0センチ。網はジョイント面。鹿股沢層産珪化泥岩製）

第7章　地域社会の解体と再構築

われた儀式や儀礼的な集会の場に集められたこともあった。神子柴遺跡は、まさしくこうした場であったと考えられる。南大溜袋遺跡段階になると、居住エリアに近接する河原や礫層の近傍で、集中的な両面加工石器の生産が開始される。この傾向は、縄文時代草創期前半につながる。この変化は、石器生産システムの一つの画期としてもいいだろう。

　神子柴遺跡のある長野県では、神子柴系石器群を出土する遺跡は 35 か所あるといわれている。しかし、この数字は神子柴遺跡形成期から縄文時代草創期前半期までの、2,000 年間余にわたって形成された遺跡の合計である。遺跡内で石材消費が活発になるのは、草創期前半以降のことであった。神子柴遺跡の時代、この地域では、小集団がひんぱんに移動をくり返していたとみられる。居住の痕跡は、広い移動エリア内の各所に残されているはずだが、非常に解像度の低いものであったらしい。ほとんど遺物を残さないような遺跡が、たくさんつくられたにちがいない。しかし、同時に、過剰デザインの石器が特定の場所に遺棄されてもいた。解像の低い遺跡しか形成しない、フォリジャーたちの手によって、過剰デザインのおどろくべき石器が製作され、遺棄され続けていたのである。そうした石器がどうしても必要であったからである。集団として種の維持をはからなければならないギリギリの状況のもとで、石器製作の技量が磨かれ、膨大な時間とエネルギーを費やして技術が運用され、隣接集団間でモノと情報の交換がおこなわれなければならなかった。

　この時代の交換網の事態については、遠隔地でとれる物産の分布状況が手がかりになるが、十分な資料がえられていない。縄文時代草創期前半の例だが、新潟県小瀬ヶ沢洞窟から出土した黒曜石 11 点の産地分析によれば、地元新潟県板山産が 4 点ともっとも多く、長野県霧ヶ峰産が 3 点でこれに次ぐ。これ以外に、北海道白滝赤石山産と同置戸所山産がそれぞれ 2 点含まれていた。小瀬ヶ沢洞窟に近接する室谷洞窟では 20 点が同定された。東京都神津島産が 10 点ともっとも多く、青森県深浦産が 4 点、霧ヶ峰産が 3 点、栃木県高原山産が 2 点であるのに対して、地元板屋産は 1 点であった。おどろくべき結果というべきである。産地同定にあたった藁科哲男は次のように的確な指摘をおこなっている（藁科・小熊：2002）。「原石の伝播に伴って生活、文化情報が伝達され、

また、使用量が多い産地地方と活発な交流、より多くの情報が遺跡に伝達されたことを考えると、小瀬ヶ沢洞窟の古代人は北海道地方の状況を正確に把握していた」(同：101頁)。後段については、ダウン・ザ・ラインによる間接的な移動が考えられるので、多少割り引いて理解しなければならないが、当時の情報網の実態を教えてくれる事例である。

　更新世末、後期更新世に棲息していた、バイソンやオオツノジカなどの大型草食獣が次第に頭数を減らし、神子柴石器群が形成されたころにはほぼ絶滅に瀕していた、といわれている。しかし、縄文的な動物群がただちに繁栄したわけではないだろう。縄文時代草創期以降の環境の変化によって、次第にシカやイノシシは増加していったはずである。したがって、長者久保―神子柴石器群は、大きな資源構造の転換点に対応した石器群であったということができる。この資源構造の転換とは、①資源密度の著しい減少と、②資源の予測可能性の、やはり著明な低下という二重性によって特徴づけられていた。資源密度の減少については異論はないだろう。縄文的な動物群が各所に小規模なコロニーをつくり、分散捕食していた可能性が高いことから、予測可能性の低下が指摘される。ダイソン・ハドソンとスミスのモデルによれば、このような資源構造に対応した狩猟・採集民のセトルメント・パターンは、パッチ間をひんぱんに移動をくり返す分散的な居住パターンである（第3章3節参照）。この予測は、考古学的な遺跡分布パターンとよく一致している。先に設定した遺跡類型①や②は、個々のパッチの中央に設営されたキャンプの痕跡と考えられる。

　問題はもう一つある。それはいちじるしい低人口密度下での繁殖戦略という問題であり、地域集団にとっては、日々の生活の再生産とならぶ関心事であった。第5章でふれたように、最終氷期最寒冷期には、南関東では急激な人口の増加によって、多くの地域集団が婚姻網によって結びついたバンド社会が形成された。その後、地域人口が安定し、バンド社会の閉鎖性は緩和され、集団間にはゆるやかな紐帯が維持されていた。ところが、資源構造の変動を含む、何らかの要因によって、人口は減少に転じた。この結果、ながく維持されていた社会的な紐帯は解体し、婚姻網の成立基盤がうしなわれた。ウォプストによれば、低人口密度下では、地域人口は配偶者交換のために、あらゆる隣接集団に

むかって、全方位外交を展開することになる。もはや地域人口を特定のエリアに束縛する桎梏はないのだから、広い範囲に、交換可能な地域人口が模索され、集団のモザイク化が進展する。この結果、非常に広域的なスタイル・ゾーンが形成されるだろう。

中部地方から北海道にまでおよぶ、長者久保—神子柴石器群の広がりは、こうした理論的な予測を裏付けるものである。しかし、地域集団は決して身軽に、どこにでも動きまわることはできない。移動領域、あるいはテリトリーのない捕食集団はありえないからである。資源をめぐる緊張関係が強まった。しかし、季節的に変化する環境や、周期的な気候変動への対応、隣接する集団とのネゴシエーション、環境情報の交換、配偶者の手当てなど、きめ細かな土地とのかかわりぬきには捕食行動が成立しえないことも事実である。こうした地縁的な関係を基盤にして、地域集団のアイデンティティーもつくられていった。人と土地とのかかわりは、固有のイデオロギーをはぐくむが、このイデオロギーに従って繁殖戦略の具体的な運用がおこなわれた。

本章3節で紹介したキンバーの指摘を思い起こそう。急激な人口の減少は、ともだおれをうみかねない抗争ではなく、分散的な地域集団間の関係を強化する方向に作用する。たしかに地域集団の領有するテリトリーはあいまいになり、相互に侵犯しあう。地域集団間の距離が縮減する一方、移動領域の拡張も促進される。さらに、互酬的な交換網が緊密化し、親族関係を律する新しい規約がつくられる。この結果、地域集団のイデオロギー的な統合軸は一段と強化されたはずである。そして、何よりも重要なのは、このような社会的な変動が、呪物という、考古学的に認識しうる物質文化として表現されてきたことである。神子柴遺跡の石器のうち、安斎が過剰デザインの石器と認定した石器群は、この呪物以外の何ものでもない。

呪物、安斎のいう「イデオロギー的な石器」は、広域に分散化した小規模な地域集団のアイデンティティーの表現であった。呪物の生産と使用は、社会的な危機を集団相互の紐帯の強化によって克服しようとした身体技法であった。呪物としての移行期石器群は、中部地方から脊梁山地に沿って、南北に分布している。この範囲をはずれる、多摩川以南の関東平野では、徐々に人口は均衡

を恢復し、縄文時代草創期をむかえることになる。

6　縄文時代の成立

　縄文時代の成立期をいつごろにするのか、あるいは、旧石器時代の終末をどこにおくのか、この問題には、いくつかの回答が寄せられている。時期区分の基準を何にもとめるのかによって、見解がわかれる。土器の出現という文化現象に重きをおく研究者がいる。植物性資源の利用や、定着的な生活など経済的な分野を重視する場合もある。どれが正解ということではない。縄文時代草創期という大別についても、新しい土器型式群が発見されるたびに、縄文時代早期の設定→縄文時代草創期の設定→縄文時代草創期の新旧二分といった改訂がおこなわれきた。こうした経緯にてらしてみて、長者久保―神子柴石器群に伴う土器を、草創期にくりいれることは、かならずしも誤りとはいえないかもしれない。

　しかし、このような議論は無限後退におちいる危険性をはらんでいいる。岡本東三も危惧するように、細石刃石器群に伴う土器が発見された場合、縄文時代草創期は再延長を余儀なくされるばかりか、旧石器時代という時代区分の原則も同時崩壊することになりかねないからである。ナイフ形石器群までを旧石器時代とする、といった弥縫策では事態は収まらないだろう。これは仮定の話ではなく、長者久保―神子柴石器群には細石刃は共存しているので、細石刃石器群の後半には縄文時代草創期に突入してしまうことになる。

　このように、個々の文化的な事象にもとづいた議論は生産的ではない。大貫静夫は、東北アジア全体のなかで縄文文化を理解する必要性を説いている。

(1) 更新世から完新世になるにつれて、東アジアでは森林的な景観がひろがった。森林的な景観では、そこに多く棲息する、シカとイノシシが狩猟対象となった。これを森林性新石器文化という。

(2) やがて中国では穀物栽培と家畜の養育をおこなう農耕社会が成立した。日本やその周辺地域では潤沢なドングリに依存するようになり、極東地域が成立した。

(3)極東地域では、極東平底土器とよばれる土器が工夫され、ながくつかわれた。わが国の縄文土器もこの一員である。

　縄文文化は、極東地域にひろがる森林性新石器文化の一部であり、極東平底土器の中心的な文化圏の一部を構成していた。したがって、縄文文化は、森林性新石器文化の成立とともにはじまることになる。これは落葉性広葉樹林が列島の多くの地域に発達する時期と一致するはずである。列島的な規模でみれば、この時期はおよそ1万2,000年前以降となる（たとえば、栃木県野沢遺跡SI-04竪穴住居跡）。これに先立つ3,000年間は、針葉樹と広葉樹がパッチ状に入り交じる移行期と考えることができる。森林性新石器文化が成立するのは、この段階であると考えることに何ら問題はない。そして、隆起線文土器が各地域で多く製作される時期を成立期にくわえることにも大きな矛盾はない。

　谷口康浩は、縄文・撚文土器群の成立をもって縄文文化の成立と考えた。この時代に、落葉広葉樹林が関東平野を広くおおい、縄文型の森林性新石器文化が確立したことを根拠にしている。この考え方は否定すべきではない。縄文型の森林性新石器文化は、縄文時代草創期後半のパッチ状環境で原型がつくりあげられることを疑うことはできないからだ。シカとイノシシを狩猟対象とする狩猟装備は、縄文時代草創期前半にととのい、ややおくれてドングリの利用が促進された。それは環境の変化によく対応していた。だが、この資源利用パターンが確立するためには、関東平野では縄文時代草創期前半から後半にいたる長い期間を要した。列島的な視点からみると、南北に大きな勾配もあった。谷口説では、こうした長期にわたるプロセスが抜け落ちてしまうのではないだろうか。極東平底土器の一員としての縄文土器成立史からみても、縄文時代草創期前半から後半にいたる、土器群の系統的な変遷を考えることが必要だろう。

　私がはじめて縄文時代草創期前半の石器群をくわしく検討できたのは、千葉県市原市南原遺跡の発掘調査の時だった。南原遺跡は谷島一馬が発見し、大貫静夫によって注目された遺跡である。1977年、1978年に部分的な調査が実施されている。調査は植林された苗木の間に狭いトレンチを設定して実施された。このため、現在でも遺跡はなかば以上のこされている。遺構らしい掘り込みも確認されているが、狭い範囲しか掘っていないので、くわしいことはわか

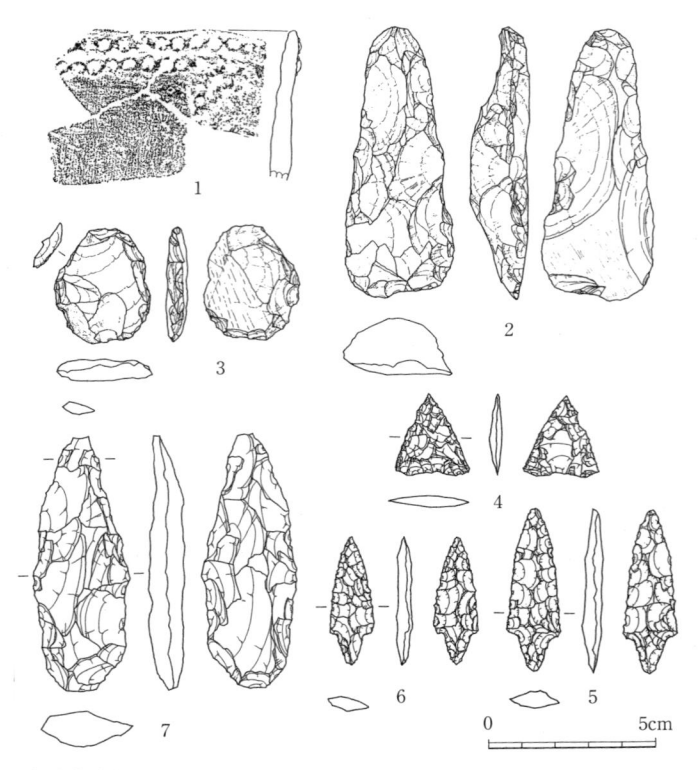

図 41 縄文時代草創期初頭の石器群（1～3 千葉県前三舟台遺跡、4～7 千葉県南原遺跡）

らない。散布範囲はかなり広く、比較的長期にわたり、反復居住された遺跡である。石器に関してはくわしい報告が行われている（図 41）。

　南原遺跡では、万田野・長浜層産の小型円礫がおもに消費されている。もっと近くに分布する姉崎層の円礫かもしれない。安山岩の円礫から両面加工尖頭器がつくられている。掻器や削器は少数だが、これには保田層産珪質頁岩が選択的につかわれている。石斧は大型なので、大型円礫がふんだんにえられるホルンフェルスがつかわれた。両面加工石器には、木葉形の尖頭器、小型の有舌尖頭器、石鏃などが含まれる。有舌尖頭器は、投げ槍用の槍先と考えられてい

るが、小型のものは矢じりかもしれない。これ以外に、削器と掻器、石錐などドメスティック・トゥールがある。多数の剥片があるが、石核から剥離された剥片よりも、両面加工石器の製作に伴う剥片が多い。石斧は扁平なものと礫斧状のものがある。ほぼ同じ時期の君津市前三舟台遺跡には片刃石斧があり、石斧のつくりわけがみられる。

　縄文時代草創期後半期～早期の石器群については、新東京国際空港内遺跡群の状況から、永塚俊司によって、くわしい変遷が報告されている。遺物包含層からの出土品が主体となるため、共存した縄文土器の型式から帰属時期が判別される。これによると、草創期後半から早期前半までは、万田野・長浜層産小型円礫の消費が継続する。石鏃と剥片にはチャートの円礫が主につかわれ、安山岩も使用されている。石斧や円礫製の加工具が加わるが、これにも万田野・長浜層産円礫が使われている。早期後半に、黒曜石が大量に搬入され、石鏃の集中的な製作がはじまる。石斧と円礫製加工具はさらに増加する。

　南原遺跡の石器群からは、有舌尖頭器による槍猟と、石鏃による弓矢猟がともにおこなわれていることがわかる。これは弓矢猟にむかう過渡期の様相であるといわれている。しかし、植物性資源の加工につかわれる石器群は認められない。縄文時代草創期後半には、弓矢猟が定着し、円礫製加工具が普及する。円礫製加工具は、すでに旧石器時代に出現するが、その機能は解明されていない。私は本書で、ペミカン類似の練食の可能性を指摘しておいた。縄文時代草創期後半以降、石皿と磨石の組み合わせが一般化するので、ドングリなどの粉食、デンプンの抽出などがおこなわれたといわれている。

　この状況からわかることを、常識的なことばかりだが、列挙しておこう。①森林的な景観のもとで、槍猟が衰退し、弓矢猟に転換する。投槍はもっとも確実で、捕獲効率のいい猟法なのだが、見通しのわるい森のなかで槍を投射することには多くの困難が伴う。矢毒が工夫されたと思われるが、槍猟とちがい、弓矢によって致命傷を与えることは難しいらしい。②ドングリの採集と貯蔵が本格化していく。また、③猟犬の飼育と落とし穴猟が普及する。罠猟も活発であったと思われる。猟犬なしには効率が悪い。落とし穴猟や罠猟には定期的な見回りが必要なので、近傍に定着的な集落の存在が前提となる。旧石器時代の、

追い込み猟用の落とし穴とは基本的に異なっている。④縄文時代早期後半期以降、海進に伴い定着的な集落の傍らで貝塚の形成がすすむ。沿岸部では漁猟技術が特異な発達を示すようになるといわれている。しかし旧石器時代にも当然海産資源は利用されていたはずなので、その評価は難しい。シカ・イノシシ猟、ドングリの採集と貯蔵、沿岸漁という技術的な体系が完成するのは、縄文時代草創期後半〜早期であり、その過程はステップ・バイ・ステップですすんでいった。

　後期旧石器時代／縄文時代移行期は、大きな社会的変動局面にあたっていた。この時期に特有の呪物が、特定の場所に集められ、地域を糾合するための儀式が各地域で執りおこなわれた。これはキンバーによる指摘とも矛盾せず、地域社会を持続させていくために求められた社会戦略として理解することができる。だが、このような戦略によって、環境構造の大きな変動を乗り切ることは不可能であった。旧石器的な生産様式は根本的にあらためられなければならなかった。先に列挙した縄文的な生産様式は、新たに生まれた資源構造に適応した、資源利用の細区画化と総括される。後期旧石器時代／縄文時代移行期とは、資源構造の転換点での社会戦略に他ならなかったが、この時期以降の細区画的な生産様式への転換によって、生産諸力がいちじるしく向上し、生産諸関係もあらたまったのである。こうして、地域集団、環境、社会関係などが共進化することによって、最後の狩猟・採集民社会が開始された。

第8章　下野―北総回廊の古民俗誌

1　居住形態の変化―旧石器時代の社会史

　房総半島では、中期／後期旧石器時代移行期の遺跡は数が少ないばかりでなく、規模も大きくない。XI層からX層下部にかけての遺跡で、おもに遺跡消費されていた石材は、房総半島南部地域の石材に限定されていた。石材の採集地点は特定できないが、保田層群産の分布範囲の中央を起点とすると、おおむね50キロ圏ということになる。これに後続する段階で、はじめて高原山産黒曜石がくわわる。栃木県寺野東遺跡では鹿沼軽石層直上から高原山産黒曜石が出土しているが、おおむねこの段階に並行している。高原山でも、正確な時期はわからないが、後期旧石器時代初頭に並びそうな石器製作跡がみつかっている。中期／後期旧石器時代移行期には完全に離水した下野―北総回廊を移動した最初の石材は、黒曜石であった可能性が高い。

　この時代は、関東平野はひじょうに低人口密度であり、地域集団はいくつかの限定された生態系に分散居住していた。この生態系には、石器石材産地がとりこまれていた。後期旧石器時代／縄文時代移行期とおなじような状況といえないこともないが、地域集団のありかたには大きなちがいがある。この時代、地域集団間の関係はゆるやかで、流動的であった。地域的に消費される石材にはちがいがあったが、製作される石器から、地域的なアイデンティティーを読みとることは難しい。中期／後期旧石器時代移行期以降、高原山産黒曜石の分布状況をみると、移動領域がしだいにひろがっていったことがわかる。

　X層上部段階になると、各地域の黒曜石産地がくまなく探索された。産状、品位、産出量、地理的な条件などにかんするさまざまな情報が、またたく間に地域集団間に伝達された。こうして、神津島や筑摩山地などの黒曜石が採取され、関東平野に持ち込まれるようになる。これ以外の石材もほぼ出そろうよう

になる。ここで予測されるのは、①広域に分散していた地域集団が、資源情報を素早く、確実に共有化できるネットワークを形成しはじめていたこと。②資源情報にもとづいて、資源を現実的に領有するためのテクノロジーを共有していたこと。③黒曜石の採取が、形成されつつあった石材の移動サイクルに組みこまれたことによって、黒曜石産地を焦点とする複数の移動エリアが重複並存したこと。この三点である。こうした社会的な変化によって、捕食行動の基盤ともいえる情報と技術が急速に発達し、共有化が促進されたことによって、地域人口は急速に増加傾向を強めた。社会進化の歩みがはやまっていった。

しかし、この時代の房総半島に所在する遺跡での信州産黒曜石の消費量は、これ以外の産地でとれる石材の1割未満であった。伊豆・箱根産黒曜石も同様である。石器石材を含む生活資源の大半は、房総半島北部では高原山産黒曜石の搬入路であった回廊領域に依存し、南部では丘陵と広大な低地から獲得されていたことになる。こうして地域集団は、ゆるやかなネットワークにくみこまれ、特定エリアを共有しあうことになる。これについては第4章で民族誌と、これにもとづいた予測理論を参照して、地域集団の離合集散仮説の妥当性を確認した。これが、関東地方を中心として、環状ブロック群という集合遺跡が形成された要因であった。いうまでもないが、環状ブロック群以外にも集合遺跡は存在する。情報交換はさまざまなレベルでおこなわれるはずなので、これに対応する遺跡が形成された。

離合集散を長期間くり返しながら、特定エリア、テリトリー内の資源を領有するという生活のサイクルが想定された。これは比較的安定した環境のもとで、繁殖人口が一定の水準で推移していたことを示している。進化論的にいえば、最適化がはかられていた。

気候寒冷化が顕著になるのは、ほぼ3万2,000年前以降であり、この前後から遺跡数が次第に減少していく。これに伴って、環状ブロック群も形成されなくなるという。環状ブロック群に代表される集合遺跡の消滅については、気候の悪化が大きな要因だと説かれている。しかし、気候が寒冷になることはほんとうに気候の悪化なのだろうか。どうして、それが集合遺跡の形成を抑制することになるのか。説明が必要だろう。すでに、私たちが確認したように、最終

氷期最寒冷期というもっとも気候が「悪化」した時期、関東平野南部では人口のパッキング現象がおこり、遺跡数が急増した。気候の寒冷化も温暖化も、直接に生業や居住形態、人口構造に影響を及ぼすことは稀である。

3万2,000年前以降、しだいに気候が寒冷化したことは事実である。この時期に、それまで地域集団によって、安定的に維持されてきた生業と居住に関する一連の行動によっては、養育人口の扶養が難しくなった。それまで培われてきた地域的なネットワークが解体され、組み替えが生じた。房総半島北部では、それまで、石器石材の1割未満しかつかわれていなかった筑摩山地産黒曜石が4割以上にも急増し、新たに、磐越高地周辺、矢子層産のチョコレート頁岩も2割を超える使用頻度となる。下野—北総回廊の北方に、阿武隈回廊が付けくわえられることにより、矢子層産チョコレート頁岩の定期的な搬入が確保された。こうして、房総半島北部には、筑摩山地と、磐越高地の周辺を二つの核とする広域的移動領域が重複することになった。

この生業・居住形態の変動の要因は謎につつまれている。私は、その背景にあるものは、資源構造の加速度的な変化だろうと考えている。あえて指摘するまでもなく、更新世の動物性資源の実態は、資料的な制約から、おおざっぱで考古学者が利用できるような精度にはない。それは次のような内容である。①更新世の動物群は、古く大陸から移動してきた、ナウマンゾウ、アカシカ、カモシカなど森住の動物たちである、固有動物群によってつくられていた。彼らはながい時間をかけて日本の環境に適応していった。②更新世後期になると、本州では、ヘラジカ、ウマ、ヤギュウ、オーロックスなど北方的とされる動物群が流入した。③更新世の固有動物群①は、寒冷化とともにしだいに減少していった。急激な絶滅を示す証拠はないので、増減をくり返しながら、しだいに頭数を減らしていったと考えることができる。一方流入動物群②は、寒冷化に伴って、南下したとみられるが、細石刃石器群が形成されたころには絶滅した。④古くから列島に棲息していたシカやイノシシ、カモシカなどは、滅亡することなく、後期旧石器時代／縄文時代移行期以降、繁栄をとげた。

3万2,000年前以降の気候寒冷化の時代に、どの程度資源構造が変化したのか、具体的な証拠をあげて議論できない。きれぎれの情報を集約し、①固有動

物群が減少し、北方系動物群のコロニーが各地域で形成されていった。②動物群に含まれる大型草食獣の狩猟が樹林帯の外縁部や、低地の疎林でおこなわれていた。この二つの条件を前提として、③北方系動物群を捕食する広域移動パターンが定着した、というシナリオを提示しておきたい。この広域捕食エリアの末端部に、筑摩山地の黒曜石産地があり、矢子層のチョコレート頁岩岩体がひろがっていた。したがって、この生業・居住パターンの変化を、気候の「悪化」によるものとする見解は誤りであることがわかる。

最終氷期最寒冷期、更新世の動物群は、ひき続き頭数を減らしていった。しかも、生産性の低い針葉樹林帯の拡大は、動物群のコロニーの移動を促進した。関東平野の南側に広がる、広大な低地と台地に、多数のコロニーが集中的に形成された。動物群の移動と新コロニーの形成によって、人類もこの地に集中しはじめたはずである。最終氷期最寒冷期における、南関東での急激な遺跡数の増加は、地域人口がいちじるしく拡大局面に入ったことを示している。この時期に南関東の人口は倍増した。人口の急増が、深刻な社会問題を引きおこすことは歴史的な事実である。

私は、面取り加工のある黒曜石製両面加工尖頭器、つまり男女倉型尖頭器の分布から、西関東～東海地方西部の地域集団による新しい社会的ネットワークが、この時期に形成されたことを指摘した。東関東には、矢子層の分布域に到達する別なネットワークが張られた。すでにお気づきかと思うが、筑摩山地と磐越高地という、前段階に形成されていた移動領域に重なるような範囲に、新しいネットワークが形成された。このことは偶然ではない。そこに、地域集団の歴史を透視することもできる。房総半島は、東関東のネットワークに組みこまれ、以後、西関東とは異なる社会形成がすすめられた。有名な東内野遺跡の形成も、こうしたながい歴史的コンテクストから理解されなければならない。

後期旧石器時代後半期前半も遺跡をみると、①複数の礫群を形成する石材消費遺跡と、②小規模な分散的なキャンプとが並存している。この様相から、ロジスティック・モビリティーによる居住地の移動が予測される。こればかりでなく、遺跡①には、地域集団内の離合集散による集合遺跡が含まれる。最終氷期最寒冷期の地域集団は、後期旧石器時代前半期の広域的なレジデンシャル・

モビリティーから、ロジスティック・モビリティーへと、大きく居住形態を変化させた。そして後期旧石器時代後半期後半は、地域人口の減少に伴って、比較的安定した生計が維持された時期であろう。しかし、全体としてみれば、後期更新世の動物群は絶滅に向かって、しだいに頭数を減少させており、表面的な安定の裏では、不安定な要因が増幅していた。そこでの居住形態は、地域的なコンテクストと波動的な資源構造の変化に対応しながら、一層流動化していった。

　生態学的には、資源密度の減少と、予測可能性の逓減という傾向が強まった場合、地域集団は広域分散捕食に転換する。一方、ホーンのモデルによれば、資源分布が不均等であり、頻繁な移動をくり返し、予測可能性が低い場合には、分散するよりも、テリトリー中央部にキャンプが設営される。ここでは、長期反復居住パターンや、恒久的なキャンプが形成される。また、テリトリー内の資源を、それまで以上に徹底的に利用する場合もある。これは、ブロード・スペクトラム broad spectrum な方法といわれる。たとえば、小型哺乳類の捕獲や、植物性資源の活用などがくわえられ、はばひろい資源利用形態がうまれる。これには技術的な革新が伴う。

　最終氷期最寒冷期、地域集団のテリトリーは、一部重複しながらも、並存していた。地域集団の並存は、広域的なネットワークによって支えられていた。地域人口が減少し、資源構造がゆるやかに変化するなかで、ネットワークは形骸化したが、経済的な基盤であるテリトリーの維持は急激に変化することはなかったであろう。

　最終氷期最寒冷期以降の相対的な安定局面にあっては、北関東での環境変化による再居住化による人口移動などもあったが、基本的にはそれまでのテリトリーが維持されていた。広域移動に伴うネットワークの拡大によって、再び関東地方は大きく東西に分離され、以後、各エリア内での地域集団の地域適応がすすめられた。こうした歴史的な背景のもとで、東内野遺跡が形成されたのである。

　狩猟形態も、分散する狩猟対象を捕獲するための遭遇猟が主体となった。継柄をもつ組み合わせ式の投槍や、小型幾何形ナイフ形石器のような細石器や、

細剥片・細石刃のような交換可能な刃器による植刃槍が主体となった。これは、遭遇猟においては、迅速な槍先の交換が必要であったからである。多数の継柄の携帯は、きわめて有効であった。

　細石刃石器群後半期、今から1万6,000年位前に、後期更新世を生き続けた大型草食獣の多くが絶滅した。このことが直接的な要因かどうかはわからないが、この時期と相前後して、房総半島や武蔵野台地の地域集団の大半が死滅した。しだいに繁殖人口を涵養できなくなったことがその要因と考えられるが、感染症による急速な人口の減少も否定できない。もっとも地域人口が稠密であった南関東中枢部が、ほぼ無人に近い状態になった。石器群のくわしい編年と、編年にもとづいた遺跡数の集計結果から、これは動かせない事実である。地域集団はボトルネック効果に直面した。この状況は3,000年近く続いたが、後期旧石器時代最大の危機であったと評価することができる。

　相模野台地を含めた関東平野外縁部では、減少はしたものの、継続的に地域人口は維持されていた。中央部から流出した人口もあったかもしれない。関東地方の周辺各地域でも、徐々に人口が減少し、地域集団の維持が難しくなった。地域人口の維持には、何よりも繁殖人口の減少に歯止めをかけることが必要であった。特に、女性人口の確保をめぐり、親族体系の大幅な組み替えがおこなわれた。そのためのネットワークの再編が、焦眉の課題となったはずである。長者久保—神子柴石器群の過剰デザインは、このための呪物であった。呪物を媒介に、複数の地域集団が連携した。神子柴遺跡の石器群が私たちを魅了するのは、そこに託された過剰な観念が、いまもなおみるものを呪縛するからである。

2　技術的な変化—旧石器時代の技術史

　房総半島でもっとも古い石器群は、草刈遺跡C13-Bと命名されたブロックから出土した石器群である。これには小型剥片石器しか含まれていないが、後続するC77-Dブロックには大型カッティング・トゥールの痕跡がみとめられる。この大型石器と小型石器という組み合わせは、東アジアでは前期旧石器時

代以降、ながい伝統を形成してきた。小型石器には、あまり大きな変化はみとめられないが、大型石器には、時期的、地域的な変化があった。九州の事例からみると、大型カッティング・トゥールには礫の一端を打ち割った石核状の打割器や、粗雑な両面加工石器などがあるらしい。石核との分離が難しい。今のところ、中国や朝鮮半島にあるような、ハンドアクス状の両面加工石器はみつかっていない。

　中期／後期旧石器時代移行期～後期旧石器時代の石器群は、こうした石器群の基本的な構成を踏襲していた。大型カッティング・トゥールは打製石斧や局部磨製石斧に変化した。形は変化したが、多機能、多目的なカッティング・トゥールであることにかわりはない。ここで技術的に注目されるのは、この過程で、両面加工技術が定着したという事実である。石器の横断面を紡錘形にととのえる高度な身ぶりが共有された。石斧であろうと、両面加工尖頭器であろうと、つくりかたに大きなちがいがあるわけではない。両面加工という技術的行動において、もっとも重要なのは、加撃をおこなう際の加撃点の選択と、加撃をくわえる角度である。加撃点は、適切な打面角をたもち、かならず対面の稜線を適切に切りとらなければならない。この技術は石刃の製作と共通していた。両面加工における打面角の補正は石核の打面調整に、対面稜線の切り取りは、石核作業面の管理と打点の振幅移動に転移する。技術的な基盤がととのえば、細粒石材さえ確保されれば、どの地域でも石刃生産は可能であった。

　中期／後期旧石器時代移行期以降、小型剥片石器のモジュール化が開始される。モジュールとは、規格化された部品のことをいうが、着柄されたり、複数が並列的に埋め込まれたりする石器を総称する。モジュールというデザインが後期旧石器時代石器群をささえていたことはうたがうことができない。いいかえれば、後期旧石器はモジュールが組織的に生産された時代ともいえる。本書で、私は、小型モジュール、すなわち細石器の使用に、特に注意を喚起した。端部整形石器や、楔形石器からの細剥片の組織的生産などを検討したが、小型モジュールはどの段階にも存在した。それは旧石器時代のもっとも一般的な石器であることが忘却されてきた。後期旧石器時代とは細石器にはじまり、細石器とともに終末をむかえた、といってもいい。

端部整形石器については、清楚な編年的な理解が難しい。このことは麻柄の集成や、森先一貴の的確な指摘からも明らかである。問題は、石器群間の時間的な序列をさだめることによって、端部整形石器の系統的な変化をおうことが難しい、という事実そのものにあるのではない。私は編年的な検討を無意味だといっているのではない。安斎も指摘するように、石器群はかならず系統をもつが、系統的に変化するとはかぎらない。個別石器群とは、系統によって大枠をさだめられた技術的なマトリクスが、コンテクストという社会・生態学的な条件によって媒介される現象であるからである。同時に、マトリクスは範型のように抑圧的なものではない。常に生活世界と相互依存の関係にある。これは一種のマッピングであり、断絶や逆転、部分化、変態といった諸現象が必ず付帯している。こうして、漸進的、並行的な系統変化は、「遠近法」的にしか確認できない。遠くからみれば、そのようにもみえるが、接近するにつれて、みえかたが変化する。編年とは、この遠近法の見定めにつきる。これを第4章でマトリクス効果（正確に言うとマトリクス・ファンクション）とよんだ。

　マトリクス効果という概念抜きで石器群の変化を観察することはできない。系統的に変化するのは、マトリクスであり、石器群が系統的に変化するわけではない。モジュール化というマトリクスによって、特定の地域で、楔形石器の生産が組織的に展開され、別の地域では、貝殻状刃器が量産された。この二つの石器群には系統的な関係はないようにみえるが、マトリクスの根底にまでさかのぼれば、同一の系統以外のものではない。石刃生産や、ナイフ形石器などについてもおなじような関係があるはずである。

　関東地方では、石刃づくりの登場は後期旧石器時代初頭にまでさかのぼるが、本格的な石刃石器群が出現するのは、後期旧石器時代前半期後半の頃であった。この時期は、筑摩山地と磐越高地とを両極とする広域的な移動領域が形成された時代であった。また、利根川上流域でも大量の石刃が生産された。本格的な石刃石器群の形成は、生業・居住パターンの変化と軌を一にしていたのである。しかし、こうした石材産地との往還が稀であった房総半島南部では、ひき続き小型剥片石器群がつかわれていた。

　房総半島には、大型〜中型石刃が多くもちこまれた。石材産地との距離は、

200キロ以上にも達する。しかも、深い川を徒渉し、険阻な山道をたどらなくてはならなかった。このため、産地との頻繁な往還は不可能であり、さまざまな工夫がこころみられた。一つは、キャッシュという一時的な貯蔵場所を各所に配置することであった。おそらく、これは地域集団が共同利用するので、何らかのランドマークの近傍に設営されたであろう。まれに、発掘調査でみつかることがあるが、これはほんの一部と考えた方がいい。もう一つは、石刃をつかいつくすことである。

　千田台技法といわれる石刃の分割技法がある。石刃の多くは単体でドメスティック・トゥールとしてつかわれる。また、ナイフ形石器の素材になることもある。ドメスティック・トゥールの場合、刃部が消耗したり、損耗した場合、廃棄されることも多いが、あらたに刃付けをおこなうことがある。削器の場合、鈍い刃部を剥離して、新しい刃部をつくりだすことがおこなわれる。刃付けをおこなうたびに、削器の幅は狭くなり、幅と厚味の比率（リダクション指数）が変化する。また、削器の形もかわる。これを石器のリダクション効果という。石刃の厚味がかなり大きい場合、石刃を横折りし、折れ面から縁辺部を削ぎおとすことによって、あたらしい刃部がつくられる。この石器は、彫器と分類されることもある。

　石刃を横折りしてえられる打面から、連続的に削ぎおとしがおこなわれこともある。この加工は、刃部再生とは無関係なことも多く、石刃から意図的に小石刃を生産する過程であると認定されている。石刃の厚味には限界があるので、小石刃末端はしばしば石刃側縁にまわりこみ、ツイストした形態になる。しかし、あきらかに刃部再生とは異なる、連続的な小石刃の生産が観察される。こうした、刃部再生機能と小石刃生産機能とをあわせて、千田台技法とよんでいる。石刃産地と遠くはなれた、ターミナルなエリアで工夫された特殊な技法である。黒曜石製の石刃は小型薄手であるため、千田台技法の素材とはなりにくかった。

　最終氷期最寒冷期、石器群の構成にも変化が生じた。それは角錐状石器や、掻器などといったドメスティック・トゥールが定着することである。もちろん、これ以前にも同じ機能をもった石器はあったはずだが、この段階で定型化した。

この時代は、生業・居住形態が大きく変化した時代であった。礫群を中心とした居住技術が開発され、火の管理者であり、ドメスティック・トゥールの使い手である女性を中心とした家政が定着した。イエ、地域集団、社会的な同盟関係という、三層構造の社会が確立した。これをバンド社会という。

バンド社会は、両面加工石器の分割技法のひろがりとして理解することができる。特に、筑摩山地の黒曜石産地周辺で、定期的におこなわれたサマー・キャンプにおいて集中的に製作された男女倉型尖頭器は、バンド社会の秩序を維持し、地域人口の安定を担保する社会的な機能をもっていた。どのような技術も社会的なのだが、男女倉型尖頭器は、地域社会を横断するメッセージの担い手としての「スタイル」であったと考えられる。バンド社会の成立は、後期旧石器時代の大きな画期であり、房総半島における後期旧石器時代を前期と後期とに区分する目安ともなっている。

後期旧石器時代を、石器群のモジュール化という大枠で理解すれば、細石刃石器群の成立に過大な意味を与える必要はなくなる。相模野台地での、細石刃石器群の層位的な出場から、細石刃石器群が「細石刃様剥片」からうまれたことが想定されている。モジュール化仮説によれば、「細石刃様剥片」は、一般的な細剥片の一態様ということができる。細剥片の細石刃化には、すでに北海道で成立していた細石刃石器群が介在していたことは否定できない。斉一的なモジュールという技術的なパッケージと接触した結果であると考えることもできるからである。細石刃石器群段階の技術的達成として、木製ではなく骨角製のシャフトへのモジュールのはめ込みが想定されている。もうすこし理論的に考えてみよう。

細石刃の技術的な特徴について、ロバート・エルストンとジェフリー・ブランティンガムが検討している。後期旧石器時代の槍には、①細石刃をはめこんだ植刃槍、②骨角槍、③石槍の三者があった。②は狩猟対象へのダメージは大きくないが、耐久性にすぐれている。たとえば、寒冷地でもこわれにくいし、運搬時のダメージにもつよく、使用に際しても割れにくい。またこわれても、部分的な補修がきき、寿命がながい。一般に継柄はなく、手持ちでの突き槍猟や、草地での投げ槍猟につかわれる。こうした特徴は、狩猟の失敗が致命的な

影響を与える高リスクな条件に適応している。

　③は素材さえあれば、比較的短時間で製作できる。刺突時には、獲物ははげしく失血し、大きなダメージを与えることができる。しかし、②のように耐久性はない。すなわち、寒冷地では破損しやすい。運搬時のショックですぐにこわれる。対象獣との接触でも簡単に割れてしまう。一度こわれると再生は難しく、大きな変形をよぎなくされる。継柄がつくことが多く、消耗品的な使われ方をする。大きな手間を要する割りに、安定性が低いので、低リスクな条件下でつかわれる。これは従来の木製のシャフトへのモジュールのはめ込みにも該当している。製作コストは相対的に低いが、破損しやすく修復は難しい。

　①の場合、製作には②とおなじように大きなコストがかかる。製作につかわれる道具も多岐にわたる。また、はめ込むための細石刃の準備を別途おこなう必要があった。槍身への溝きりや、細石刃はめ込みにともなうコストもある。しかし、耐久性に富むとともに、獲物にたいする大きな殺傷力を兼ね備えていることが最大の利点である。したがって、もっとも高リスクな条件の下で運用することができた。限られた時間内に目的とする獲物を捕獲する必要がある場合、きわめて危険な対象と向き合う場合、狩猟具の交換にスピードが要求される場合などに適応している。細石刃石器群がつかわれた時代は、更新世型の草食性哺乳類が絶滅に向かっていた時代であり、旧石器時代をつうじて、もっともリスキーな環境であった。こうした環境への技術的な対応として、またモジュール化の究極的なありかたとして細石刃石器群を評価する必要がある。

　後期旧石器時代／縄文時代移行期の石器群には、両面加工石器が多く含まれている。これには、打製石斧や局部磨製石斧といった粗粒石材の一群と、細粒石材製の両面加工尖頭器の一群がある。神子柴遺跡の石器群をモデルとして、一般的なイメージがつくられてきた。しかし、この時期の石器群をみると、かならずしも既成のイメージにあてはまらない石器群が圧倒的に多くあるのではないだろうか。石器群は、両面加工石器の製作・運用技術、石刃の製作・運用技術、細石刃の製作・運用技術という三つの部門から構成されている。それは遺跡ごとに、さまざまな現れ方をしている。その技術的マトリクスは、従来の技術的な達成から織りなされた複合的な構造をもっていた。その多彩な運用技

術が、コンテクストにつよく規制されていることが、この段階の石器群にみられる最大の特徴である。

エルストンらの狩猟具の評価を援用すれば、さまざまなコンテクストに柔軟に適応しうるリスク管理能力が追求されているとみるべきである。イクストラクティブ・トゥールとドメスティック・トゥールという区分を基盤とし、製作コスト、耐久性、機能性、保守管理性などから、複数の道具立てが工夫され、運用されている。こうした多面的な構成は、もっともリスキーな環境への地域的対応策として選択されたものと考えられる。もっともシンプルな石刃から、過剰デザインの神子柴型尖頭器まで、石器群は大きな変異を内蔵していた。これは、複雑化した社会の要求する、さまざまなコンテクストへの回答とし、進化論的な意味をになっていた。

3　収　束

前節まで、房総半島という一地域に限定して、後期旧石器時代の、社会と生業、そして生活技術について本書での叙述を要約してきた。最後に、本書で採用してきた歴史認識と、進化論的な背景を明確にし、これからの研究の指針を定めておくという大きな仕事が残されてしまった。地域的な課題をはなれ、だれにとっても必要な解釈学的な枠組みを提示しておきたい。本来、冒頭でふれなければならない問題なのだが、本書の構成上の配慮から、巻末に掲載した。私は、この指示向線に沿ってのみ、健全な研究が推進されると確信している。

後期旧石器時代はほぼ3万5,000年前にはじまり、1万6,000年前におわった。この約2万年間の時間的な経過をどのように物語るのか。叙述するものの視点によって、それは一様ではない。いろいろな学派があり、一匹狼もいる。石器文化の段階的な変化が提示され、地層ごとに仮設された細かな段階の変遷がとかれてきた。そして、多くの研究者がこれに追随してきた。それは単純でわかりやすいし、時に実証主義という欺瞞的な衣もまとっていたこともあずかっていた。私は本書で、このような素朴な方法によっては把握できない、多くの大切な問題が残されていることを指摘してきた。もっとも核心的な「何か」

が欠落しているのではないか。それは、一口でいえば、旧石器時代の歴史、あるいは歴史という物語だということもできる。そもそも、文化の恣意的な設定や、段階の認定など歴史・物語の一端を構成しているにすぎない。しかし、わが国の現状を見るとき、歴史的叙述の阻害物に転化していることも多い。旧石器時代の歴史を叙述するためには、物語るためのルートマップや方法が必要である。きちんとした手順が示されなければならない。

　物語とはいい得て妙であろう。考古学者とは物について語るのである。ブローデルは、歴史的叙述は、長期間不動の舞台をさだめることからはじめなければならない、と指摘している。舞台とは、歴史的な環境のことであり、構造・ストリュクチュール structure とよばれている。ブローデルにとって、構造・ストリュクチュールとは地中海世界のことであった。本書では、関東平野や回廊領域をあてておこう。いうまでもなく、そこでの社会や道具立てなども舞台の構成要素である。最終氷期の大きな特徴は、気候変動の大きな振幅がストリュクチュールをとおりすぎていったことである。それは資源構造や人口動態に大きな影響を及ぼすこととなった。このようなストリュクチュールを周期的におそう変動の波を景況・コンジョンクチュール conjoncture（仏：情勢・局面）という。景況・コンジョンクチュールのもとで、種々の事件・エヴェヌマン événement が生起する。こうした事件・エヴェヌマンをつなげて段階を設定するのではなく、特定の構造・ストリュクチュールにおける景況・コンジョンクチュールのなかで関係づけ、意味をみいだしていく営為が歴史にほかならない。

　これはアナール派の方法であるが、このような歴史的な営為とは何なのか、あらためて確認しておこう。野家啓一による、意味づけに関する解釈学的な解説を引用しておく。「『思い出』はそのままでは『歴史』に転成することはできない。思い出されただけで、それが再び記憶の闇の中に消え入るならば、思い出は甘美な個人的感懐ではあっても、間主観的な歴史ではない。思い出が歴史に転生を遂げるためには、何よりも『物語行為』による媒介が不可欠なのである。思い出は断片的であり、間欠的であり、そこには統一的な筋もなければ有機的連関を組織する脈絡も欠けている。それらの断片を織り合わせ、因果の糸を張りめぐらし、起承転結の結構をしつらえることによって一枚の布にあえか

な文様を浮かび上がらせることこそ、物語行為の役目にほかならない」(野家 1996：113頁)。

　この議論は、過去をどのように考えるのか、という問題ときりはなせない。私は、本書で旧石器時代について叙述してきたが、これは過去に実在した旧石器時代を直接に描写しているのではない。私の調査経験や読書経験を思い起こし、想起内容を叙述しているにすぎない。私にとって、旧石器時代とは自分の極私的な思い出のなかにしか存在しない。そうでなくて、一体どこに旧石器時代なるものはあるというのだろう。これが、大森荘蔵の想起過去説にほかならない。考古学には、遺構・遺物という物的な手がかりがあり、これに関する学説・意見の一致がある。この手引きにしたがって、過去が想起され、過去は現在と円滑に接続される。このような考古学的な言説の形成過程を「思い出」というのである。旧石器時代とは、現代世界そのものであることも明白である。現代世界と照合されて、過去は、いつもすでに、裁断されているのだから、過去から未来を展望するなど幻想にすぎない。未来はつねに現在から望見される。

　考古学も、じつは私たちの思い出からできあがっていた。思い出を歴史化することが考古学の本質である。私たちが、旧石器時代について考えるとき、かつて実在した旧石器時代について考えているわけではない。私たちの自分史のなかに組みこまれている旧石器時代について考えているにすぎない。超越的な意味での旧石器時代などどこにも存在しない。旧石器時代について、学校で習ったこと、本で読んだこと、友人と話したこと、こうした個人的な経験によって旧石器時代は成立する。私たちは、経験を継ぎ合わせて、自分なりに旧石器時代をつくりあげているのである。だから、「復元」という用語は誤りである。復元すべき旧石器時代など存在しない。

　思い起こされることをテクスト化といってもいいし、過去命題の制作とよんでもいい。ある石器をはじめて観察する場合を考えてみよう。私は虚心坦懐に観察しようと努力するのだが、そういうわけにはいかない。なぜならば、私はその石器について、すでに知っているからである。ハイデガーは、これを先行理解とよんだ。だれでも、先行理解によって、物をみ、テクストを理解してい

る。数年後、再びその石器を観察すると、すこしちがった見方ができるかもしれない。これも、「今ここ」での先行理解が効いているからである。

私たちは、自分史の幅と深さでしか過去を理解できない。かつて自分史が流行したが、自分史以外に歴史はありえない。いまここで向き合っている資料や論考といったテクストの理解は、さまざまな先行理解にもとづいている。しかし、自分史がみな異なるように、各自が勝手な意見を述べたのでは、私たち相互の対話はできないし、そもそも考古学など成立しない。こうして、各自の発言や証言、陳述などの真理性が保証される必要が生じるのである。真理性の条件について、大森荘蔵は次の三点をあげている。

(a)証言の一致。すなわち複数の人の想起命題の一致、少なくともその整合。
(b)想起命題の自然法則、経済法則等の法則との合致。つまり、命題内容が法則から外れていない。
(c)物証。物理的な世界の現在に円滑に接続する。

多くの人が、無理なく、常識の範囲で理解できれば、それは真実である。これ以外の真理条件など存在しない。ただし、この三条件は、対話可能性を担保しているにすぎず、実際はすべての条件が満たされることは少ない。(a) 証言は一致しないことがある。また、この真理条件を否定する人もいる。ここから、複数の証言グループの対立や、権威による思想統制などが発生する。この条件は、もちろんあらゆる科学にあてはまる。こうした健全な判断に従って、考古学的な真理性はなりたっている。私が、いわゆるニュー・アーケオロジストの考古学（人類学）観や、素朴な実証主義者に、つよい不信感をもつ理由はここにある。かれらの過去認識は本質的に誤っているのだから。

ハイデガーやガダマーは認識の基本的プロセスを解釈学的循環とよんでいるが、物語行為は、この循環をはなれては成立しない。野家のいう断片も、じつは全体性の先行理解の上にある。断片的な思い出によって民族誌があまれる。実験結果によって起承転結の結構がととのえられ、物語に転化する。民族誌や、実験といった手引きを中領域・ミドルレンジというが、これによって、考古学者の語る物語が首尾一貫するのである。歴史的叙述とは、叙述者の思い出を、構造・景況・事件という構成のなかで、破綻のない、真理性の保証された語り

に転成すること以外のなにものでもない。同時に、いくつもの語りが交錯するポリフォニーでもある。

物語行為としての歴史という考え方は、埋蔵文化財行政にかんしても新しい見方を提示する。埋蔵文化財にはかけがえのない価値がある、だから保護されなければならないといった俗説は斥けねばならない。いったいだれが価値を定め、根拠のない価値観を押しつけてきたのか。埋蔵文化財には、先験的な、あるいは天下りの価値など存在しない。それはさしあたり空虚なモノにすぎない。価値を練り上げるのは、私たちであり、自己史を回顧する民衆である。自己史のなかで、価値が発見され、それに意味が与えられ、はじめて埋蔵文化財は保護されるべき対象になる。民衆に一方的な価値を押しつけてきたのは、権威者と行政にほかならない。わたしたちが、まず着手しなければならいのは、先にあげた真理条件を率直に認めることである。これは常識的な判断なのだが、じつは近代という認識の枠組みと向きあうことになる。

さて、最後となったが、いくつか旧石器考古学に関する先行理解のための命題をかかげておこう。ここで指摘した命題を手引きとして、旧石器時代の地域的な研究がおこなわれることになる。以下の7項に、本書の内容は要約される。

(1) 石器群の変化は、属性の浮動・文化的なドリフトによっても説明されるが、生業や居住の変化と絡み合いながら生じる場合が多い。これは、石器群理解の全体性（絡み合った全体）という命題といいかえることができる。いかなる分野の研究であろうと、全体的な枠組みの内部にあることをわすれてはならない。

(2) 生業・居住・技術などの変化は、資源構造と、資源利用の変化に対応している。これは社会的な変動の原動力となる。資源構造の変化は、生業に大きなインパクトを与え、集団編成や集団の移動を左右する。これに伴って、技術的な変化が派生する。資源構造の変化は気候変動と無縁ではないが、気候変動が直接人類活動に影響を及ぼすわけではなく、多数の媒介項が介在する。

(3) 旧石器時代社会の基本的な分析単位を地域集団とよぶ。地域集団は単独では存在できないので、別の地域集団と社会的・政治的に相互依存してい

る。地域集団は、隣接集団と不断に通交関係・ネットワークを維持していた。このネットワークによって、モノ・情報・ヒトが移動した。地域集団について考えることは、社会的なネットワークについて考えることと同義である。ネットワークには、地域、間地域、世界という階層性がみとめられる。地域集団はネットワークをつくりあげ、ネットワークに束縛されている。

(4) 地域集団は、独自の文化的、技術的な経験を身体技法や口承などによって、次世代に伝える。この身体技法と口承の内容と形式を文化的・技術的マトリクスという。マトリクスは意識的・無意識的な行動によって形成され、行動を規定する。規定し、規定されるという動的な関係のアンサンブルといえる。

(5) 考古学的な文化とは、石器や土器型式のくり返しによって定義されるのではなく、地域集団のさまざまな行動、身振り・身体技法といった、民俗の全体性のことをいう。これは(4)で定義されたマトリクスそのものである。わが国の旧石器考古学でつかわれてきた文化概念は、マトリクスというよりも、恣意的な範型にすぎず、これを分析単位とすることは誤解という他はない。

(6) 伝播とは、モノがつたわるのではなく、モノとモノにまつわる情報とがパッケージになって伝達される現象をいう。これは、地域集団間の社会的な領域と、そこに沈殿している歴史性の問題である。伝播は日常的に反復される現象であったが、そのことと、伝播によってモノが地域集団内に定着するか否かは直接関係はない。社会・生態学的な媒介項と歴史によって決められる。

(7) これまでの諸命題は、不動の「構造」とされる地理的な条件に拘束されていた。しかし、この拘束と被拘束の関係は長期的には恒常的ではない。歴史的な考察には、長期、中期、短期といった時間的な遠近法が必要である。この枠組みは、構造・景況・事件という三層から考えるとわかりやすい。三層的な視点から地域集団と環境との共進化プロセスが考察されることになる。「構造」の不動性とは、環境そのものが不動なのではなく、共進化の

枠組（ニッチ）を固定して考えるということである。このための基礎的な作業として、石器石材産地のドンキー・ワークともいえる調査が位置づけられる。

私が本書でこころみた方法、たとえば文化伝達におけるマトリクス形成仮説や、人口と資源構造との相互依存モデルは、いうまでもなく進化論的な背景をもっている。現代の考古学は進化論的な射程の内部でのみ意味をもち、歴史的な叙述となる。したがって、議論の前提である進化論とは何か、一応の説明が必要であろう。いうまでもなく、ここでいう進化論とはダーウィン主義的な自然観をいうが、第3章3節でふれたように、そこにはさまざまな考え方の違いがあり、清楚な理解が難しい。

人類学や考古学の分野で、もっとも理解しやすく、応用領域が広いのは、遺伝学や整体学、社会学、それに心理学などを取り扱う個別的な分野ではなく、より包括的な視野から発生や進化のプロセスを俯瞰できる解釈学的な基底（パラダイム）ということになるだろう。現在、そのような包括的、統合的な理論的な枠組みとしては、スーザン・オーヤマや、ポール・グリフィスらによる発生システム論（Developing Systems Theory：DST）を措いて他にはない。ここでは、発生システム論の要点を参照しておく。従来、たとえば、生物の進化と文化の進化とはまったく異なったメカニズムに従うものと考えられてきた。本書の読者の多くもそのように考えているのではないだろうか。スーザン・オーヤマは次のように指摘している。「生物学と文化的な領域には、それぞれ固有の、情報の流れるチャンネルをもっているという考え方が前提とされてきた。だが、そこにあるチャンネルを固有の実体として把握するのではなく、幅広い意味での遺伝に関係した一つのチャンネルとして把握することが可能である。それは常に変化しているシステムであり、さまざまな資源の相互関係から成り立っている。それはライフ・サイクルをとおして、有機体と有機体のおかれた環境を作り直し、作り直された関係は、さらに改変されていく」。

この考え方が発生システム論の基本である。従来の遺伝子偏重の「均衡を欠く」傾向に対して、遺伝子と環境の均衡説が対置される。有機体（主体）、環境（客体）といったデカルト主義的な構図を排し、有機体—関係・構造—環境とい

う構図からあらゆる事象を考察する立場といってもいいだろう。この結果、発生システム論の取り扱う分野は、分子生物学や生理学から、人のライフ・サイクルや世代交代にまでおよぶことになる。親族関係におけるリネージとは、ライフ・サイクルの時間的な連鎖である。ライフ・サイクルはもろもろのイベントからなるが、諸個人とはイベントの一連の配列からなる関係項に他ならない。リネージをつくりあげているイベントや相互関係のプロセスを総称して資源とよべば、資源の再生産が遺伝ということになる。これには自然選択というバイアスがかかるが、この力によって遺伝的な変異が生じ、発生システムは進化することになる。

　具体的な発生・進化のプロセスについては、ミクロな領域での事例で説明しておこう。表現型ともいわれる形質の発生が、遺伝子によって決定されるというのは明らかな誤りである。遺伝子のもっている遺伝情報は、自然に発現するものではない。最近加藤茂明らがあきらかにした脱メチル化機構の研究によれば、遺伝情報の発現は、DNAがメチル化されたり、脱メチル化されたりといった化学的なプロセスによって調整され、さらに、これがホルモンなど細胞外の環境変化によって引きおこされていることがあきらかになった。おなじような化学的なプロセスはヒストンというタンパク質でも知られている。DNAによる情報伝達は、遺伝子を一部に含む有機体の全体的な生理作用の相互関係によっておこなわれていることがわかる。くり返すが、DNAがあれば、いつでもおなじような形質が生じるのではない。それは可能性の一条件にすぎない。有機体を包みこむ環境の総体も深く関わっていることが重要である。

　脱メチル化はもっとも基本的なレベルでの話だが、有機体の発生は因果関係の単線的な連鎖によるものではなく、自己増殖的なメカニズムによって支えられている。化学では有名な、ベロウソフ・ジャボチンスキー反応（B-Z反応）のように、生成された物質が新たな触媒になって、さらに反応を促進するような自己増殖システムが有機体の発生メカニズムとされる。有機体と環境との関係が、自己増殖的なものであるとすれば、常に環境は変動し、つくりかえられ、生成されていく。これに伴って、有機体も改変されていくが、これを共進化プロセスという。

DSTの自己増殖説によれば、生態学的なニッチとは、いつもすでに、有機体と共進化の関係にある。有機体とニッチとの安定した関係は適応とよばれる。したがって、有機体が進化すれば、ニッチも進化する。しばしば引用される、ビーバーとダムとの関係がわかりやすい。ビーバーはそのニッチにダムをつくる。ビーバーが適応するニッチの一部分は、ダムづくりという行動の成果であり、外的な環境要因をニッチということも誤りである。ビーバーは与えられた環境に適応しているのではなく、主体的な行動によってつくりかえた環境に適応していることがわかる。共進化プロセスは人類生態学の分野ではいっそう明確である。発生論と進化論とは二元論なのではなく、自己増殖システムを理解する視点の違いである。構造主義では、この視点の差を、特定共時と通時とよぶ。

　後期旧石器時代の生業や居住行動の時代的な変遷（進化）に関しても、地域集団（有機体）と地域環境（ニッチ）の共進化という視点から見なおさなければならないだろう。この時代の共進化過程には大きく三つの地層が重なっていた。これに関しては、すでに本文中で、①成立期、②最終氷期最寒冷期、③終末期に分けて、くわしく議論した。こうした時期的な累層、通時的変化は、環境が変化したからでも、遺伝的な要因が潜在していたからでもない。有機体としての地域集団と生態的な、あるいは社会的な環境との関係があたらまり、双方が変容した結果である。いいかえれば、共進化のプロセスによって生成されたと考える。技術的な、あるいは文化的なマトリクスは、特定技術とその有機的な関係体の発生に関する進化論的なモデルである。スーザン・オーヤマはこれを、さまざまな資源と関係態におかれた手段（means）と規定している。

　私は本書の執筆にあたり、基本的にDSTに依拠してきた。旧石器考古学では、日常的に石器群や、遺物集中地点などを取り扱っているが、私たちはこうしたイベントの「発生」に目をこらし、常に進化論的な位置づけを怠ることはできない。そこに登場する、さまざまな概念については、進化論的な叙述に「適応」したものか否か、慎重な「選択」が求められる。

引用・参考文献

邦　文・中　文

相田　薫編　1986『月見野遺跡群上野遺跡第1地点』大和市教育委員会
安斎正人　1991「日本旧石器時代構造変動試論」『早坂平遺跡―原石産地遺跡の研究―』岩手県山形村教育委員会、99～120頁
安斎正人　1994『理論考古学―モノからコトへ―』柏書房
安斎正人　2000「台形様石器と台形石器―台形様・ナイフ形石器石器群（3）」『―九州旧石器―橘昌信先生還暦記念特集号―』第4号、53～70頁
安斎正人　2002「中期/後期旧石器時代移行期について」『後牟田遺跡―宮崎県川南町後牟田遺跡の研究―』川南町教育委員会、396～408頁
安斎正人　2003『旧石器社会の構造変動』同成社
安斎正人　2007『人と社会の生態考古学』柏書房
安斎正人　2010『日本人とは何か』柏書房
安蒜政雄　1997「旧石器時代の集団」『駿台史学』第100号、147～172頁
稲田孝司　2001『遊動する旧石器人』岩波書店
上野秀一・荒川竜一　1993『選ぶ・割る・磨く―旧石器時代から古墳時代までの人と石とのかかわり―』栃木県立博物館
内野　正・原川雄二　2003『狭山遺跡―東京都建設局による残堀川整備事業にともなう調査―』東京都埋蔵文化財センター
遠藤邦彦・高野　司・鈴木正章　1983「北関東、小貝川低地における立川期礫層の年代とその意義」『第四紀研究』第22巻第2号、91～96頁
遠藤秀典　1997「関東ローム層の地質」『千葉県の自然誌本編2　千葉県の大地』269～280頁、千葉県
大竹憲昭　1989「尖頭器文化の展開」『長野県考古学会誌59・60号　中部高地の尖頭器文化』長野県考古学会、135～147頁
小貫静夫　1998『東北アジアの考古学』同成社
大貫静夫　2010「縄文文化と東アジア」『縄文時代の考古学1　縄文文化の輪郭―比較文化論による相対化』同成社、141～153頁
大野正男　1996「動物」『千葉県の自然誌本編1　千葉県の自然』185～197頁、千葉県

大森荘蔵 1994『時間と存在』青土社
大森荘蔵 1996『時は流れず』青土社
岡本東三 1993「縄紋文化移行期石器群の諸問題」『環日本海における土器出現期の様相』37〜52頁
岡本東三 1999「神子柴文化をめぐる40年の軌跡―移行期をめぐるカオス―」『先史考古学研究』第7号、1〜22頁
岡本東三・田村　隆・加納　実・国武貞克・吉野真如 2002『市原市南原遺跡縄文時代草創期石器資料調査報告書』千葉県
岡本東三・田村　隆・加納　実・国武貞克・吉野真如 2003『富里市東内野遺跡遺跡旧石器時代草創期石器資料調査報告書』千葉県
奥田正彦・高橋博文 1996『主要地方道成田松尾線Ⅲ―鯉ヶ窪遺跡、中台柿谷遺跡、遠山天ノ作遺跡―』（財）千葉県文化財センター
小田静夫・C. T. キーリー 1973『武蔵野公園道跡Ⅰ』野川遺跡調査会
小野　昭編 2008『高原山黒曜石原産地遺跡群剣ケ峯遺跡平成19年度調査概報』矢板市教育委員会
小畑弘巳 2003「朝鮮半島における後期旧石器時代初頭の文化」『日本旧石器学会第1回シンポジウム予稿集　後期旧石器時代のはじまりを探る』日本旧石器学会、80〜96頁
加地仁保子 2009「人間行動の進化的説明―進化心理学と人間行動生態学」『哲学論叢』第36号、116〜127頁
賈蘭坡・盖培・尤玉柱 1972「山西峙峪旧石器時代遺址発掘報告」『考古学報』第1期、39〜58頁＋2pls
加藤真二 2000『中国北部の旧石器文化』同成社
加藤真二 2003「中国における後期旧石器時代初頭の文化」『日本旧石器学会第1回シンポジウム予稿集　後期旧石器時代のはじまりを探る』74〜79頁、日本旧石器学会
加藤博文 2003「シベリアにおける後期旧石器時代初頭の文化」『日本旧石器学会第1回シンポジウム予稿集　後期旧石器時代のはじまりを探る』68〜73頁、日本旧石器学会
川島　寛 2000「福井洞穴第15層石器群の再評価」『九州旧石器―橘昌信先生還暦記念特集号―』第4号、33〜52頁
川田順造 2008「非文字資料による人類文化研究のために―感性の諸領域と身体技法を中心に―身体技法・感性・民具の資料科と体系化」『神奈川大学21世紀

COE プログラム推進会議』3〜30頁
木崎康弘 2002「ナイフ形石器文化の変遷と中期旧石器的要素の変容」『九州旧石器—下川達彌先生還暦記念特集号—』第6号、133〜152頁
R. M. キージング（小川正恭・笠原政治・河合利光訳）1982『親族集団と社会組織』未来社
北森理恵子 2003「熊本県人吉市大野遺跡群D遺跡」『考古学Ⅰ』129〜166頁
旧石器（先土器・岩宿）時代研究プロジェクトチーム 1994「旧石器時代終末における石器群の諸問題」『神奈川の考古学の諸問題』神奈川県立埋蔵文化財センター、1〜23頁
旧石器（先土器・岩宿）時代研究プロジェクトチーム 1994「旧石器時代終末における石器群の諸問題（続）—FB層下部からL1H層の石器群の様相—」『神奈川の考古学の諸問題（Ⅱ）』神奈川県立埋蔵文化財センター、1〜24頁
旧石器（先土器・岩宿）時代研究プロジェクトチーム 1996「旧石器時代後半における石器群の諸問題—L2〜B1層の石器群の様相—」『研究紀要　かながわの考古学』神奈川県立埋蔵文化財センター・（財）かながわ考古学財団、1〜36頁
国武貞克 2002「武蔵野台地・大宮台地の面取り尖頭器」『有樋尖頭器の発生・変遷・終焉』千葉県立房総風土記の丘、21〜52頁
公文富士夫・河合小百合・井内美郎 2009「野尻湖堆積物に基づく中部日本の過去7.2万年間の詳細な古気候復元」『旧石器研究』第5号、3〜10頁
栗島義明 1989「槍先形尖頭器の発生と展開—組み合わせ道具としての槍—」『長野県考古学会誌59・60号　中部高地の尖頭器文化』長野県考古学会、203〜212頁
高星・李進増、Madse, D. B., Brantingham, Elston, R. G., Bettinger, R. L. 2002「水洞溝新年代測定及相関問題討論」『人類学学報』第21巻第3期、211〜288頁
小林　克編 1994『東京湾変遷模型原図』東京都江戸東京博物館
小林謙一・坂本　稔・工藤雄一郎編 2009『縄文はいつから!?』国立歴史民俗博物館
侯亜梅「"東谷坨石核"類型的命名与初歩研究」『人類学学報』第22巻第4期、279〜292頁
佐伯秀人 1992『前三舟台遺跡』（財）君津郡市文化財センター
佐瀬　隆・加藤芳郎・細野　衛・青木久美子・渡邊眞紀子「愛鷹山南麓域における黒ボク土層生成史：最終氷期以降における黒ボク土層生成開始時期の読解」『地球科學』60 (2)、147〜163頁
佐藤宏之 1991「『尖頭器文化』概念の操作的有効性に関する問題点」『長野県考古学会

研究叢書第1号　中部高地の尖頭器文化』長野県考古学会、124～134頁
佐藤宏之　2002「後牟田遺跡第Ⅲ文化層の編年的意義と行動論」『後牟田遺跡―宮崎県川南町後牟田遺跡の研究―』川南町教育委員会、382～395頁
佐藤宏之　2003「細石刃石器群研究のパースペクティブ」『日本の細石刃文化Ⅱ』八ケ岳旧石器研究グループ
佐藤宏之　2004「ハラム・モヴィウスと東洋的停滞」『法政史学』第61号、17～31頁
塩塚浩一　2004「入口遺跡A・C地点発掘調査の概要」『平戸市史研究』第9号、41～56頁
篠原　正　1980「東内野型尖頭器と樋状剥離に関する一考察」『大野政治先生古稀記念房総史論集』大野政治先生古稀記念論集刊行会、1～54頁
篠原　正　2002「東内野遺跡の発見と調査の経緯」『平成13年度企画展公開シンポジウム「有樋尖頭器の発生・変遷・終焉」予稿集・記録集』千葉県立房総風土記の丘、1～2頁
島立　桂　1994『千原台ニュータウンⅥ―草刈六之台遺跡―』（財）千葉県文化財センター
島立　桂　2004『千原台ニュータウンⅩ―市原市草刈遺跡（東部地区旧石器時代)―』（財）千葉県文化財センター
島立　桂　2006「房総半島における武蔵野ローム層最上部から立川ローム層Ⅹ層出土の石器群」『岩宿時代はどこまで遡れるか―立川ローム層最下部の石器群―予稿集』岩宿博物館、61～69頁
島立　桂編　2001『千葉県文化財センター研究紀要―尖頭器石器群の研究―』22、（財）千葉県文化財センター
謝光茂　2002「関於百色手斧問題―兼論手斧問題的劃分標準―」『人類学学報』第21巻第1期、65～73頁
白石浩之・笠井洋祐　1999『吉岡遺跡群Ⅷ　縄文時代3』（財）かながわ考古学財団
鈴木毅彦　2000「宇都宮丘陵、大志白遺跡周辺の地形」『大志白遺跡群』河内町教育委員会、164～191頁
鈴木正章・吉川昌信・遠藤邦彦・高野　司　1993「茨城県桜川低地における過去32,000年間の環境変遷」『第4紀研究』第32巻第4号、195～208頁
鈴木美保　2005「石斧と石斧をともなう石器群」『シンポジウム立川ローム層下部の層序と石器群予稿集』明治大学校地内遺跡調査団、40～41頁
須藤隆司　2006「中部高地の後期旧石器時代開始期石器群―石斧石器群と石刃・台形石器群の技術構造―」『岩宿時代はどこまで遡れるか―立川ローム層最下部の

　　　　　　石器群─予稿集』岩宿博物館、22〜29頁
砂田佳弘　1994「相模野細石器の出現─器種変遷と石材流通─」『國學院大學考古学史料館紀要』第10輯、1〜41頁
砂田佳弘・三瓶祐司　1998『吉岡遺跡群Ⅴ　旧石器時代3B1〜L1Sの石器文化』（財）かながわ考古学財団
諏訪間順　1988「相模野台地における石器群の変遷について─層位的出土例の検討による石器群の段階的把握─」『神奈川考古』第24号、1〜30頁
諏訪間順　2006「旧石器時代の最古を考える─『X層』研究の意義─」『岩宿時代はどこまで遡れるか─立川ローム層最下部の石器群─予稿集』岩宿博物館、2〜12頁
関口博幸　1992「槍先形尖頭器の変容過程─相模野台地における槍先形先頭器の製作と廃棄プロセス─」『研究紀要10』（財）群馬県埋蔵文化財調査事業団、1〜26頁
芹沢長介　1982「星野遺跡の全貌」『栃木市史（資料編　自然・原始）』188〜369頁＋110Pls. 栃木市
早田　勉・新井房夫・綿貫俊一「大分県日出町早水台遺跡・山ノ神遺跡における火山灰分析─早水台遺跡の年代に関する予察的研究─」『九州旧石器─橘昌信先生還暦記念特集号─』第4号、23〜32頁
田島　新　2003『千葉東金道路（2期）埋蔵文化財調査報告書12─松尾町赤羽根遺跡─』（財）千葉県文化財センター
橘　昌信　2002「後牟田遺跡ＡＴ下位石器群と九州における後期旧石器時代前半期の変遷」『後牟田遺跡─宮崎県川南町後牟田遺跡の研究─』川南町教育委員会、409〜429頁
谷口康浩編　1998『大平山元Ⅰ遺跡発掘調査報告書─1998年発掘調査─』蟹田町教育委員会
田村　隆　1989「二項的モードの推移と巡回─東北日本におけるナイフ形石器群成立期の様相─」『先史考古学研究』第2号、1〜52頁
田村　隆　1992「遠い山・黒い石─武蔵野Ⅱ期石器群の社会生態学的一考察」『先史考古学論集』第2号、1〜46頁
田村　隆　1996『市原市武士遺跡1─福増浄水場埋蔵文化財調査報告書─第1分冊』（財）千葉県文化財センター
田村　隆　2005「この石はどこからきたか─関東地方東部後期旧石器時代古民族誌の叙述に向けて─」『考古学』Ⅲ、1〜72頁

田村　隆　2008「黒耀石のハウ」『考古学』Ⅵ、1〜44頁
田村　隆編　1987『千葉県文化財センター研究紀要―先土器時代の石器石材の研究―』11、(財)千葉県文化財センター
田村　隆・野口行雄　1989『佐倉市南志津地区埋蔵文化財発掘調査報告書1―佐倉市御塚山・大林・大堀・西野・芋窪遺跡―』(財)千葉県文化財センター
田村　隆・国武貞克・吉野真如　2003「下野―北総回廊外縁部の石器石材（第1報）」『千葉県史研究』第11号、1〜11頁＋11Pls.第11号
田村　隆・国武貞克・吉野真如　2004「下野―北総回廊外縁部の石器石材（第2報）」『千葉県史研究』第12号、1〜14頁＋13Pls.
田村　隆・国武貞克　2006「下野―北総回廊外縁部の石器石材（第3報）」『千葉県史研究』第14号、1〜10頁＋8Pls.
田村　隆・山岡磨由子・川端結花・青山幸重　2010「房総半島の後期旧石器時代石器群」『千葉県立中央博物館研究報告―人文科学―』11 (1)、109〜227頁
塚脇真二・倉富賢治・金田俊郎・大木公彦・早坂祥三　1986「人吉盆地における上部新生界の層序」『鹿児島大学理学部紀要（地学・生物学）』No.19、87〜106頁
堤　　隆　1988「樋状剥離痕を有する石器の再認識（上）―男女倉・東内野型等と呼称されるある種の石器をめぐって―」『信濃』第40巻第4号、24〜45頁
堤　　隆　1989「樋状剥離痕を有する石器の再認識（下）―男女倉・東内野型等と呼称されるある種の石器をめぐって―」『信濃』第41巻第5号、38〜64頁
手塚　孝　1993「米沢盆地の硬質頁岩について」『選ぶ・割る・磨く―旧石器時代から古墳時代までの人と石とのかかわり―』栃木県立博物館、20頁
寺崎康史　1999「細石刃石器群の変遷とその終末」『海峡と北の考古学』資料集Ⅰ、45〜61頁
東京外かく環状道路練馬地区遺跡調査会　1995　もみじやま遺跡Ⅰ―東京外かく環状道路練馬地区遺跡（B地区）発掘調査報告書　東京外かく環状道路練馬地区遺跡調査会
戸沢充則　1989「石槍文化研究の『定点』―シンポジウム「中部高地の尖頭器文化」によせて―」『長野県考古学会誌59・60号　中部高地の尖頭器文化』長野県考古学会、3〜5頁
中尾　央　2010「人間行動生態学における最適化モデル」『CAP』第2号、1〜13頁
中川久夫・成瀬　洋　1965「各地の関東ローム層―下総台地―」『関東ローム―その起源と性状』築地書館、65〜73頁
永塚俊司　2001「尖頭器石器群の分布と構造」『千葉県文化財センター研究紀要22』(財)

千葉県文化財センター、27~39 頁
永塚俊司 2002「下総台地の有樋尖頭器について」『有樋尖頭器の発生・変遷・終焉』千葉県立房総風土記の丘、7~30 頁
長友恒人・下岡順直 2004「入口遺跡の IRSL 年代」『平戸市史研究』第 9 号、110~114 頁
中村真理 2006「武蔵野台地中央部の後期旧石器時代初頭の石器群」『岩宿時代はどこまで遡れるか―立川ローム層最下部の石器群―予稿集』岩宿博物館、51~60 頁
新田浩三 1988『東関東自動車道埋蔵文化財調査報告書Ⅳ―佐原地区（1）』（財）千葉県文化財センター
新田浩三 2005「下総型石刃再生技法の提唱」『千葉県文化財センター研究紀要 16』（財）千葉県文化財センター、1~40 頁
野家啓一 2005『岩波現代文庫　物語の哲学』岩波書店
ハイデガー（原　佑・渡辺二郎訳）1971『世界の名著 62　存在と時間』中央公論社
萩原博文 2004「日本列島最古の旧石器文化」『平戸市史研究』第 9 号、3~40 頁
萩原博文・塩塚浩一 2002「平戸市入口遺跡の旧石器時代石器群―ナイフ形石器文化以前の探求―」『九州旧石器―下川達彌先生還暦記念特集号―』第 6 号、153~169 頁
羽鳥謙三・加藤定男・小川政之・大澤　進・渡辺亮二 1989「野川中洲北遺跡の地形地質と生成環境」『野川中洲北遺跡―自然科学分析編―』小金井市教育委員会、1~25 頁
林　茂樹・上伊那考古学会編 2008『神子柴』信毎書籍出版センター
パリノ・サーヴェイ株式会社 1989「野川中洲北遺跡の地形地質と生成環境」『野川中洲北遺跡―自然科学分析編―』小金井市教育委員会、69~93 頁
春成秀爾 2001「更新世末の大形獣の絶滅と人類」『国立歴史民俗博物館研究報告』第 90 集、1~51 頁
藤沢宗平・林　茂樹 1961「神子柴遺跡―第 1 次発掘調査概報―」『古代學』第 9 巻第 3 号、142~158 頁＋2Pls.
麻柄一志 2004『米ヶ森技法の出現と展開（後期旧石器時代初頭における日本海沿岸地域の研究）』2003 年度日本海学研究グループ支援事業報告書
松田隆夫 2005「千葉県鎌ヶ谷市五本松 No.3 遺跡のテフラ」『新鎌ヶ谷地区埋蔵文化財調査報告書Ⅱ―鎌ヶ谷市五本松 No.3 遺跡―』（財）千葉県文化財センター、139~149 頁

丸山高司 1997『現代思想の冒険者たち12　ガダマー』講談社
三宅徹也編 1979『大平山元Ⅰ遺跡発掘調査報告書』青森県立郷土館
三宅徹也編 1980『大平山元Ⅱ遺跡発掘調査報告書』青森県立郷土館
三宅徹也編 1981『大平山元Ⅲ遺跡発掘調査報告書』青森県立郷土館
森先一貴 2010『旧石器社会の構造的変化と地域適応』六一書房
森嶋　稔・川上　元編 1975『男女倉　国道142号新和田トンネル有料道路事業用地内緊急発掘報告書』和田村教育委員会
安田喜憲 1983「多聞寺前遺跡の泥土の花粉分析―氷河時代の武蔵野台地の原風景をもとめて―」『多聞寺前遺跡Ⅰ』多聞寺前遺跡調査会、671～690頁
柳田俊雄・小野章太郎・(Kaoru AKOSHIMA) 2007「大分県早水台遺跡第6・7次発掘調査の研究報告―日本前期旧石器時代の編年と地域性の研究―」『Bulletin of the Tohoku University Museum』No. 7, pp. 1～114
山岡磨由子 2007『柏北部中央地区埋蔵文化財調査報告書1―柏市溜井台遺跡―』(財)千葉県教育振興財団
山岡磨由子 2009『流山新市街地地区埋蔵文化財調査報告書4―流山市市野谷二反田遺跡―』(財)千葉県教育振興財団
矢本節朗 1996『多古町千田台遺跡―BR/W南側NDB用地（無線施設）埋蔵文化財発掘調査報告書―』(財)千葉県文化財センター
矢本節朗 2004「構造変換する石刃分割戦略」『千葉県の歴史資料編考古4（遺跡・遺構・遺物）』千葉県、146～161頁
横田義章・西沢寿晃 1972『男女倉　黒耀石原産地帯における先土器文化石器群』信州ローム研究会
横山祐平編 1992『大平山元Ⅱ遺跡発掘調査報告書』蟹田町教育委員会
渡辺修一・矢本節朗 1994『四街道市御山遺跡―物井地区埋蔵文化財発掘調査報告書Ⅰ―』(財)千葉県文化財センター
綿貫俊一 2000「早水台遺跡と中期旧石器時代」『九州旧石器―橘昌信先生還暦記念特集号―』第4号、53～70頁
藁科哲男・小熊博史 2002「新潟県小瀬ヶ沢洞窟・室谷洞窟出土黒曜石製遺物の現在産地分析」『長岡科学博物館研究報告』No. 37、107～118頁

欧　文

Aiello, L. C. and R. I. Dunbar 1993 Neocortex size, group size, and evolution of language. *Current Anthropology* 34-2：184-193.

Allen, N. J. 2008 Tetradic theory and the origin of human kinship system. In *early human kinship : From sex to social reproduction*. Allen, N. J., Callan, H., Dunber R. and W. James edited. Blackwell. pp. 96-112.

Binford, L. R. 1973 Interassemblage variability-the Mousterian and the "functional" argument. In *The explanation of culture change : Models in prehistory*, Renfrew, C. edited. pp227-53. Duckworth.

Binford, L. R. 1978 Dimentional analysis of behavior and the site structure : Learning from an Eskimo hunting stand. *American Antiquity* 43 : 330-61.

Binford, L. R 1979 Organization and formation processes : Looking at curated technologies. *Journal of Anthroplogical Research* 35 : 255-73.

Binford, L. R 1980 Willow smoke and dogs' tails : Hunter-gatherer settlement systems and archaeological site formation. *American Antiquity* 45 : 4-20.

Binford, L. R 1982 The Archaeology of places. *Journal of Anthropological Archaeology* 1 : 5-31.

Binford, L. R 1983a *In pursuit of the past : Decording the aechaeological record*. Academic Press.

Binford, L. R 1991 When the going gets tough, the tough get going : Nunamiut local groups, campping patterns and economic organization. In *Ethnoarchaeological approaches to mobile campsite*. Gamble, C. S. and W. A. Boismier edited. pp. 25-138. Ethnoarchaeological Series 1.

Birdsell, J. B. 1968 Some predictions for pleistocene based equillibrium systems among recent hunter-gatherers. In *Man the hunter*. Lee, R. B. and I. Devore edited. pp. 229-240. Aldine.

Blantingham, P. J., Kuhn, S. L. and K. W. Kerry 2004 On the difficulty of the middle-upper paleolithic transitions. In *The early upper paleolithic beyond Europe*. Blantingham, P. J., Kuhn, S. L. and K. W. Kerry edited. pp. 1-13. University of California Press.

Blantingham, P. J., Gao, X, Madsen, D. B., Bettinger, R. L., and R. G. Elson, 2004 The initial upper paleolithic Shuidonggou, North China. In *The early upper paleolithic beyond western Europe*. P. J. Blantingham, S. L. Kuhn, and K. W. Kerry edited. pp. 223-241. University California Press.

Bleed, P. 1986 The optimal design of hunting weapons : maintainability and reliability. *American Antiquity* 51 : 737-747.

Bon, F. 2002 L'Aurignacien entre Mer et Ocean : Réflection sur l'unite des phases ancienees de l'Aurignacien dans le Sud de la Flance. Societété préhistique Frances.

Burdukiewicz, J. M., 2009 Lower palaeolithic in the northern latitudes of Europe. In *Sourcebook of paleolithic transitions*. M. Camps and P. Chauhan edited. pp. 195-209. Springer Science.

David, N. and C. Kramer 2001 *Ethnoarchaeology in action*. Cambridge University Press.

Derevianko, A. P., Brantingham, P. J., Olsen, J. W., and D. Tseveendorj 2004 Initial upper paleolithic blade industries from the North-Central Gobi Desert, Mongolia. In *The early upper paleolithic beyond western Europe*. Blantingham, P. J., Kuhn, S. L., and K. W. Kerry edited. pp. 207-222. University of California Press.

Dibble, H. and S. P. Mcpherron 2006 The missing Mousterian. *Current Anthropology* 47 : 777-784.

Dun, F. 1968 Epidemiological factors : Health and desease in hunter-gatherers. In *man the hunter*. Lee, R. B. and I. DeVore edited. pp. 221-228. Aldine.

Dunbar, R. I. 1998 Social brain hypothesis. *Evolutionary Anthropology*. 6-5 : 178-190.

Dunbar, R. I. 2008 Kinship and biological perspective. In *Early human kinship : From sex to social reproduction*. Allen, N. J., Callan, H., Dunber R. and W. James edited. Blackwell. pp. 131-150.

Dunnell, R., 2009 *The palaeolithic settlement of Asia*. Cambridge University Press.

Gamble, C. 2008 Kinship and material culture : Archaeological implications of the human global dispora. In *Early human kinship : from sex to social reproduction*. Allen, N. J., Callan, H., Dunber R. and W. James edited. Blackwell. pp. 27-40.

Goebel, T., 2004 The early upper paleolithic of Siberia. In *The early upper paleolithic beyond western Europe*. P. J. Blantingham, S. L. Kuhn, and K. W. Kerry edited. pp. 162-195. University of California Press.

Gould, R. A. 1980 *Living archaeology*. Cambridge University Press.

Gould, R. A. Koster, D. A. and A. H. Sontz 1971 The lithic assemblage of the Western Desert Aborigines of Australia. *American Antiquity* 36-2 : 149-169.

Griffiths, P. E. 1996 The historical turn in the study of adaptation. *The British Journal*

for the Philosophy of Science. 47-4 : 511-532.
Hawkes, K. 1996 Foraging differences between men and women : Behavioral ecology of the sexual division of labour. In *the archaeology of human ancestry : Power, sex and tradition.* Steele, J. and S. Shennan edited. pp. 283-305. Routledge.
Hawkes, K. 2004 The grandmother effect. Nature 428 : 128-129.
Hayden, B., 1977 Stone tool function in the Western Desert. In *Stone tools as culture markers.* R. V. S. Wright edited. pp. 178-188. Humanity Press.
Henrich, J. 2004 Demography and cultural evolution : how adaptive cultural processes can produce maladaptive losses. *American Antiquity* 69-2 : 197-214.
Henrich, J. and R. McElreath 2007 Dual inheritance theory. In *Oxford hundbook of evolutionary Psychology.* Dunbar, R. and L. Barrett edited. pp. 555-570. Oxford University Press.
Hiscock, P. 2008 *Archaeology of ancient Australia.* Routledge.
Keeley, L. H. 1980 *Experimental determination of stone tool uses.* The University of Chicago press..
Kelly, R. L. 1995 *The faraging spectrum : Diversity in hunter-gatherer lifeways.* Smithonian Institution Press.
Klaric, L. 2002 Approche technologique d'un mode de production lamellaire original sur le gisement Gravettien de La Picardie : les "Nucleus du Raysse". *Blletin de la Société Préhistorique Francaise,* 99-4 : 751-764.
Knight, C. 1991 *Blood relations, menstruation and the origins of culture.* Yale University Press.
Kudo, Y. 2006 The temporal correspondence between A archaeological chlonology and environmental changes 28,000-11,000 CALYBP in eastern Honshu. *Central Reserch in the Pleistocene* 23 : 11-14.
Kuzmin, Y. V., 2004 Origin of the upper paleolithic in Siberia : A geoarchaeological perspective. In *The early upper paleolithic beyond western Europe.* P. J. Blantingham, S. L. Kuhn, and K. W. Kerry edited. pp. 196-206. University of California Press.
Lee, R. B. and I. Devore 1968 Problem in the study of hunters and gatheres. In *Man the hunter.* Lee, R. B. and I. Devore edited. pp. 3-12. Aldine.
Leroi-Gourhan, A. 1988 *Dictionnaire de la prehistoire.* Quadrige/PUF.
Loring, S. 1997 On the trail to the caribou house : Some reflections on Innu caribou

hunters in Northern Ntessinan (Labrador). In *Caribou and reindeer hunters of the Northern Hemisphere*, Jackson, L. J. and P. T. Thacker edited. pp. 185-220. Avebury.

Lycett, S. J. and C. J. Bae 2010 The Movius line controvercy : The state of the debate. *World Archaeoligy* 42-4 : 521-544.

Lycett, S. J. and C. J. Norton 2010 A demographic model for palaeolithic technological evolution : The case of east Asia and the Movius-line. *Quarternary International* 211 : 55-66.

Mellars, P. 1996 *The Neanderthal legacy : An archaeological perspective from western Europe*. Princeton University Press.

Mellars. P., and P. Dark. eds. 1998 *Star Carr in context*. Mcdonard Institute Monographs.

Moore, M. W., and A. Brumm, 2007 Stone artifacts and hominins in island Southwest Asia : New Insights from Flores, eastern Indonesia. *Journal of Human Evolution* 52 : 85-102.

Movius, H. L. JR., 1946 Lower paleolithic archaeology in Southern Asia and the Far East. In *Ealy man in the Far East*. W. W. Howells edited. pp. 17-77 + 2pls. Anthropological Publications.

O'Connell, J. F., Hawkes, K. and N. G. Blurton Jones 1999 Grandmotherring and the evolution of *Homo erectus*. *Journal of Human evolution* 36 : 461-485.

Oda, S. and C. T. Keally 1979 *Japanese paleolithic cultural ehronology*. Paper presented to the XIVth Pacific Science Congress.

Oyama, S. 2000 *Evolution's eye : A systems view of the biology-culture Divide*. Duke University Press.

Oyama, S., P. E. Griffiths and R. D, Gray eds. 2003 *Cycles of contingency : Dwvelipmental sytems and evolution*. The MIT Press.

Panter-Brick, C., R. H. Rayton and P. Rawley-Conwy eds. 2001 *Hunter-gatherers : an interdiciplimary perspective*. Cambridge University Press.

Rockman, M. and J. Steele ed. 2003 *Colonization of umfamiliar landscape : the archaeology of adaptation*. Routredge.

Schroeder, B. 2007 Truncated-faceted pieces from Jerf Al-AJLA. In *Tools versus cores : Alternative approaches to stone tool analysis*. Mcpherron S. H. edited. pp. 17-41. CSP.

Sillitoe, P. and K. Hardy 2003 Living Lithics : Ethnoarchaeology in Highland New Guinea. *Antiquity* 77-297 : 555-566.

Soffer, O., 2009 Defining modernity, establishing Rubicons, imagining the other-and the Neanderthal enigma. In *Sourcebook of paleolithic transitions*. M. Camps and P. Chauhan edited. pp. 43-64. Springer Science.

Stern, N. 2009 The archaeological signature of behavioral modernity : A perspective from the southern periphery of the modern human range. In *Transitions in prehistory*. Shea, J. J., and D. E. Lieberman edited. pp. 253-283. Oxbow Books.

Straus, L. G., 2009 Has the nortion of "transions" in paleolithic prehistory outlived its usefullness? The European record in wider context. In *Sourcebook of paleolithic transitions*. M. camps and P. Chauhan edited. pp. 3-18. Springer Science.

Torrence, R. 2001 Hunter-gatherer technolgy : Macro-and microscale approaches. In *Hunter-gatherer : An interdisciplinary perspective*. Panter-Brich, C., Layton, R. H. and P. Rowley-Conwy edied. pp. 73-98. Cambridge Univercity Press.

Wang, S. 2005 *Perspectives on hominid behaviour and settlement patterns : A study of the lower palaeolithic sites in the Luonan Basin, China*. BAR International Series 1406.

Whallon, R., ed. 2007 Late paleolithic emvironments and cultural relations around the Adriatic. BAR International Series 1716.

White, J. P., and D. H. Thomas, 1972 What means these stones? Ethno taxnomic models and *archaeological* interpretations in the New Guinea Highlands. In *Models in archaeology*. D. J. Clarke edited. pp. 275-308. Methuen.

Whittaker, J. C. 1999 *Flintnapping : Making and understanding stone tools*. University of Texas Press・Austin.

Wiessner, P. 1997 Seeking guidelines through an evolutionary approuach : Style revisited among !Kung San (Ju/'hoansi) of the 1990's. In *Rediscovering Darwin : Theory and archaeological explanation*. Barton, C. M. and G. A. Clark edited. pp. 157-176. Archaeological Papers of the American Anthropological Association No. 7.

Winterhalder, B. 2001 The behavioral ecology of hunter-gatherers.. *In hunter-gatherer : an interdisciplinary perspective*. Panter-Brich, C., Layton, R. H. and P. Rowley-Conwy edied. pp. 12-38. Cambridge Univercity Press.

Winterhalder, B. and E. A. Smith eds. 1981 *Hunter-gatherer foraging strategies*. The Univercity of Chicago Press.

Wobst, H. M. 1974 Boundary conditions for paleolithic social systems : A simulation approach. *American Antiquity* 39 : 147-178.

Wobst, H. M. 1976 Locational relationships in paleolithic society. *Journal of Human Evolution* 5 : 49-58.

Wobst, H. M. 1977 Stylistic behavior and information exchange. In *Papers for the director : Reserch essays in honor of James B. Griffin*. Cleland, C. edied. pp. 317-42. University of Michigan.

Wobst, H. M. 1988 The archaeo-ethnography of hunter-gatherers or the tyranny of the ethnographic record in Archaeology. *American Antiquity* 43 : 303-309.

Yellen, J. E. 1977 *Archaeological approaches to the present*. Academic Press.

Yoo, Y. 2007 *Long-term changes in the organization of lithic technology : A case study from the Imjin-Hantan river area, Korea*. Unpublished doctorial dissertations, McGill University.

Zilhão, J., Aubry, T., and F. Almeida 1994 Un modéle technologique pour le passage du Gravettien au Solutreen dans le sud-ouest de l'Europe. In *Les faciés leptlithiques du nord-ouest Medditerranéen : Milieux naturels et culturels*. pp. 165-183. XXIVe Congres Prehistorique de France.

あ と が き

　本書は、東北芸術工科大学の安斎正人氏に背中を強く押されて、ようやくできあがった。既に公表した雑文を集めるのではなく、あえて書き下ろしとした。なかなか形にならず、安斎氏にはたいへんご心配をおかけした。おくれた原因は、もちろん私の怠慢にあるのだが、安斎氏の神子柴石器群の過剰デザイン仮説を理解することがむつかしかったからである。どうして人間は過剰になるのか、過剰になることの意味とは何なのか。そこには何らかの進化論的な意味があるのだろうか。社会が大きく変化する時代、存亡の危機に立たされたときには、ある分野が過剰になり、突出することがあるのではないだろうか。

　本書の準備の過程で、奈良文化財研究所の国武貞克氏や、千葉県教育庁の吉野真如氏にはたいへんお世話になった。二人と共同でおこなったエキサイティングな調査成果については、本文中にくわしく書き記したとおりである。吉野氏には図版の一部を提供していただいた。また千葉県の先輩、同僚や若い諸君との議論や、共同作業が本書の基礎となった。篠原正氏には、考古学の基本を教えていただいた。

　お世話になった皆さまにこころから感謝申しあげたい。

平成 22 年盛夏

田 村 　 隆

ものが語る歴史24

旧石器社会と日本民俗の基層
（きゅうせっきしゃかい　にほんみんぞく　きそう）

■著者紹介■

田村　隆（たむら　たかし）
千葉県立中央博物館勤務
旧石器考古学に関する論文、報告多数。訳書に『ヨーロッパの旧石器社会』（同成社）、『入門現代考古学』（同成社）がある。

2011年3月5日発行

著　者　田　村　　　隆
発行者　山　脇　洋　亮
印　刷　三報社印刷㈱
製　本　協栄製本㈱

発行所　東京都千代田区飯田橋 4-4-8
　　　　（〒102-0072）東京中央ビル　㈱同成社
　　　　TEL 03-3239-1467　振替 00140-0-20618

Ⓒ Tamura Takashi 2011. Printed in Japan
ISBN978-4-88621-553-6 C3321